Monika Jakobs · Ulrich Riegel · Dominik Helbling · Thomas Englberger

Konfessioneller Religionsunterricht in multireligiöser Gesellschaft

TVZ

Monika Jakobs
Ulrich Riegel
Dominik Helbling
Thomas Englberger

Konfessioneller Religionsunterricht in multireligiöser Gesellschaft

Eine empirische Studie für die deutschsprachige Schweiz

EDITION **NZN**
BEI **TVZ**

Theologischer Verlag Zürich

Beiträge zur Pastoralsoziologie (SPI-Reihe) 13

Bibliografische Informationen der Deutschen Nationalbibliothek
Die Deutsche Nationalbibliothek verzeichnet diese Publikation in der Deutschen Nationalbibliografie; detaillierte bibliografische Daten sind im Internet über http://dnb.d-nb.de abrufbar.

ISBN 978-3-290-20058-9

Umschlaggestaltung: Simone Ackermann, Zürich
Satz und Layout: Claudia Wild, Konstanz
Druck: ROSCH-BUCH GmbH, Scheßlitz

Inhaltsverzeichnis

Religionsunterricht unter den Vorzeichen der Pluralität 7

1 **Religionsunterricht. Die schweizerische Unübersichtlichkeit** 15
1.1 Religionsunterricht zwischen Kirche und Staat 16
1.2 Ein Theoriedefizit: Das Fehlen einer pädagogischen Begründung für den Religionsunterricht 19
1.3 Religiöse Neutralität 22
1.4 Religionszugehörigkeit in der Schweiz 24
1.5 Neue Unterrichtskonzepte 25

2 **Beschreibung der Stichprobe** 29
2.1 Repräsentativität der Stichprobe 30
2.2 Weitere Eigenschaften und Antworten der Befragten 34

3 **Zielperspektiven für den Religionsunterricht** 37
3.1 Empirische Befunde zu Zielvorstellungen von Religionsunterricht 38
3.2 Religionsdidaktische Konzepte 41
3.3 Ergebnisse: Das Ideal des Religionsunterrichts 46
3.4 Diskussion 53

4 **Religion in der pluralistischen Moderne** 57
4.1 Modernisierung als Herausforderung von Religion 58
4.2 Frageinstrumente und Hypothesen 63
4.3 Ergebnisse: Die Einstellungen der befragten Lehrpersonen 68
4.4 Diskussion 74

5 **Werteorientierung und politische Haltung** 77
5.1 Werteorientierung und politische Haltung 78
5.2 Empirische Ergebnisse zur Werteorientierung 86
5.3 Empirische Befunde zur politischen Haltung 93
5.4 Diskussion 94

6 **Religiöser Stil** 99
6.1 Alltagsästhetik und religiöser Stil 100
6.2 Bausteine des religiösen Stils von Religionslehrpersonen 108
6.3 Diskussion 113

7 **Perspektiven für den schulischen Religionsunterricht** 117
7.1 Die Bedeutung der Lehrperson 117
7.2 Teaching in Religion – Teaching about Religion: keine Gegensätze? 118
7.3 Konfessionelle Prägung und Pluralitätsfähigkeit 121
7.4 Der Beitrag des konfessionellen Religionsunterrichts zur Differenzkompetenz 122
7.5 Neutrale Haltung der Religionslehrperson 124
7.6 Ausweitung des konfessionellen Religionsunterrichts 125

Anlage 1: TRES-Fragenbogen 127

Anlage 2: Datenreport 143
1 Beschreibung der Stichprobe 144
2 Zielvorstellungen zum Religionsunterricht 148
3 Modernitätsfähigkeit von Religion 152
4 Beurteilung kultureller und religiöser Pluralität 155
5 Einstellung gegenüber anderen Religionen 158
6 Werteorientierung 163
7 Politische Einstellung 168
8 Zusammenhang zwischen den empirischen Dimensionen 169

Literaturverzeichnis 173

Religionsunterricht unter den Vorzeichen der Pluralität

Religiöse Bildung in Europa ist vielfältig. Sie nimmt viele Gestalten an und ist stark in nationale Gegebenheiten eingebunden. Die damit verbundene Pluralität lässt sich anhand von drei Dimensionen verdeutlichen: der organisatorischen, der kulturellen und der religiösen.

Organisatorisch

Religiöse Bildung ist in Europa unterschiedlich organisiert.[1] Während es in fast allen europäischen Ländern eine religiöse Bildung an öffentlichen Schulen gibt, wird sie in den Niederlanden nur in den Privatschulen angeboten, die von einer religiösen Gemeinschaft unterhalten werden. Darüber hinaus ist die Verantwortlichkeit für diese religiöse Bildung sehr unterschiedlich geregelt. In Schweden und der Türkei liegt sie allein beim Staat, in Polen und Irland dagegen allein bei den Religionsgemeinschaften. In England, Deutschland und Finnland wiederum kooperieren Staat und Religionsgemeinschaft beim Religionsunterricht. Für die Kinder und Jugendlichen ist Religionsunterricht in England, Finnland, Schweden oder der Türkei verpflichtend, in Polen dagegen freiwillig. In Deutschland können sich Jugendliche ab dem 14. Lebensjahr vom Religionsunterricht abmelden, besuchen stattdessen aber das Ersatzfach «Ethik». Schliesslich dominiert in den meisten Ländern ein konfessioneller Religionsunterricht, in manchen Regionen gibt es aber auch eine religiöse Bildung, die verschiedene religiöse Traditionen gleichberechtigt zur Sprache bringt. Gleiches gilt für Norwegen, Schweden und – zumindest auf formaler Ebene – die Türkei. Neben diesem vielgestaltigen Religionsunterricht an der Schule bieten alle religiösen Gemeinschaften Kurse und Gruppen für ihre jungen Mitglieder an. Diese religiöse Bildung erstreckt sich von der Initiation in die Gemeinschaft über verschiedene Katechesen bis hin auf den Freizeitbereich der Kinder und Jugendlichen. Auch hier gibt es eine Fülle an Zielsetzungen und didaktischen Arrangements.[2]

---

1 Vgl. *Lähnemann/Schreiner*, Education in Europe; *Kuyk u. a.*, Religious Education in Europe.

2 Vgl. *Spenn u. a.*, Lernwelten.

Kulturell

Die kulturelle Dimension wird vor allem durch die historisch gewachsene ethnische Vielfalt innerhalb der verschiedenen Länder Europas definiert. Als Folge der beiden Weltkriege und des wirtschaftlichen Aufschwungs im 20. Jahrhundert kam es in den meisten europäischen Ländern zu einem Zuzug von Menschen anderer Nationalität und Ethnizität. Die betroffenen Länder waren und sind mental unterschiedlich auf diese Tatsache vorbereitet. Wegen des Empires und des Commonwealth lebt England seit vielen Jahrzehnten im Bewusstsein, Heimat für Menschen verschiedener ethnischer Herkunft zu sein. In Deutschland dagegen streitet man sich immer noch darum, ob man ein Einwanderungsland sei, obwohl seit einigen Jahrzehnten offensichtlich ist, dass die so genannten «Gastarbeiter», die man in Zeiten des wirtschaftlichen Aufschwungs angeworben hat, nicht mehr in ihre ursprünglichen Heimatländer zurückkehren werden. Und in Italien führt die anwachsende Zahl von Arbeitsmigranten aus Afrika und Osteuropa zu einer immer aggressiveren Stimmung diesen Menschen gegenüber. Religiöse Unterschiede sind in diese gewachsenen Strukturen ethnischer Vielfalt eingebettet, denn oftmals dienen sie als ein Kriterium für Differenz.

Religiös

Auch wenn sich die europäischen Gesellschaften gegenwärtig als religiös plural verstehen, gibt es in den meisten von ihnen eine oder zwei Religionsgemeinschaften, denen die Mehrheit der Bevölkerung angehört. In England ist dies die anglikanische Kirche, in Österreich, Italien, Spanien, Polen und Irland die katholische, in Finnland, Schweden und Norwegen sind es protestantische Kirchen. In Deutschland und der Schweiz finden sich ebenso katholisch geprägte Gebiete wie protestantisch geprägte. Darüber hinaus überwiegen in den östlichen Bundesländern Deutschlands Menschen ohne Bekenntnis. Gleiches gilt für Tschechien und weite Teile der Niederlande. Typologisch ausgewertet könnte man Ländern, in denen die meisten Menschen nur einer Religionsgemeinschaft angehören, ein mono-religiöses Profil zuschreiben. Polen, Italien oder Finnland würden dieser Gruppe angehören. Ein multi-religiöses Profil würde Länder kennzeichnen, in denen es mindestens zwei Religionsgemeinschaften gibt, die nennenswerte Mitgliederzahlen vorweisen. Zu dieser Gruppe gehörten die Schweiz, England und Deutschland. Ein nicht-religiöses Profil würde Ländern zugewiesen, in denen die Mehrzahl der Menschen keiner Religionsgemeinschaft angehört. Dabei handelt es sich z. B. um die Niederlande oder Tschechien. Neben diesen Mehrheitsbekenntnissen findet sich eine Vielzahl weiterer Bekenntnisse. Auf nennenswerte Anteile kommen in der Regel die christlichen Partnerkirchen sowie der Islam in seinen verschiedenen Traditionen. In England findet sich schliesslich eine nennenswerte Anzahl von Hinduisten. Neben und in diesen organisierten Religionsgemeinschaften findet man eine Vielzahl an religiösen Praktiken.[3] Zu nennen wären hier etwa die vielfältigen Formen eines volkskirchlichen Christentums. Dazu zählen aber auch alternative oder esoterische Vollzüge sektenartiger Gruppierungen, umfassende Sinnsysteme der Daseinsdeutung, wie etwa ein ökologischer Lebensstil, oder so genannte funktionale Äquivalente wie Sport oder Konsum.

Das europäische Projekt TRES

Dieser Pluralität nachzugehen, hatte sich ein Projekt zum Ziel gesetzt, das am 30. März 2006 in Uppsala startete. Der Forschungsverbund, in dem 56 Universitäten und Hochschulen aus 28 europäischen Ländern und der Türkei zusammengeschlossen waren, nannte sich «Teaching Religion in a multicultural European society» (TRES). Gemeinsames Ziel dieser Institutionen war die Erarbeitung von gemeinsamen Standards für eine theologische Bildung auf Hochschulebene. Dadurch sollten Studierende in die Lage versetzt werden, in ihrem Unterricht Problemen und Herausforderungen angemessen zu begegnen, die durch die vorfindliche religiöse Pluralität in den europäischen Staaten verursacht werden. Als wesentlicher Schritt zu diesem Ziel wurde in Uppsala vereinbart zu untersuchen, wie Religionslehrerinnen und -lehrer sowie Katechetinnen und Katecheten in ihrem Unterricht mit religiöser Pluralität umgehen. Es sollte der Status quo erhoben werden bzgl. der Einstellungen von Lehrpersonen gegenüber religiöser Pluralität sowie deren Zielsetzungen für religiöse Bildung in einer religiös vielfältigen Umwelt. Würden sich gemeinsame Ziele einer religiösen Bildung bei Religionslehrerinnen und -lehrern sowie Katecheten und Katechetinnen finden lassen? Oder zumindest charakteristische Unterschiede? Die Antwort sollte eine Fragebogenerhebung[4] liefern.

Den inhaltlichen Kern der Untersuchung stellen dabei die Zielperspektiven der Lehrpersonen für ihren eigenen Unterricht dar. Die Lehrerinnen und Lehrer sehen sich vielfältigen Ansprüchen im Blick auf den Religionsunterricht ausgesetzt. Die Religionsgemeinschaften vertreten ein eigenes Modell religiöser Erziehung, das in der Regel die eigene religiöse Tradition in den Mittelpunkt des Unterrichtsgeschehens rückt. Gleichzeitig stehen die Schülerinnen und Schüler einer religiösen Vielfalt zunehmend offener gegenüber und wünschen sich einen Religionsunterricht, der auf alle Religionen gleichberechtigt eingeht.[5] Und staatli-

3 Vgl. *Englert*, Dimensionen religiöser Pluralität 17.
4 Vgl. *Riegel/Ziebertz*, Concepts and Methods.
5 Vgl. *Ziebertz/Kay*, Youth in Europe II.

che Behörden verlangen vom Religionsunterricht an der Schule, dass er pädagogischen Standards gerecht wird. Innerhalb dieses Konglomerats vielfältiger Ansprüche müssen Lehrerinnen und Lehrer ein eigenes Ideal ihres Unterrichts entwickeln und sich für die Ziele entscheiden, die sie in ihrem Religionsunterricht verwirklichen wollen.

> Wollen die Lehrpersonen angesichts religiöser Pluralität ihren Schülerinnen und Schülern die eigene religiöse Tradition näher bringen und sie in die eigene Religionsgemeinschaft einführen? Oder wollen sie auf die Vielfalt religiöser Angebote eingehen und objektiv über die verschiedenen Religionen informieren?

Es liegt auf der Hand, dass derartige Zielperspektiven nicht isoliert im Raum stehen; die Persönlichkeit der Lehrperson spielt für sie ebenso eine Rolle wie die Institution, in der religiöse Bildung stattfindet. Deshalb hat der Fragebogen die religiöse Einstellung der Lehrerinnen und Lehrer erhoben ebenso wie ihre Haltung gegenüber dem Alltag und ihre Zufriedenheit mit den institutionellen Rahmenbedingungen.

Es ist eine bewährte religionspädagogische Einsicht, dass die Person der Lehrkraft für den Unterricht eine zentrale Rolle spielt. Im Fall des Religionsunterrichts kommt hier zuerst die individuelle Religiosität in den Blick. Nach Hans Joas sind religiöse Überzeugungen dadurch gekennzeichnet, dass sie nicht nur für einen bestimmten Inhalt stehen, sondern im existentiellen Wurzelgrund der Gläubigen verankert sind.[6] Religiöse Überzeugungen sind nicht einfach verhandelbar und werden vielmals auch gegen Widerstände von aussen durchgehalten. Das kann besonders für den Umgang mit religiöser Pluralität angenommen werden. So sehr religiöse Vielfalt gesellschaftliche Anerkennung geniesst, so sehr scheinen sich die Religionsgemeinschaften gegenwärtig auf die Schärfung ihres eigenen Profils zu konzentrieren. Umso mehr kann davon ausgegangen werden, dass die Einstellung der Lehrpersonen zu religiöser Vielfalt mit ihren Zielvorstellungen für den Religionsunterricht zusammenhängt.

> Wie beurteilen sie religiöse Vielfalt? Wie schätzen sie ihr eigenes Verhältnis zu anderen Religionen ein? Welche Chancen geben sie Religion in einer modernen Gesellschaft? Auf welche Art und Weise glauben sie?

Neben der religiösen Einstellung wurde auch die allgemeine Haltung dem Alltag gegenüber erfragt. Im Religionsunterricht wird nicht nur ein religiöses Binnengeschehen verhandelt; er richtet sich auch auf gesellschaftliche Fragen und soll die

6 Vgl. *Joas*, Braucht der Mensch Religion? 122–128.

Schülerinnen und Schüler auf ihr zukünftiges Leben in dieser Gesellschaft vorbereiten. Von staatlicher Seite wird vom Religionsunterricht vor allem erwartet, einen Beitrag zur Werteerziehung zu leisten. Darüber hinaus hängt die Einschätzung religiöser und kultureller Vielfalt von der politischen Einstellung ab. Jede Partei hat einschlägige Aussagen zu dieser Thematik im Programm; je nach politischem Standort werden religiöse und kulturelle Vielfalt begrüsst oder abgelehnt. In diesem Sinn konzentrierte sich der Fragebogen auf die Werthaltung der Lehrpersonen und ihre politische Einstellung.

> Welche Werte sind den Lehrerinnen und Lehrern wichtig? Welche politische Einstellung vertreten sie? Wie beurteilen sie den Prozess der europäischen Einigung?

Schliesslich bezogen sich einige Fragen auf die Zufriedenheit der Lehrerinnen und Lehrer mit den institutionellen Rahmenbedingungen. Eine realistische Zielsetzung wird die Bedingungen und Möglichkeiten vor Ort berücksichtigen. Es kann einen Unterschied machen, ob der Religionsunterricht an einer öffentlichen Schule stattfindet oder in einer Privatschule, die von einer Religionsgemeinschaft getragen wird, oder aber als Angebot einer Religionsgemeinschaft selbst. So liegt nicht auf der Hand, ob der Religionsunterricht als Fach vom Schulleiter bzw. den Amtspersonen in der Gemeinde Kollegen anerkannt und unterstützt wird. Gleiches gilt für die Kolleginnen und Kollegen. Unter Umständen eignet sich das zur Verfügung stehende didaktische Material nicht, um die individuellen Zielvorstellungen zu verwirklichen. Und schliesslich ist Unterrichten ein anstrengender Beruf, der an den Kräften und Nerven der Lehrpersonen zehrt. Das gilt besonders angesichts der Vielfalt religiöser Einstellungen, die die Schülerinnen und Schüler in den Religionsunterricht einbringen.

> Wie anstrengend empfinden die Lehrpersonen die Arbeit mit den Kindern und Jugendlichen? Fühlen sie sich von ihren Vorgesetzten und Kollegen anerkannt? Sind sie mit dem didaktischen Material zufrieden?

Datenerhebung in der Schweiz

Die Erhebung der Daten in den EU-Ländern fand zwischen Oktober 2006 und Februar 2007 statt. 15 Länder aus dem TRES-Netzwerk nahmen an ihr teil. Obwohl selbst nicht Mitglied im TRES-Netzwerk, hat sich die Professur für Religionspädagogik an der Theologischen Fakultät der Universität Luzern ebenfalls dafür entschieden, an der Umfrage teilzunehmen.[7] Die oben skizzierten Phänomene religiöser Vielfalt finden sich in der Schweiz verdichtet wieder. In der

---

7 Der vollständige Fragebogen ist im Anhang 1 dieses Buches abgedruckt.

Schweiz liegt die Organisation des Schulwesens bei den einzelnen Kantonen, was zu unterschiedlichen Formen des Religionsunterrichts geführt hat.[8] So lässt sich sowohl ein konfessioneller Religionsunterricht finden wie ein Unterricht, der verschiedene religiöse Traditionen gleichwertig behandelt. Auch gibt es religiöse Bildung als verpflichtendes Fach ebenso wie einen freiwilligen Religionsunterricht im Schulhaus. Und die Verantwortung der Curricula liegt in einigen Kantonen allein bei den Religionsgemeinschaften, in anderen allein beim Staat, und in wieder anderen gibt es hier eine Kooperation. Dann gibt es mittlerweile auch in der Schweiz eine nennenswerte Zahl von Migranten.[9] Vor allem in den städtischen Zentren gehört die Erfahrung von ethnischer Differenz zum Alltag und sie wird zunehmend zu einem Gegenstand des öffentlichen Bewusstseins. Und schliesslich lässt sich die Schweiz den multi-religiösen Ländern zurechnen, mit katholischen und protestantischen Christinnen und Christen als dominierenden Bekenntnissen. Neben diesen Mehrheitsreligionen finden sich in der Schweiz eine nennenswerte Gruppe von Muslimen (4,3 %) und Menschen, die keiner Religionsgemeinschaft angehören (11,1 %).[10] Dabei fällt vor allem auf, dass sich die letzten beiden Gruppen in den Jahren zwischen 1990 und 2000 überproportional vergrössert haben, während die Mitgliedschaft in der katholischen Kirche und den protestantischen Kirchen relativ stark sinkt. Die Schweiz weist somit als einzelnes Land alle Charakteristika auf, denen die TRES-Untersuchung auf europäischer Ebene nachgeht.

Neben diesen Dimensionen religiöser Vielfalt findet die Untersuchung in der deutschsprachigen Schweiz in einer Situation statt, in der verstärkt das Profil religiöser Bildung diskutiert wird. Zum einen geht es um die Frage, wie sich religiöse Pluralität in der religiösen Bildung an Schweizer Schulen angemessen abbilden lässt. Der islamische Religionsunterricht ist eine Antwort auf diese Frage, überkonfessionelle Modelle, wie sie u. a. in Zürich mit «Religion und Kultur» bereits durchgeführt werden, eine andere. Sie zeigen das breite Spektrum an Reaktionsmöglichkeiten, die von der Stärkung des konfessionellen Profils bis zur neutralen Betrachtung der Vielfalt reichen. Zum anderen gibt es aber auch Stimmen, die den Religionsunterricht zugunsten einer allgemeinen Werteerziehung beschneiden möchten. Religionsunterricht würde in diesem Szenario aufgehen in einem Fach, das verschiedene Wertemuster diskutiert und die Schülerinnen und Schüler anleiten will, eine eigene Werthaltung auszubilden.

---

8 Vgl. *Jakobs*, Zweigleisigfahren.

9 Das Bundesamt für Statistik nennt für 2007 21,1 % «ausländische Staatsangehörige» für das gesamte Schweizer Bundesgebiet. Quelle: http://www.bfs.admin.ch/bfs/portal/de/index/themen/01/01/key.html (8.9.2008).

10 Vgl. *Bovay*, Religionslandschaft 11.

In diese Debatte kann die vorliegende Untersuchung die Stimme der Praxis einbringen. Konkret haben wir Lehrerinnen und Lehrer gefragt, die einen konfessionellen Religionsunterricht anbieten. Diese Beschränkung ist vor allem durch organisatorische und finanzielle Gründe bedingt; sie führt aber zu einer Zuspitzung der Fragestellung: Bei aller religiösen Offenheit spielt religiöse Vielfalt im konfessionellen Religionsunterricht nur eine nebengeordnete Rolle; der konfessionelle Religionsunterricht ist konstitutiv an eine konkrete religiöse Tradition gebunden. Welche Einstellungen zeigen Lehrpersonen innerhalb eines derartigen institutionellen Rahmens gegenüber religiöser Pluralität? Welche Ziele setzen sie sich für ihren Unterricht?

Bevor wir diese Fragen beantworten, skizzieren wir im ersten Kapitel die religiöse Landschaft der deutschsprachigen Schweiz, gehen auf ihr Bildungssystem ein und diskutieren die verschiedenen Konzepte religiöser Bildung, wie sie in den einzelnen Kantonen vorgefunden werden. Anschliessend beschreiben wir die Datensammlung und die Stichprobe (Kap. 2). Im dritten Kapitel widmen wir uns den Zielvorstellungen der befragten Lehrpersonen, indem wir zuerst unser theoretisches Konzept vorstellen, dann die Antworten der Lehrerinnen und Lehrer beschreiben und schliesslich die empirischen Befunde diskutieren. Nach dem gleichen Muster gehen wir dann auf die religiösen Einstellungen der Befragten ein (Kap. 4) und deren Werteorientierung sowie ihrer politischen Haltung (Kap. 5). Im sechsten Kapitel beschreiben wir die Zusammenhänge zwischen den Zielperspektiven der Lehrerinnen und Lehrer auf der einen Seite und den religiösen Einstellungen und der Haltung gegenüber dem Alltag auf der anderen Seite. Damit endet die Beschreibung des empirischen Befunds. Eine weiterführende Diskussion beschliesst den Band.

1 Religionsunterricht. Die schweizerische Unübersichtlichkeit

Um die vorliegende Befragung einzuordnen zu können, ist eine Vergewisserung im Hinblick auf die gesamte Landschaft des Religionsunterrichts in der Schweiz notwendig, auf den geschichtlichen und historischen Rahmen, innerhalb dessen die vorliegenden Ergebnisse zu interpretieren sind. Ebenso erschliesst sich die spezifische bildungspolitische Relevanz der Untersuchung erst von diesem Kontext her. Die weiterführenden Fragen, die sich von den Untersuchungsergebnissen her nahelegen, werden in Kapitel 7 aufgezeigt.

Der Religionsunterricht in der Schweiz zeichnet sich durch eine fast unüberschaubare Vielfalt von Varianten aus, die von regionalen geschichtlich-politischen Entwicklungen, pragmatischen Vereinbarungen sowie dem Verhältnis von Kirche bzw. Religionsgemeinschaft und Staat bzw. Kanton bzw. Gemeinde abhängig sind. So unterscheidet sich der Religionsunterricht nicht nur von Kanton zu Kanton, sondern gelegentlich auch von Gemeinde zu Gemeinde. Die föderalistische Prägung der Schweiz, die Bildungshoheit der einzelnen Kantone und die starke Gemeindeautonomie haben aber nicht nur eine Vielfalt von Formen des Religionsunterrichts hervor gebracht, sondern ermöglichen auch Flexibilität und das Ausprobieren neuer Lösungen wie z. B. die Einführung von ökumenischem Religionsunterricht seit 1990er Jahren oder Projekte mit islamischem Religionsunterricht, sofern die massgebliche Unterstützung seitens der verschiedenen muslimischen Gruppen sowie der schulischen und politischen Entscheidungsträger gewonnen werden kann.

In jüngster Zeit sind eine Reihe von Vereinheitlichungsbestrebungen zu beobachten: das deutschschweizerische Projekt «HarmoS» strebt die Harmonisierung von Schuleintrittsalter und Dauer der Primarschule an und schlägt die Erarbeitung eines einheitlichen Lehrplans für die Volksschule vor, ebenso wie eine einheitliche Schuleingangsstufe mit gemeinsamen pädagogischen und inhaltlichen Standards. Von kirchlicher Seite wird versucht, einen gemeinsamen Lehrplan für den konfessionellen Unterricht in der Deutschschweiz zu erarbeiten. Ebenso ist ein Trend zur Einführung eines staatlich verantworteten, konfessionell neutralen Religionsunterrichts in den Volks- und Mittelschulen auszumachen (s. u.). Dass bei diesen Bestrebungen immer wieder ein gewisser Freiraum zur Gestaltung genutzt wird, ist selbstredend. Keine Regel ohne Ausnahme gilt auch hier.

Trotz dieser Unübersichtlichkeit lassen sich einige grosse Linien ausmachen, die den Religionsunterricht in der Schweiz geprägt haben und immer noch prägen: Es ist zum einen eine gewisse Zweigleisigkeit von staatlichem und kirchlichem Religionsunterricht,[11] zum anderen der politische Wille, den religiösen Frieden – nach dem Trauma der Sonderbundskriege 1847/48 – zu wahren, und die daraus resultierende Haltung der religiösen Neutralität, die grundlegend für die Rechtsprechung ist.

1.1 Religionsunterricht zwischen Kirche und Staat

Die derzeitige Entwicklung im Bereich des Religionsunterrichts in der Schweiz ist ohne einen wenigstens kurzen Rückblick auf die Geschichte, speziell im Hinblick auf das Verhältnis der beiden grossen Konfessionen, die sich durch die Reformation herausbilden, nicht zu verstehen.

Die schweizerischen Reformatoren, allen voran Zwingli und Calvin, setzten sich in den wichtigen Städten durch, während die innerschweizerischen Kantone wie auch das Wallis, Appenzell Innerrhoden und Fribourg katholisch blieben. Was das konfessionelle Nebeneinander in der Folge betrifft, so kann man von der Gleichzeitigkeit des Ungleichzeitigen sprechen. Einerseits gab es eine Reihe von gewaltsamen, konfessionell motivierten Auseinandersetzungen, so die Kappeler Kriege (1529/1531) zwischen Zürich und Luzern samt den jeweiligen Verbündeten, die Teilung Appenzells (1604), die Bündner Wirren (1620–1639) sowie die Villmerger Kriege (1656/1712). Sie zeigen, dass die Konfessionalisierung in der Schweiz – wie auch bei den deutschen Nachbarn – ein langer und schmerzhafter Prozess von nicht immer gewaltfreien Auseinandersetzungen gewesen ist. Andererseits waren diese konfessionellen Auseinandersetzungen nicht überall und dauernd spürbar oder für das tägliche Leben relevant. Im 17. und 18. Jahrhundert waren die konfessionellen Gegensätze nicht immer so scharf, «wie es die Perspektive der Kirchen vermuten lässt. Die konfessionellen Grenzen blieben durchlässig, es gab Berührungspunkte in der religiösen Praxis, und bestimmte Teile des sozialen Lebens blieben zumindest teilweise von der konfessionellen Spannung unberührt.»[12]

Ab 1830 kam es vermehrt zu Spannungen zwischen den Konfessionen. «Während sich politisch liberale und radikale Tendenzen vor allem in den städtisch reformierten, aber auch katholischen (so Solothurn und Tessin) Kantonen ent-

11 Vgl. *Jakobs*, Zweigleisigfahren.

12 *Forclaz*, Religiöse Vielfalt 95.

wickelten, verteidigten die ländlichen katholischen Kantone die bestehende staatenbündische Verfassung.»[13]

Die letzte konfessionell gefärbte kriegerische Auseinandersetzung war der Sonderbundskrieg 1847/48 zwischen überwiegend reformierten Kantonen einerseits und katholischen Kantonen andererseits. Der konfessionelle Anstrich überlagerte das zugrunde liegende politische Thema, namentlich das Selbstbestimmungsrecht der Kantone und die Haltung zur Bundesverfassung. Diese Auseinandersetzung führte dazu, dass lange Zeit generell Katholiken aller Kantone zu Feinden des Fortschrittes abgestempelt wurden.[14]

«Die ersten Wahlen brachten einen überwältigenden Sieg für die Liberalen und Radikalen, die Vorläufer der heutigen Freisinnig-Demokratischen Partei (FDP). Sie eroberten 87 der 111 Sitze im Nationalrat und 30 der 44 Sitze im Ständerat. Die Konservativen erreichten dagegen nur 14 Nationalratssitze (wovon 5 reformiert-konservative und 9 katholisch-konservative) und 6 Ständeratssitze. Dies bedeutet, dass selbst in der Zentralschweiz einige Sitze an die Liberalen gingen. In den Sonderbundskantonen Fribourg und Wallis kamen bis 1856/57 sogar liberale Kantonsregierungen an die Macht.»[15]

Von einem konfessionellen Frieden war man aber weit entfernt. Den Kulturkampf, der in der zweiten Hälfte des 19. Jahrhunderts in den meisten europäischen Staaten stattfand, gab es auch in der Schweiz. Es war die Auseinandersetzung zwischen der restaurativen katholischen Kirche und liberalen politischen Kräften. Dabei ging es nicht nur, aber auch um die Neubestimmung der Beziehung zwischen Kirche und Staat. Es war «eine religiös-weltanschauliche Auseinandersetzung zwischen Katholischer Kirche und politischem Katholizismus einerseits, nachabsolutistischem Staat und antiklerikalem Liberalismus andererseits.»[16] Dieser Kulturkampf hat das politische Klima bis weit in das 20. Jahrhundert hinein beeinflusst.

Obwohl jeder Kanton ein eigenes Schulgesetz hat und das Verhältnis zwischen Kirche und Staat sich unterschiedlich gestaltet, obwohl die konfessionellen Prägungen eine wichtige Rolle spielen, so lässt sich doch ein roter Faden erkennen. Für den modernen Bundesstaat nach der Verfassung von 1848 war es eine grosse Errungenschaft, dass Katholiken und Protestanten dieselben Schulen besuchen sollten. Dies war nur möglich unter der Bedingung der konfessionellen Neutralität der Volksschule, die auch auf das Fach Religion übertragen wurde.

---

13 Ebd. 96.

14 Schweizer Geschichte http://www.geschichte-schweiz.ch/bundesstaat.html (17.1.2009).

15 Ebd.

16 «Kulturkampf», in: Historisches Lexikon der Schweiz http://hls-dhs-dss.ch (17.1.2009).

Die Neutralität bedeutete jedoch nicht, dass der Religionsunterricht ganz aus der Schule entfernt worden wäre. Vielmehr hatte er aus der Sicht des Staates eine zivilreligiöse Funktion, deren Ausübung aber meist den Kirchen – d. h. der in dem Kanton dominierenden Konfession – übertragen werden konnte. Den gemeinsamen Nenner bildete dabei das Kennenlernen der Bibel, was sich in Bezeichnungen wie «Biblische Geschichte» oder «Bibel und Lebenskunde» zeigt. Dieses Fach wurde sowohl von Klassenlehrpersonen als auch von kirchlichen Lehrpersonen erteilt und richtete sich an alle Kinder (mit Dispensationsmöglichkeit). Integration und Eingewöhnung in Kirche und Gesellschaft wurden nicht als Widerspruch empfunden. Während für den Staat mit dem Bibelunterricht zivilreligiöse Interessen bedient wurden, erhoffte die kirchliche Seite, sofern sie strukturell oder personell Einfluss auf den Bibelunterricht hatte, Katechese und Bewahrung der eigenen Tradition. Dabei war der reformierte Einfluss z. B. im Kanton Zürich nicht so leicht als konfessionell geprägt erkennbar, denn die liberal-aufklärerische reformierte Theologie mit der Betonung des sittlichen Menschen und die positive Haltung der reformierten Kirche zum Bundesstaat passte besser in das zivilreligiöse Konzept, während der katholische Religionsunterricht – bedingt durch die kirchlichen Entwicklungen des 19. Jahrhunderts – eher als innerkirchlich wahrgenommen wurde.

Die stärkste Tradition im Hinblick auf den staatlichen Bibelunterricht haben die Kantone Zürich, Bern und Waadt. Im Kanton Solothurn dagegen entschied man sich schon 1872 gegen einen solchen Unterricht – vor allem als Reaktion auf die Entwicklung in der katholischen Kirche im Ersten Vatikanischen Konzil – und nannte das Fach «Aufklärerische Sittenlehre». Es wurde in den 1970er Jahren mit der Begründung abgeschafft, die ethischen Anliegen würden in der Schule als Leitidee im gesamten schulischen Handeln umgesetzt. In Zürich wurde dieser Unterricht seit 1991 als staatlicher Unterricht mit ökumenischer Ausrichtung unter dem Namen «konfessionell-kooperativer Religionsunterricht» angeboten. Auch «konfessioneller» Unterricht fand zunehmend ökumenisch statt, so z. B. in Solothurn, wo es seit 1992 einen «Lehrplan der Römisch-katholischen, Evangelisch-reformierten und Christkatholischen Kirche auf ökumenischer Basis» gibt.

So gab es zwei Arten des Religionsunterrichtes nebeneinander: einen allgemein-christlichen Unterricht für alle Schülerinnen und Schüler mit einer mehr oder weniger ausgeprägten konfessionellen Färbung und einen konfessionellen Unterricht, der von den nicht dominanten Konfessionen innerhalb oder ausserhalb des Schulhauses stärker gepflegt wurde bzw. einen kirchlich-ökumenischen Unterricht.

Problematisch wurde das Arrangement eines quasi-staatlichen Religionsunterrichts, der auf der gemeinsamen christlichen Kultur beruhte, durch die Zunahme von Kindern nicht-christlicher Religionszugehörigkeit oder ohne Konfession. Die Bibel bildet damit nicht mehr den kleinsten gemeinsamen religiösen Nenner.

Manche Lehrmittel haben diese Veränderungen berücksichtigt, in dem sie ausdrücklich nichtchristliche und interreligiöse Themen integrieren, wenn auch die christlich-biblische Perspektive weiterhin den grössten Raum einnimmt, so z. B. das Lehrmittel für das Fach «Biblische Geschichte» an der Unter- und Mittelstufe im Kanton Zürich mit dem Titel «Gott hat viele Gesichter» (1995) bzw. «Gott hat viele Namen» (1997). Auch im konfessionellen Unterricht ist es selbstverständlich geworden, sich mit nichtchristlichen Religionen auseinanderzusetzen.

«Durch die Abschwächung konfessioneller Gegensätze, die von der Religionspädagogik und der Lehrerschaft gefördert wurde, entwickelte der [konfessionelle] Religionsunterricht in vielen Kantonen ein Profil, bei dem die Katechese [...] im traditionellen Sinn in den Hintergrund trat und das Nachdenken über allgemeine gesellschaftliche, ethische und biografische Fragen ins Zentrum rückte. In den letzten Jahren öffnete sich dieser Religionsunterricht zunehmend auch für interreligiöse Fragen, so dass die Beschäftigung mit nichtchristlichen Religionen zum elementaren Bestandteil vieler Lehrpläne wurde.»[17] Der konfessionelle Unterricht öffnete sich gelegentlich auch für nichtchristliche Schülerinnen und Schüler, was ebenfalls inhaltliche Änderungen nach sich zog. Alles das war und ist auch deshalb möglich, weil der konfessionelle Religionsunterricht nur wenig zentral reglementiert war und vorhandene Lehrpläne nicht verbindlich sind. Ein schweizerisches Lehrmittel für kirchlichen Religionsunterricht hat es nie gegeben; aufgrund der Vielfalt der Formen scheint dies ein aussichtsloses Unterfangen zu sein.

Klar katechetische Elemente des konfessionellen Unterrichts sind die Vorbereitung auf das Sakrament der Erstkommunion und der Firmung und die Vorbereitung auf die Konfirmation. Auch hier regiert die Vielfalt: Insgesamt findet die Vorbereitung auf die katholischen Sakramente zunehmend in der Pfarrei statt, der Konfirmationsunterricht ebenso ausserhalb der Schule, wobei in den vorwiegend reformierten Kantonen Wert auf den Nachweis gelegt wurde, dass der schulische Religionsunterricht besucht worden war.

1.2 Ein Theoriedefizit: Das Fehlen einer pädagogischen Begründung für den Religionsunterricht

Typisch für die schweizerische Entwicklung des Religionsunterrichtes ist ein gewisses Theoriedefizit. Die konkrete Ausformung des Religionsunterrichtes war bis anhin meist Ergebnis der politischen und kirchlichen Entscheidungsträger auf

---

17 *Frank/Jödicke*, Öffentliche Schule 276.

kantonaler Ebene. Diese Entscheidungen wurden und werden von Gemeinde zu Gemeinde wiederum unterschiedlich umgesetzt. So bedeutet der oben erwähnte ökumenische Solothurner Lehrplan keineswegs, dass der Religionsunterricht in einem überwiegend katholischen Ort inhaltlich und organisatorisch genauso abgehalten wird wie in einer überwiegend reformierten Gemeinde.

Die in Deutschland schon lange übliche Trennung von schulischem Religionsunterricht und kirchlicher Katechese, wie sie im bischöflichen Synodenpapier «Der Religionsunterricht an der Schule» von 1974[18] ausgeführt wurde, hat die Schweiz nicht rezipiert. Selbst im konfessionellen Religionsunterricht, so stellte die Synode damals nüchtern fest, sei nicht mehr mit einer einheitlichen Schülerschaft im Hinblick auf religiöse Haltungen zu rechnen. Damit korrespondieren die unterschiedlichen Erwartungen der Eltern an den Religionsunterricht, die auf der einen Seite des Spektrums konfessionelle Prägung einfordern, auf der anderen Seite Befürchtungen wegen einer konfessionellen Vereinnahmung haben. Glaubenswillige Schüler, so der Synodenbeschluss, könne man auch im konfessionellen Religionsunterricht nicht ohne Weiteres voraussetzen.

Als Konsequenz daraus ergibt sich die Notwendigkeit einer pädagogischen bzw. bildungstheoretischen Begründung des (konfessionellen!) Religionsunterrichts, der auf die Teilhabe an und Unterstützung der schulischen Ziele zielt. Religionsunterricht kann an der öffentlichen Schule nur dann einen Platz haben, wenn er zu den Zielen der Schule etwas beitragen kann. Ergebnis dieser Überlegungen ist die weithin rezipierte Trias der pädagogischen Begründung für den Religionsunterricht. Die *kulturgeschichtliche* Begründung zielt darauf, die Schülerinnen und Schüler mit den geistigen Überlieferungen vertraut zu machen, die unsere kulturelle Situation prägen. Ohne Verständnis des Christentums ist europäische Kultur nicht zu verstehen. Die *anthropologische* Begründung weist dem Religionsunterricht eine besondere Funktion im Hinblick auf die Selbstwerdung des Menschen und die Auseinandersetzung mit letzten Lebensfragen zu, die *ethische* Begründung schliesslich verweist auf die ethische Funktion des Religionsunterrichts und betont eigens, dass diese auf selbständiges Denken, nicht auf Anpassung abziele.[19]

Inzwischen hat sich das Blatt gewendet: Während in Deutschland in den letzten Jahren immer wieder der Ruf nach der Wiederbelebung von Katechese in der Schule laut wurde, hat sich in einigen Kantonen ein staatlich verantworteter nichtkonfessioneller Religionsunterricht etabliert, der sich konsequent aus der Bildungsnotwendigkeit für alle ableitet (s. u.).

---

18 Vgl. *DBK*, Religionsunterricht. Synodenbeschluss 1974.

19 Vgl. ebd., 2.3.4.

Dass der kirchliche Religionsunterricht in der Schweiz immer wieder mit der Angst vor Vereinnahmung bis hin zur klaren Kirchenfeindlichkeit konfrontiert wird, hat mit diesem Theoriedefizit, in den katholischen Gebieten vielleicht aber auch mit den letzten Nachwirkungen des Kulturkampfes zu tun. Ausserdem spielen eine Reihe von mehr oder weniger expliziten Ängsten und Vorbehalten eine Rolle: die von kleinen Religionsgemeinschaften gegenüber den grossen, die von Religionsgemeinschaften gegenüber staatlichen Institutionen und die von Vertretern religiöser Neutralität besonders gegenüber den anerkannten Religionsgemeinschaften.

Auch in dem Bericht über den schulischen Religionsunterricht in Bern heisst es: «Der [nicht konfessionell konzipierte] RU wurde von einem beachtlichen Teil der Lehrerschaft als verlängerter Arm der Kirche und als Verdoppelung des kirchlichen Unterrichts verstanden.»[20] Es wird deutlich, dass die Autoren des Buches dieses Verständnis unausgesprochen auch teilen, wenn sie nämlich den Bibelunterricht als konfessionell betrachten. «Obwohl der Lehrplan von 1951 sich als überkonfessionell deklarierte, ist doch eine eindeutig konfessionelle Ausrichtung zu erkennen. Man ging hier von einer christlichen Gesellschaft aus, obwohl schon damals kein Konsens bestand.»[21]

Problematisch bleibt, dass es weder der Schule noch der kirchlichen Seite gelungen ist, die Relevanz religiöser Bildung auch ausserhalb eines konfessionellen Rahmens zu begründen und zu vertreten.

Der von der katholischen IKK (Interdiözesane Katechetische Kommission) 2002 herausgegebene Lehrplan «Orientierung Religion»[22] ist als erster zaghafter Versuch zu werten, die Trennung zwischen Katechese und religiöser Bildung zu buchstabieren und die Funktion des kirchlichen Unterrichts als konfessioneller Bildungsunterricht zu verstehen.

Als schwerwiegenden Fehler muss man es ansehen, dass auf die professionelle Ausbildung der kirchlichen Lehrkräfte in der Schule jahrelang viel zu wenig Wert gelegt wurde. Eine Ausnahme bildet hier nur das 1964 gegründete (katholische) Katechetische Institut Luzern (heute Religionspädagogisches Institut RPI), das aber quantitativ nur einen Bruchteil dieser Lehrpersonen stellt.[23] Die mangelnde Ausbildung hat dazu geführt, dass die kirchlichen Lehrpersonen in der Schule um ihre Integration und Anerkennung kämpfen mussten und dass sie für die Auseinandersetzungen um das Fach schlecht gerüstet waren.

---

20 *Baumann Maurice*, Baustelle Religion 42.

21 Ebd.

22 Vgl. *Interdiözesane Katechetische Kommission*, Orientierung Religion.

23 Auf reformierter Seite könnte man das seit 1925 bestehende Diakonenhaus in Greifensee (ZH) nennen, dessen Schwerpunkt aber klar sozialdiakonisch ist. In diesem Rahmen kam auch der Religionsunterricht zur Sprache.

1.3 Religiöse Neutralität

Die Frage der religiösen Neutralität der Schule hat im Zusammenhang mit dem Religionsunterricht eine besondere Bedeutung und wurde in den Diskussionen um die Neukonzeption oft als Kampfbegriff benutzt, wobei – vereinfacht ausgedrückt – für die staatlichen Lehrkräfte Neutralität angenommen und den kirchlichen Lehrkräften von vornherein ein Mangel an Neutralität vorgeworfen wird. Eigentlich ist dies aber eine pädagogische Frage – der Begriff der Neutralität ist jedoch im Recht angesiedelt.

Dass religiöse Neutralität in der Schweiz eine so grosse Rolle spielt, hängt mit der Geschichte des Bundesstaates zusammen. Ziel ist es, «im Geiste der Toleranz den religiösen Frieden zu bewahren.»[24] So muss sich der Rechtsstaat religiös neutral verhalten, das heisst: «Er […] hat die in einer pluralistischen Gesellschaft auftretenden religiösen oder weltanschaulichen Überzeugungen unparteiisch und gleichmässig zu berücksichtigen [… und muss sich] in seinem öffentlichen Handeln sämtlicher religiöser Erwägungen enthalten, welche die Freiheit des Bürgers in einer pluralistischen Gesellschaft beeinträchtigen könnten.»[25]

Im Hinblick auf die Schule war zunächst wichtig, dass niemand aufgrund seiner Religion vom Schulbesuch abgehalten werden darf; ausserdem darf die schulische Praxis, etwa in Form von Schulgebeten, Singen von Liedern mir religiösem Inhalt u. ä. die Religionsfreiheit des Einzelnen nicht einschränken. Unter Religionsfreiheit versteht man als liberté intérieure oder negative Religionsfreiheit die Freiheit «zu glauben, nicht zu glauben, oder den Glauben zu ändern» und als liberté extérieure oder positive Religionsfreiheit die Freiheit die eigene Überzeugung auszudrücken, auszuüben oder mitzuteilen.[26]

Die Schulen gelten als ein besonders empfindlicher Bereich, weil die Schülerinnen und Schüler noch leicht beeinflussbar sind und Bildung das Ziel hat, auf ihre Persönlichkeit einzuwirken.[27] Ausserdem unterstehen die Kinder bis zum Alter von 16 Jahren[28] noch der elterlichen Religionsfreiheit. Die Schule stellt ein Sonderstatusverhältnis dar, weil der Staat selbst den Schülerinnen und Schülern in der Schule entgegentritt. So kann sich im Bereich der Religionsfreiheit und Neutralitätsverpflichtung eine Gemeinde nicht auf ihre gesetzlich zugesicherte Gemeindeautonomie berufen.[29]

---

24 *Tappenbeck/Pahud de Mortanges*, Religionsfreiheit 1403.

25 Ebd. 1401.

26 Vgl, ebd. 1403.

27 Vgl. ebd.

28 In Deutschland und Österreich erreichen Kinder ihre Religionsmündigkeit mit Vollenden des 14. Lebensjahres.

29 Vgl. ebd. 1404.

Das Sonderstatusverhältnis bedingt auch, dass von den Lehrpersonen im Rahmen der Schule eine Einschränkung ihrer Religionsfreiheit um der religiösen Neutralität der Schule willen zugemutet werden kann.[30] Allerdings darf niemand gegen seinen Willen dazu gezwungen werden Religionsunterricht zu erteilen.

Es wird nicht als Widerspruch zur Religionsfreiheit angesehen, dass in den Schulgesetzen verschiedener Kantone der Unterricht auf eine christliche Grundlage gestellt wird, z. B. im Kanton Thurgau, wo die Werteerziehung im Sinne der christlichen Ethik festgehalten wird; Ähnliches gilt für das Wallis und St. Gallen.[31] Aus juristischer Sicht wird dies mit dem Hinweis auf ein kulturelles und nicht etwa konfessionelles Verständnis des Christentums erklärt, wobei diese Abgrenzung nicht immer leicht zu treffen ist.

Dass die Frage der Neutralität eine schwierige und uneindeutige ist, zeigen verschiedene Urteile des Bundesgerichts.[32] So verstösst z. B. das Aufhängen von Kruzifixen im Klassenraum wegen seiner Nähe zum römisch-katholischen Bekenntnis gegen die religiöse Neutralität, während sie etwa im Gang oder Speisesaal der Schule, also ausserhalb der Unterrichtsräume, lediglich die abendländisch-christliche Kultur repräsentieren. Ordensgewänder von Lehrkräften stellen keine Überschreitung der religiösen Neutralität dar, islamische Kopftücher dagegen doch. Die Landeskirchen dürfen – als Privileg ihrer öffentlich-rechtlichen Anerkennung – eine fakultative konfessionelle Glaubenslehre anbieten. In den Volksschulgesetzen der meisten Kantone ist dafür eine Art Gastrecht vorgesehen.

Es gibt also wohldosierte Ausnahmen vom Neutralitätsgebot. Leitend ist dabei immer das Interesse am religiösen Frieden in der Gesellschaft und in der Schule. Tappenbeck und Pahud de Mortanges sind überdies der Überzeugung, dass sich ein laizistisch gerierender Staat mit seiner dezidierten Ablehnung jedes Religiösen nicht als religiös neutral bezeichnen könne.[33]

Die religiöse Neutralität erweise sich nach Ansicht der Autoren erst dann, wenn sie imstande sei, die individualrechtlichen Ansprüche der Beteiligten zu schützen. Sie sei gewissermassen unselbständig und abgeleitet. Das leitende Interesse sei, wie bereits dargestellt, «dass die Schule kein Ort der religiösen Konfrontation werden darf,»[34] wobei die Lehrperson eine besondere Vorbildfunktion auszufüllen habe.

Anders ausgedrückt: Religiöse Neutralität ist kein Selbstzweck, sondern dient dem religiösen Frieden, dessen Erhaltung nach dem Trauma der konfessionellen

30 Vgl. ebd. 1411.

31 Vgl. ebd. 1405.

32 Vgl. ebd. 1406 f.

33 Vgl. ebd. 1407.

34 Ebd. 1412.

Auseinandersetzungen seit der Reformation bis ins 19. Jahrhundert höchste Priorität geniesst.

Weltanschauliche Neutralität im Interesse des religiösen Friedens ist ein Grundbegriff des schweizerischen Rechtsdenkens. Dies darf nicht verwechselt werden mit einer neutralen Haltung im pädagogischen Sinne, die unmöglich ist, weil sonst die erzieherische Funktion der Schule nicht wahrgenommen werden kann. Diese Problematik wird bei der Schlussdiskussion Kap. 7) der vorliegenden Untersuchung wieder aufgenommen.

1.4 Religionszugehörigkeit in der Schweiz

Wie bereits erwähnt, hat die Zunahme von Kindern, die keiner der christlichen Landeskirchen angehören, zu einem Prozess des Umdenkens im Hinblick auf Begründung und Gestaltung eines Schulfaches Religion gehört. Die Volkszählung 2000 erlaubt einen differenzierten Einblick in den religiösen Wandel in der Schweiz.[35]

33 % der Bevölkerung geben an, zur evangelisch-reformierten Landeskirche zu gehören, 42 % zur katholischen. 4 % rechnen sich dem Islam zu. 11 % geben keine religiöse Zugehörigkeit an. Seit 1970 hat der Anteil der Evangelisch-Reformierten um 13 % abgenommen, die katholische Kirche ist um 7,5 % geschrumpft, während sich die Zahl der Konfessionslosen von 1 % 1970 über 7,5 % 1990 bis 2000 verzehnfacht haben.[36]

Jedoch: 75 % der in der Schweiz lebenden Menschen gehören zu einer der beiden grossen Landeskirchen. Dabei sind grosse regionale Unterschiede festzustellen. Das Schlusslicht bildet Basel-Stadt mit gerade noch 50 % Zugehörigkeit zu den beiden grossen christlichen Konfessionen, schwach sind auch Genf (55 %) und Neuenburg (65 %).[37]

Die eindeutige konfessionelle Prägung der einzelnen Kantone nimmt ab; so gehören nur noch im Kanton Bern mehr als 50 % der Menschen der reformierten Kirche an. Noch 1970 waren zehn Kantone zu über 50 % reformiert.[38] Man bezeichnet dies als Deterritorialisierung der Glaubensgemeinschaften. «Die schweizerische Religionslandschaft gleicht immer weniger einem Mosaik aus

35 Vgl. *Bovay*, Religionslandschaft. Die Zahlen werden i. d. R. ohne Stellen hinter dem Komma zitiert.

36 Vgl. ebd. 11.

37 Vgl. ebd. 20.

38 Vgl. ebd. 17.

Kantonen, welche stark konfessionell gefärbt sind, wie dies in den ersten Volkszählungen im 19. Jahrhundert der Fall war.»[39]

Die grösste neue Gruppe ist die der Menschen, die sich keinem Bekenntnis zuordnen bzw. die Angabe hierzu verweigern. Basel-Stadt ist hier mit über 30 % der Spitzenreiter, ebenso die drei westschweizerischen Kantone, während in einigen Kantonen der Innerschweiz dieser Wert unter 5 % liegt.[40] Mit 11 % landesweit liegt der Prozentsatz zwar immer noch weit unter dem anderer europäischer Länder, allerdings ist die rasante zahlenmässige Entwicklung in den letzten dreissig Jahren ein deutlicher Indikator für einen Wandel.

Die Zahlen zeigen einen langsamen Prozess der Pluralisierung an. Die religiöse Zugehörigkeit ausserhalb der Grosskirchen liegt unter 10 %, davon 4,4 % nichtchristliche und 5,3 % christliche.[41] Hier ist ein starkes Stadt-Land-Gefälle festzustellen, denn in den fünf grössten Städten (Zürch, Bern, Basel, Genf, Lausanne) liegt dieser Anteil bei ca. 13 %. Die Pluralisierung ist also nicht überall gleichermassen ausgeprägt, aber es ist ein deutlicher «Trend zur Entkoppelung von Wohnort und Religionszugehörigkeit»[42] festzustellen.

Die Gründe für die religiösen Veränderungen liegen jedoch nicht nur im religiösen Bereich, sondern auch im politisch-sozialen. Dass der Islam sich als die grösste Minderheit etabliert hat, ist der Migration zuzuschreiben Auch die katholische Kirche profitiert im Hinblick auf ihre Mitgliederzahl von Migration. Der Arbeitsmarkt ist ein weiterer Faktor, der zur religiösen Vermischung deutlich beiträgt.

Selbstverständlich sagen diese Zahlen weder etwas über den Grad der Loyalität des Einzelnen gegenüber der Religionsgemeinschaft aus, also über die Pluralisierung innerhalb der Religionen, noch darüber, inwieweit die Glaubensinhalte der Gruppe bekannt sind und das tägliche Leben danach ausgerichtet wird[43] (siehe auch Kap. 4).

1.5 Neue Unterrichtskonzepte

Im Unterschied zu den Nachbarländern wird derzeit in der Schweiz unter verschiedenen Bezeichnungen und auf unterschiedlichen Schulstufen ein Modell von Religionsunterricht umgesetzt, das ausschliesslich staatlich verantwortet ist – und das, soweit es zur Kenntnis genommen wurde, von deutschen Religionspäda-

39 Ebd. 35.
40 Vgl. ebd. 53.
41 Vgl. ebd. 26.
42 Ebd. 35.
43 Vgl. ebd. 99.

gogen aus der Sicht des konfessionellen Religionsunterrichts kritisch beurteilt wird.[44] Neben dem staatlichen Religionsunterricht ist konfessioneller Religionsunterricht möglich. Diese Zweigleisigkeit ist in der Schweiz – wie oben erläutert – nicht gänzlich neu.

Damit deutet sich eine Lösung für zwei Problembereiche an[45]: Die Ermöglichung konfessioneller Gefässe von Religionsunterricht an der Schule ist nicht nur als Privileg der staatlich anerkannten Religionsgemeinschaften anzusehen, sondern dient auch dem staatlichen Interesse, die Religionsgemeinschaft «durch die Schule in das zivilgesellschaftliche Leben» einzubinden. «Die Institution Schule ist hierbei ein Mittel, um den Religionsgemeinschaften Unterstützung zu gewähren und im Gegenzug Kontrolle zu ermöglichen»[46].

Der zweite Problembereich ist die Thematisierung von Religion und religiöser Pluralisierung von Religion für alle Schülerinnen und Schüler, die in den neuen Unterrichtskonzepten angegangen wird. Diese neuen Modelle eines ganz staatlich verantworteten Religionsunterrichts – unter unterschiedlichen Benennungen, s. u. – wurden in sehr vielen deutschsprachigen Kantonen[47] konzipiert und umgesetzt. Sie reagieren damit auf die religiöse Pluralisierung der Gesellschaft einerseits und auf die Notwendigkeit religiös-ethischer Erziehung und Bildung in einer sich säkularisierenden Gesellschaft andererseits. Nicht nur die Tatsache, dass sich die religiöse Zugehörigkeit der Schülerschaft verändert hat, auch die Abnahme religiösen Wissens erfordert religiöse Allgemeinbildung für alle an der staatlichen Schule. Eine obligatorische Religionskunde soll dazu beitragen, religiösen Analphabetismus zu vermeiden. Auch hier, so könnte man formulieren, geht es um religiöse Bildung im Interesse des religiösen Friedens in der pluralen Gesellschaft, die einen kompetenten Umgang mit Religion und religiösen Fragestellungen erfordert. Der neue Religionsunterricht will einen unverzichtbaren Beitrag zur Demokratie und zu respektvollem Zusammenleben leisten.

In einigen Kantonen wird der Religionsunterricht in einen Fächerverbund integriert, so in «Natur–Mensch–Mitwelt» (Bern), «Mensch und Umwelt» (Appenzell Ausserrhoden), «Individuum/Gemeinschaft/Religion» (Schaffhausen). Die zentralschweizerischen Kantone Luzern, Ob- und Nidwalden, Uri und Zug haben ein selbständiges Fach geschaffen. «Ethik und Religionen» (Luzern) bzw. «Ethik und Religion» für das 1.–6. Schuljahr. Ein vergleichbares Fach existiert im Kanton Aargau, ebenfalls als «Ethik und Religionen», dort zusätzlich für die 1.–3.

44 Vgl. *Schweitzer*, Religion; anders allerdings *Doedens*, Religionsunterricht; zur Diskussion: *Jakobs*, Zweigleisigfahren.

45 Vgl. *Frank/Jödicke,* Öffentliche Schule 281 f.

46 Ebd. 281.

47 Ausnahmen sind: Wallis, Schwyz, Basel-Landschaft, Schaffhausen, Thurgau, Deutsch-Freiburg, Solothurn, St. Gallen, Glarus.

Klasse der vier Klassen umfassenden Oberstufe. Im Kanton Zürich begann 2006/07 auf der Sekundarstufe I die Pilotphase des Faches «Religion und Kultur», nachdem der Bildungsrat 2001 beschlossen hatte, den bisherigen konfessionell-kooperativen Unterricht in ein neues Fach zu überführen. In Graubünden geben die Kirchen von ihren zwei Wochenlektionen eine auf zugunsten des kantonal verantworteten Fachs Ethik.[48] Wie in Zürich stand auch in Graubünden die vollständige Abschaffung des Religionsunterrichts zur Debatte, bevor man sich auf die jetzige Lösung einigte.

Damit hat auch eine Wende im Hinblick auf die Haltung zu Religion in der Schule allgemein stattgefunden. In den Lehrplänen zeigt sich das Bemühen, religiöse als grundsätzliche menschliche Fragen zu thematisieren, die in verschiedenen Traditionen unterschiedlich beantwortet werden, und dabei den existenziellen Bezug zur lebensweltlichen Erfahrung der Schülerinnen und Schüler zu wahren. Keiner Religion oder Tradition wird ausdrücklich der Vorzug gegeben. Dass die christlich-jüdische Tradition eine etwas herausgehobene Rolle spielt, ist an der Behandlung von zentralen Bibeltexten zu sehen wie etwa im Aargauer Lehrplan oder an einer Thematik wie «Schöpfung» und dem damit verbundenen Ziel der Bewahrung dieser Schöpfung im Luzerner Lehrplan für das 3./4. Schuljahr .

An den Maturitätsschulen ist Religion seit 1995 eines von dreizehn möglichen Ergänzungsfächern für die Matura.[49] Auch die Maturaarbeit kann in Religion geschrieben werden. Dieses Fach erfreut sich grosser Beliebtheit, obwohl, wie die Statistik zeigt, kein Vorteil im Hinblick auf die Notengebung gegenüber anderen Fächern zu erwarten ist. Das Maturitätsfach ist gut eingeführt und gibt kaum Anlass zu politischer Diskussion.

Anders sieht es bei der Volksschule aus. Obwohl kirchliche Gremien dem Fach in verschiedenen Vernehmlassungsprozessen zugestimmt haben, sind aus anderen kirchlichen Kreisen auch Befürchtungen geäussert worden, insbesondere bei den im konfessionellen Unterricht tätigen Katecheten und Katechetinnen. Sie fühlen sich zunehmend aus der Schule hinausgedrängt und fürchten um ihre Arbeitsplätze, was verstärkt wird durch die Blockzeiten an den Schulen, die das konfessionelle Angebot organisatorisch fast verunmöglichen Für das neue Fach musste in der Innerschweiz eine von zwei Stunden konfessioneller Religionsunterricht abgegeben werden, eine Stunde allerdings, die ursprünglich einmal als Bibelunterricht gedacht war und von konfessionellen Religionslehrpersonen unterricht wurde. Die neue Situation bedeutet konkret für ein katholisches oder reformiertes Kind

48 Gem. Volksabstimmung vom 17.5.2009; vgl. dazu die Stellungnahme des Bistums Chur: www.bistum-chur.ch/am_sonstiges_151.htm.

49 Details zu den Zielsetzungen des Maturitätsfaches vgl. *Jakobs*, Religiöse Kompetenz.

eine Stunde Religionsunterricht mit der Klassenlehrperson und eine Stunde konfessionellen oder von den Kirchen angebotenen ökumenischen Unterricht.

Obwohl die Lehrpläne bildungstheoretische Argumente für das neue Fach nennen, spielen diese in der politischen Diskussion eine relativ untergeordnete Rolle. Es waren gelegentlich noch kulturkämpferische bis laizistische Töne auszumachen, während es kirchlichen Lehrkräften oder Pfarreiverantwortlichen manchmal schwerfiel, auf ihren Status quo zu verzichten, und man sich keine Mühe gab, den konfessionellen Religionsunterricht auch theoretisch anders als katechetisch zu profilieren.

Erfreulich ist, dass die religiöse Bildung nicht gänzlich aus dem Fächerkanon herausgefallen ist, sondern neu profiliert und gestärkt wurde und sich in der Konkurrenz anderer Bildungsansprüche wie zweier Fremdsprachen in der Primarschule, Umgang mit dem Computer und vielen anderen neuen Erziehungsbedürfnissen, die man gerne in die Schule verlagert sähe, behaupten konnte.

2 Beschreibung der Stichprobe

Die Grundlage für die vorliegende Untersuchung bilden Antworten von Religionslehrerinnen und Religionslehrern, die im Auftrag einer der beiden grossen christlichen Konfessionen (röm.-kath. und ev.-ref.) in der Schweiz Religionsunterricht erteilen. Damit ist aber nur ein eingegrenzter Ausschnitt des in der Schweiz angebotenen Religionsunterrichts erfasst. Lehrpersonen eines eher religionskundlichen Unterrichts, wie er gegenwärtig in verschiedenen deutschsprachigen Kantonen angesichts einer zunehmenden religiösen Pluralität entwickelt, eingeführt oder ausgebaut wird, liessen sich noch nicht sinnvoll in die Befragung einbeziehen. Die Unterrichtslandschaft ist in dieser Hinsicht im Umbruch. Vielerorts müssen sich die Lehrkräfte erst noch auf neue Unterrichtsgefässe und Lehrmittel einstellen. Das Projekt beschränkte sich daher bewusst auf die Befragung konfessionell eingebundener Lehrkräfte.

Die Kontakte zu den Lehrpersonen wurden auf katholischer Seite über die Geschäftsstelle der Interdiözesanen Katechetischen Kommission (IKK) hergestellt. Seitens der evangelisch-reformierten Kirche knüpften kantonalkirchliche Stellen entsprechende Verbindungen. Insgesamt wurden 3088 Frauen und Männer angeschrieben und ersucht, an der Befragung teilzunehmen. In einem Begleitschreiben wurde der Zweck der Untersuchung erklärt und Vertraulichkeit im Umgang mit den Angaben zugesichert. Der Fragebogen konnte schriftlich oder online ausgefüllt werden. 375 Personen antworteten postalisch, 185 nutzen die Möglichkeit der elektronischen Datenübermittlung. Die Erhebungsform hatte nur an wenigen Stellen einen erkennbaren Einfluss auf die Ergebnisse. Insgesamt wurden im Zeitraum von September 2006 bis Januar 2007 560 Fragebögen zurückgesendet. Die Rücklaufquote liegt damit bei etwa 18 %. Für das europäische TRES-Projekt konnten angesichts zeitlicher Vorgaben lediglich die 185 online erfassten Angaben einbezogen werden. Die schriftlich eingereichten Fragebögen wurden später kodiert und für die hier vorliegende Untersuchung ausgewertet.

Die Beschreibung der Stichprobe in diesem Kapitel verfolgt eine doppelte Absicht: Einerseits lässt sich die Güte der Stichprobe einschätzen. Wo dies möglich ist, wird die Verteilung in der Stichprobe mit vorhandenen Informationen zu Religionslehrpersonen der beiden grossen Konfessionen bzw. zur Schweizer Gesamtbevölkerung verglichen (2.1). Andererseits soll der Kreis der Befragten plastisch gemacht werden: Merkmale wie Geschlecht, Ausbildung, Konfession usw. werden in diesem Abschnitt beschrieben und noch nicht mit anderen Variablen in Beziehung gesetzt (2.2). Dies geschieht erst in den folgenden Kapiteln, wo die Einstellungen der Befragten auf Unterschiede nach Alter, Geschlecht usw. hin überprüft werden.

2.1 Repräsentativität der Stichprobe

Eine Stichprobe ist umso besser, je mehr die Verteilung der Merkmale derjenigen in der Grundgesamtheit entspricht. Dies lässt sich nur in seltenen Fällen wirklich überprüfen. Im vorliegenden Datensatz können jedoch einige Informationen über die Befragten mit Daten aus anderen Untersuchungen verglichen werden. Wo sich grobe Abweichungen ergeben, müsste die Stichprobe durch Gewichtungen nachträglich verbessert werden.

Alter

Das Durchschnittsalter der Befragten liegt bei 49 Jahren (Tab. 1). Zumindest für die katholische Kirche der Schweiz gibt es eine Vergleichszahl: Das Durchschnittsalter der Seelsorgerinnen und Seelsorger liegt seit Mitte der 80er Jahre relativ stabil bei 53 Jahren (davon Priester durchschnittlich 56 Jahre, Pastoralassistentinnen und -assistenten durchschnittlich 45 Jahre – Bezugsjahr: 2005).[50] Dass Religionslehrpersonen, die an kantonalkirchlichen Stellen ihre Ausbildung absolvierten, dies in der Regel nicht im Erstberuf tun, erklärt das etwas höhere Durchschnittsalter im Vergleich zur Gruppe der Pastoralassistentinnen und -assistenten.

Für die weitere Auswertung wurden vier Altersklassen gebildet: 23- bis 40-Jährige, 41- bis 47-Jährige, 48- bis 54-Jährige sowie 55- bis 70-Jährige. Diese Altersgruppen umfassen eine vergleichbare Menge von Befragen.

Geschlecht

Die Geschlechterverteilung (Tab. 2) wirkt auf den ersten Blick stark verzerrt. Vier Fünftel (79,1 %) der Befragten sind Frauen, nur 20,9 % der Antwortenden Männer. Zumindest für die katholische Kirche liegen aufschlussreiche Vergleichszahlen vor, die ein geradezu spiegelverkehrtes Resultat liefern. Im Jahr 2005 waren von den katholischen Seelsorgerinnen und Seelsorgern der Schweiz nur knapp 11 % Frauen.[51] Bei dieser Gruppe handelt es sich in der Regel um Personen mit akademischem Theologiestudium. Von unseren befragten Religionslehrpersonen

50 *SPI*, Katholische Kirche in der Schweiz 60.

51 Ebd. 55.

haben hingegen nur knapp ein Drittel (32,9 %) einen universitären Abschluss. 24,8 % haben ein Lehrerseminar besucht, für 42,3 % ist die Sekundarstufe II der höchste formale Bildungsabschluss (Tab. 9).

Sollte also gelten: Je niedriger die Ausbildungsvoraussetzung für einen kirchlichen Dienst desto mehr Frauen, je höher die Anforderungen (und die berufliche Stellung) desto mehr Männer? Ein weiterer Beleg kann diese Vermutung stützen: Die formal höchste und zeitlich umfangreichste Ausbildung im Bereich Katechese und Religionspädagogik in der katholischen Deutschschweiz kommt Absolventinnen und Absolventen des Religionspädagogischen Instituts (RPI) in Luzern zu (früher: Katechetisches Institut KIL). Ihre Ausbildung ist auf dem Niveau Höhere Fachschule/Fachhochschule angesiedelt, steht somit also formal zwischen den Ausbildungsgängen kantonalkirchlicher Institute und dem Theologiestudium an theologischen Fakultäten. In der Tat waren von den 61 Absolventinnen und Absolventen des KIL der Jahre 1995–2000 36 Männer (59 %) und 25 Frauen (41 %).[52]

Auch wenn für die reformierte Kirche keine Vergleichszahlen vorliegen, gibt es doch einigen Grund zur Annahme, dass unter Deutschschweizer Lehrpersonen im kirchlichen Auftrag Frauen in ähnlichem Ausmass wie in der Stichprobe überwiegen.

Konfession

Das Verhältnis von Katholiken zu Reformierten in der Schweizer Wohlbevölkerung 2000 liegt bei 56:44.[53] In unserem Sampling finden sich 321 katholische Lehrpersonen und 228 reformierte (Tab. 10). Das ergibt ein Verhältnis von 58:42. Die konfessionelle Verteilung gibt damit ziemlich genau die Situation der Gesamtbevölkerung wieder.

Kanton

Die kantonale Verteilung ist unausgewogen (Tab. 3): Die Kantone Glarus (GL), Schwyz (SZ), St. Gallen (SG), Thurgau (TG) und Zug (ZG) sind stark überrepräsentiert; die Kantone Bern (BE), Schaffhausen (SH), Solothurn (SO) und Zürich (ZH) hingegen unterrepräsentiert. Zwei Beispiele: Der Kanton Thurgau sollte mit 22 Befragten vertreten sein; tatsächlich haben sich jedoch 79 Lehrpersonen aus diesem Kanton an der Befragung beteiligt. Bei vorliegender Stichprobengrösse müssten andererseits 95 Befragte aus dem Kanton Bern kommen; de facto liegen aber nur 19 Antworten vor. Die Datenauswertung wird daher keine

52 Vgl. *SPI*, Auf dem Weg vom Studium ins Berufsleben.

53 Vgl. *SPI*, Katholische Kirche in der Schweiz 24.

Aussagen über einzelne Kantone machen. Vielmehr gehen die Fragen dahin, ob und ggf. aus welchen Gründen bestimmte Rahmenbedingungen des Religionsunterrichts die Einstellungen von Lehrpersonen beeinflussen. Wenn bestimmte Rahmenvorgaben in der Stichprobe in genügendem Umfang vertreten sind, so dass ein Vergleich möglich ist, braucht es keine nachträgliche Korrektur (Gewichtung) der Fallzahlen in den über- bzw. unterrepräsentierten Kantonen.

Kantonales Gastrecht des Religionsunterrichts

In den Kantonen Bern (BE), Appenzell Ausserrhoden (AR), Zürich (ZH) und Schwyz (SZ) findet der Religionsunterricht nicht im Schulhaus, sondern in kirchlichen Räumen statt. In unserer Stichprobe ist diese Situation durch 115 Personen (21,3 %) repräsentiert; 424 Befragte (78,7 %) arbeiten in Kantonen, in denen der Religionsunterricht in den Schulhäusern erteilt wird (Tab. 4). Ein Vergleich der beiden Gruppen ist möglich.

Verantwortung für den Religionsunterricht

298 Befragte (53,2 %) erteilen Religionsunterricht, der ausschliesslich von der jeweiligen Kirche verantwortet wird. In 262 Fällen (46,8 %) stehen Kirche und Staat gleichermassen dafür gerade (Tab. 5).

Konfessionelle Prägung des Kantons

Traditionell werden die Kantone der Schweiz in solche mit katholischer Prägung, solche mit protestantischem Hintergrund sowie in konfessionell paritätische Kantone eingeteilt. Als katholisch gelten die Kantone Appenzell Innerrhoden (AI), Freiburg (FR), Jura (JU), Luzern (LU), Obwalden (OW), Nidwalden (NW), Schwyz (SZ), Solothurn (SO), Tessin (TI), Uri (UR), Wallis (VS) und Zug (ZG). Reformiert sind die Kantone Appenzell Ausserrhoden (AR), Basel-Stadt (BS), Basel-Landschaft (BL), Bern (BE), Genf (GE), Neuenburg (NE), Schaffhausen (SH), Waadtland (VD) und Zürich (ZH). Zu den paritätischen Kantonen werden Aargau (AG), Glarus (GL), Graubünden (GR), St. Gallen (SG) und Thurgau (TG) gerechnet.

Für unsere Stichprobe heisst das (Tab. 6): 140 Personen sind traditionell katholischen Kantonen tätig, 127 in traditionell reformierten Kantonen und 272 in religionskulturell paritätischen Kantonen. Zu den anderen Befragten liegen keine Angaben zum Herkunftskanton vor.

Die Untersuchung von Stolz zu Religion und Sozialstruktur in der Schweiz zeigt, «dass stärkere durchschnittliche Religiosität in allen Kantonen mit katholischer Tradition zu finden ist und dass Kantone mit reformierter Tradition vergleichsweise geringe durchschnittliche Religiosität aufweisen»[54]. Bemerkenswert ist dabei, dass sich in der vorliegenden Untersuchung bei den Reformierten keine Religiositätsunterschiede zeigen, einerlei ob sie nun in einem Kanton mit katholischer, reformierter oder paritätischer Vergangenheit beheimatet sind. In den traditionell katholischen Kantonen hingegen scheint für Katholiken Religion wichtiger zu sein als in reformierten und paritätischen Kantonen. «Hier sieht man, wie das ‹katholische Sondermilieu› (Altermatt) in den katholischen Gebieten die Religiosität immer noch stützt, während sich die katholische Religiosität in den reformierten Gebieten immer stärker der reformierten Religiosität angleicht.»[55] Es wird zu klären sein, ob diese Unterschiede auch für unsere Fragestellungen eine Rolle spielen. Die Fallzahlen sollten jedenfalls entsprechende Vergleiche zulassen.

Religionspolitische Prägung des Kantons

Angesichts grosser Unterschiede im Verhältnis zwischen Religionsgemeinschaften und Staat in den 26 Kantonen der Schweiz sind in unserem Zusammenhang die Fragen bedeutsam,

- ob bestimmte Religionsgemeinschaften einen öffentlich rechtlichen Status zuerkannt bekommen (andere hingegen nicht);
- ob der Kanton Einfluss auf die Organisation der staatlichen anerkannten Gruppen nimmt;
- ob der Kanton die staatlich anerkannten Religionsgemeinschaften finanziell unterstützt oder nicht.[56]

Die 26 Kantone lassen sich auf diese Weise nach dem Grad der Regulierung religiöser Belange durch den Staat unterscheiden.[57] Während Genf (GE) und Neuenburg (NE) das Prinzip der Trennung von Kirche und Staat konsequent anwenden, finden sich etwa im Tessin (TI) oder im Waadtland (VD) mit die engsten Verflechtungen, die es in der Schweiz zwischen anerkannten Kirchen und dem Staat gibt («Staatskirche»).

Im vorliegenden Sampling liegt die Einteilung nach Stolz (Abb. 1) zugrunde. Die weitere Analyse wird mit einer Vereinfachung arbeiten: Kantone mit niedriger oder eher niedriger Regulierung werden denen gegenübergestellt, die eine eher hohe, hohe oder sehr hohe Einflussnahme des Staates aufweisen (Tab. 7).

---

54 *Stolz J.*, Religion und Sozialstruktur 80.

55 Ebd. 81.

56 Ebd. 78 f.

57 Ebd. 79.

Abb. 1: Grad der Regulierung religiöser Belange durch den Kanton

Regulierungsgrad	**Kanton**
sehr gering	GE, NE
niedrig	BS, AR, AI, AG
eher niedrig	SG, GR, SO, GL
eher hoch	NW, OW, FR, TG, LU, ZG, SH
hoch	JU, VS, SZ, UR, BL
sehr hoch	TI, BE, VD, ZH

Quelle: *Stolz J.*, Religion und Sozialstruktur 79.

215 der befragten Lehrpersonen arbeiten in Kantonen mit einer deutlichen Entflechtung von Kirche und Staat, 296 Lehrpersonen in Kantonen mit einem grösseren Einfluss des Staates auf die anerkannten Religionsgemeinschaften. Auch hier sind die Fallzahlen gross genug, um Vergleiche anzustellen.

Der Datenvergleich hat ergeben, dass eine Nachbesserung der Stichprobe nicht erforderlich ist. Wo sie überprüfbar sind, können die Daten als plausibel gelten. Sie liegen in einem Ergebniskorridor, den andere Informationen erwarten lassen; einzig die Verteilung über die Kantone weist Verzerrungen auf. Da es aber ausreichend Fälle gibt, um verschiedene Aspekte der Rahmenbedingungen des Religionsunterrichts miteinander zu vergleichen, sind keine Korrekturen nötig.

2.2 Weitere Eigenschaften und Antworten der Befragten

Die Teilnehmerinnen und Teilnehmer der Untersuchung wurden danach gefragt, wie religiös sie sich selbst einschätzen (Tab. 11). Das Ergebnis ist wenig verwunderlich. Es schätzt sich nur eine Person der gesamten Stichprobe als sicher nicht religiös ein, acht Personen halten sich selbst für nicht religiös. Zusammengenommen sind das weniger als 2 % der Lehrpersonen. 18 Befragte gaben an, sich nicht sicher zu sein. 355 Religionslehrpersonen schätzen sich hingegen als religiös, weitere 173 sogar als sehr religiös ein. Mehr als 95 % der Befragten geben damit an, religiös oder sehr religiös zu sein.

Auch für das Bibelverständnis (Tab. 14) sind die Mehrheitsverhältnisse eindeutig. Für knapp 3 % der Befragten enthält die Bibel (nur) menschliche Weisheiten; 91,5 % halten sie für von Gott inspiriert, womit eine unerlässliche Übersetzung in den jeweiligen kulturellen und geschichtlichen Kontext verbunden ist. Ein wörtliches Bibelverständnis vertreten nur 5 % der Befragten.

Neben religiösen Einstellungen ist auch die religiöse Praxis der Befragten von Interesse (Tab. 13). Mehr als zwei Drittel (69,8 %) geben an, wöchentlich einen Gottesdienst zu besuchen. Zusammen mit den Befragten, die sogar täglich an einer gottesdienstlichen Feier teilnehmen, sind dies fast drei Viertel aller Befragten. Diese hohe Kirchenbindung findet sich nicht nur bei den römisch-katholischen Lehrpersonen. Auch die Reformierten praktizieren einen vergleichsweise häufigen Gottesdienstbesuch. 77 % der Lehrpersonen beten oder meditieren täglich, nur gut 25 % der Befragten geben an, nie oder nur gelegentlich zu beten oder meditieren. Der überwiegende Teil (74,3 %) meditiert bzw. betet öfter, wöchentlich oder täglich (immerhin 18,4 %).

Nach den klassischen Kriterien einer kirchlich-christlichen Religiosität – Selbsteinschätzung, Gottesdienstbesuch und Gebetspraxis – haben wir es somit bei den befragten Lehrpersonen mit kirchlich eng verbundenen Personen zu tun, die eine kirchlich getragene Religiosität nicht nur vor ihren Schülerinnen und Schülern vertreten (müssen), sondern auch persönlich praktizieren.

90,4 % der Lehrpersonen sind nicht ordiniert (Tab. 12), d. h. sie sind nicht Priester (kath.) bzw. haben keine Pfarrstelle inne (ref.). Trotz der Tatsache, dass die Ordination in der reformierten Kirche anders als in der katholischen beiden Geschlechtern offen steht, überwiegen unter den Ordinierten der ref. Kirche in unserem Sampling die Männer deutlich.

Einige weitere Merkmale, die erhoben wurden, erhellen den institutionellen Kontext (Tab. 15–17): 404 Befragte (73,2 %) erteilen in der Schule Religionsunterricht. Eine deutliche Minderheit von 148 Personen (26,8 %) unterrichtet in einem pfarreilichen bzw. gemeindlichen Kontext. Gut die Hälfte der Lehrpersonen (51,8 %) hat dabei nur einen Einsatzort. Alle anderen sind an mehreren Orten im Einsatz. 61,6 % der Befragten unterrichten bereits seit mehr als zehn Jahren.

Arbeitsbelastung und Berufszufriedenheit

Nur 41 % der Lehrpersonen geben an, dass sie es selten oder nie anstrengend erleben, mit Schülerinnen und Schülern zu arbeiten (Tab. 18). 46,5 % erleben dies ab und zu; für 13,5 % der Befragten gehört diese Erfahrung hingegen zum Berufsalltag. Lediglich 5,3 % der Befragten fühlen sich öfter oder sehr oft am Ende eines Arbeitstages «ausgelaugt». 31 % geht es ab und zu so, aber immerhin 63,6 % der Lehrpersonen können dies für sich so nur selten oder nie bestätigen. Dieses Ergebnis wird durch die Reaktionen auf die Gegenfrage bestätigt: 82,4 % der Befragten geben an, dass die beruflichen Anforderungen der Unterrichtssituation genügend Energie für Familie und Freunde lässt. 11,4 % können sich zumindest ab und zu Zeit und Energie freihalten. Für 5,6 % gehört es zu den belastenden Aspekten des katechetischen Berufs, dass das engere private Umfeld durch die beruflichen Anforderungen leidet.

93,6 % der Lehrpersonen meinen, dass die Schul- bzw. kirchliche Gemeindeleitung die eigene Arbeit schätzt (Tab. 19). Noch etwas höher (94,7 %) ist der Anteil derer, die diese Wertschätzung von ihren Kolleginnen und Kollegen vermittelt bekommen. Mit der technischen Ausrüstung zeigen sich 81,6 % zufrieden; das didaktische Material gibt für 86,3 % keinen Anlass zur Unzufriedenheit.

Wie sind diese Ergebnisse zu Arbeitsbelastung und -zufriedenheit einzuschätzen? Studien, die den psychischen Belastungen von Lehrpersonen in der Schweiz nachgegangen sind, zeigen eine «hohe bis sehr hohe psychische Belastung bei Lehrpersonen»[58]. Vielfältige Anforderungen, nicht nachlassende Anspannungen und das Problemverhalten der Kinder werden dafür verantwortlich gemacht. Rund ein Drittel der Lehrpersonen klagt demnach über starke bis sehr starke Belastungen. Im Vergleich zu diesen Befunden antworteten die befragten Religionslehrpersonen hinsichtlich ihrer Arbeitsbelastung deutlich positiver. Eine mögliche Erklärung ist, dass die so genannten «nebenamtlichen» Religionslehrpersonen häufig niedrigere Pensen haben. Die Rückmeldungen zur Zufriedenheit hingegen entsprechen in etwa den Ergebnissen anderer Untersuchungen. So sind internationalen Studien zufolge Lehrpersonen mit ihrem Beruf mehrheitlich zufrieden. «Auch in der Schweiz gaben die meisten Lehrpersonen in Studien eine hohe allgemeine Arbeitszufriedenheit an.»[59]

Nicht nur in Bezug auf die Verteilung äusserer Merkmale, sondern auch hinsichtlich subjektiver Einstellungen können die Ergebnisse der Stichprobe unter Religionslehrpersonen als ausreichend zuverlässig angesehen werden.

---

58 *Delgrande Jordan*, Arbeitsüberforderung und -unzufriedenheit 124.

59 Ebd. 124 f.

3 Zielperspektiven für den Religionsunterricht

In ihrer Studie zur Situation und zum Profil katholischen Religionsunterrichts an deutschen Grundschulen kommen Englert und Güth zu dem Ergebnis, dass nahezu alle Befragten in ihrem Unterricht durch die so genannte «veränderte Kindheit» herausgefordert sind.[60] Die elementaren Alltagserfahrungen der Schülerinnen und Schüler prägen auch den Religionsunterricht. Dazu gehört eine kürzer gewordene Konzentrationsspanne einerseits, andererseits eine bessere Fähigkeit, selbständig und aufgeschlossen mit den Unterrichtsinhalten umzugehen. Technische Kommunikationsmittel wie SMS, Email oder Chat-Rooms sind ihnen selbstverständliche Begleiter im Alltag, Fernsehen und Internet bringen die Welt ins Kinderzimmer. Auf Reisen und in den Städten treffen sie auf Menschen anderer Hautfarbe und Religion. In dieser globalisierten Welt ist Religion plural und individualisiert.[61] Obwohl nach wie vor 90 % der schweizerischen Bevölkerung einer der beiden christlichen Landeskirchen angehören, wird das Christentum in seiner Funktion als selbstverständliche Leitreligion in Frage gestellt. Das hat seinen Grund in der Präsenz anderer religiöser Optionen wie Islam, asiatische Religionen oder esoterische Praktiken und in der Individualisierung von Religion. Die Bedeutung der Kirchen für den Einzelnen hat sich verändert. Galten sie einmal als Hort der Rechtgläubigkeit und Garantinnen des Heils, sind sie heute in den Augen vieler Menschen Dienstleisterinnen, deren Angebote bei Bedarf in Anspruch genommen werden. Die inhaltliche Ausgestaltung des eigenen Glaubens wird zur Privatsache.

Aber es sind nicht nur die Schülerinnen und Schüler, die in die skizzierte gesellschaftliche und religiöse Landschaft hineinwachsen. Auch die Religionslehrerinnen und -lehrer leben in ihr, selbst wenn sie ihren eigenen Glauben unter anderen Umständen erworben haben und in einem anderen Zeitgeist ausgebildet wurden. Sie werden damit konfrontiert, dass sich die gesellschaftlichen und religiösen Veränderungen auf die schulpolitische Diskussion und Organisation des Religionsunterrichts auswirken. Findet sich die veränderte religiöse Landschaft in den Zielvorstellungen heutiger Religionslehrerinnen und -lehrer wieder? Um diese Frage zu beantworten, skizzieren wir zuerst vorliegende empirische Befunde zu den

60 Vgl. *Englert Güth*, Kinder 165.

61 Vgl. *Dubach/Bovay*, Sonderfall; *Dubach/Fuchs*, Neues Modell; vgl. *Ebertz*, Kirche; *Ziebertz/Riegel*, Letzte Sicherheiten.

Zielvorstellungen von Religionslehrerinnen und -lehrern und fassen die entsprechende religionspädagogische Diskussion zusammen, um daraus das Konzept der eigenen Untersuchung abzuleiten (3.1). Anschliessend beschreiben wir die Daten (3.2) und diskutieren die empirischen Befunde (3.3).

3.1 Empirische Befunde zu Zielvorstellungen von Religionsunterricht

Empirische Studien zu Zielvorstellungen von Religionslehrerinnen und -lehrern im deutschsprachigen Raum ergeben ein disparates Bild. 1980 stellte Schach fest, dass zwei Drittel der von ihm Befragten einen Religionsunterricht bevorzugen, der den christlichen Glauben verkündigt, während ein Drittel vor allem über Religion informieren möchte.[62] Andreas Feige diagnostizierte 1988 unter Lehrkräften aus Niedersachsen eine eindeutige Präferenz für einen problemorientierten Religionsunterricht, der sich am Prinzip der Schülerorientierung ausrichtet.[63] Zu einem ähnlichen Ergebnis kam Anton Bucher in seiner Befragung von Lehrkräften aus der deutschsprachigen Schweiz Anfang der neunziger Jahre.[64]

Eine repräsentative Befragung katholischer Religionslehrerinnen und -lehrer in Rheinland-Pfalz, ebenfalls von 1988, zeigte, dass verschiedene Orientierungen des Religionsunterrichts Zustimmung fanden: Charakterbildung und Erziehung zu sozialem Engagement ebenso wie Glaubensverkündigung und die Auseinandersetzung mit der Sinnfrage.[65] Zu ähnlichen Ergebnissen kamen Ziebertz und Hilger Mitte der neunziger Jahre.[66] Die Befragten stimmten allen angebotenen Zieldimensionen zu, unabhängig davon, ob sie eine kerygmatische, also verkündigende Absicht beinhalten, eine informierende oder ein problemorientierte. Die deutlichste Präferenz war allerdings bei der Information über Christentum und Religionen zu erkennen.

Ende der neunziger Jahre ergab eine weitere Studie von Feige unter niedersächsischen Religionslehrerinnen und -lehrern eine eindeutige Präferenz von Zielen, die die Emanzipation der Schülerinnen und Schüler fördern und die Kinder und Jugendlichen dazu anregen, ein Wertekonzept auf christlicher Basis aufzubauen.[67]

---

62 Vgl. *Schach*, Religionslehrer.

63 Vgl. *Feige*, Tradition 19.

64 Vgl. *Bucher/Furtner/Sprecher*, Religionsunterricht.

65 Vgl. *Institut für Demoskopie Allensbach*, Religionsunterricht heute, und *Köcher*, Religionsunterricht.

66 Vgl. *Ziebertz/Hilger*, Lebensrelevanter Religionsunterricht, und *Ziebertz*, Religionspädagogik 125–140.

67 Vgl. *Feige u. a.*, Religion 223–229.

Eine eher konfessionell-dogmatische Glaubensvermittlung wurde dagegen mehrheitlich abgelehnt. Die Autoren arbeiteten fünf verschiedene Zielperspektiven heraus: theologisches Wissen vermitteln, für religiöse Praxis sensibilisieren, für konfessionelle und religionsübergreifende Fragen öffnen, zur Selbstfindung anleiten und traditionsorientiert-christliche Prägung fördern.[68] In ihrer Untersuchung zur Situation und zum Profil des katholischen Religionsunterrichts an Grundschulen 1999 stellten Englert und Güth fest, dass vor allem allgemein-pädagogische Ziele (z. B. «die Kinder zum Nachdenken bringen») vertreten wurden. Kirchlich-traditionelle Intentionen (z. B. «den Glauben der Kirche weitergeben») wurden dagegen mehrheitlich abgelehnt.[69] Dasselbe Bild ergab die Untersuchung von Feige und Tzscheetzsch von 2005 unter Religionslehrerinnen und -lehrern in Baden-Württemberg[70]: Nahezu ungeteilte Zustimmung erhielten Unterrichtsziele zur mündigen Aneignung religiöser und allgemein-ethischer Inhalte und Haltungen. Kirchlich-konfessionelle Unterrichtsziele dagegen, die lediglich kirchliche Lehrmeinungen vermitteln und konfessionelle Positionen stützen wollen, wurden dagegen mehrheitlich abgelehnt – von protestantischen Lehrkräften etwas stärker als von katholischen.

Bucher und Miklas haben diesen Befund in ihrer Befragung von Lehrkräften aus Österreich im Wesentlichen bestätigt.[71] Auch hier fand die Förderung personaler Kompetenzen die grösste Zustimmung, gefolgt von der Befähigung zu ökologischem Engagement und religiöser Toleranz. Allerdings erfreuten sich in Österreich auch solche Zielformulierungen einer Zustimmung, die Schülerinnen und Schüler mit Leben und Lehre der Kirche vertraut machen wollen. Lück ist in seiner Befragung evangelischer Grundschullehrerinnen und -lehrer von 2003 von fünf charakteristische Zielperspektiven für den Religionsunterricht ausgegangen: biblisch-christlich bestimmte Ziele, allgemeinpädagogische Ziele, Ziele ökumenischen Lernens, kirchlich-konfessionelle Ziele und Ziele zur Stärkung der subjektiven Religion des Kindes.[72] Die Befragten stimmten allen fünf Zielperspektiven zu, wobei kirchlich-konfessionelle Intentionen vergleichsweise deutlich weniger Akzeptanz fanden. Nach Lück sahen die Lehrkräfte keinen Widerspruch zwischen dem Ziel, die Schülerinnen und Schüler zur Offenheit gegenüber anderen Religionen und Glaubensformen zu erziehen, und es ihnen gleichzeitig zu ermöglichen, den christlichen Glauben zu verstehen und zu erfahren.[73]

---

68 Vgl. ebd. 329–335.

69 Vgl. *Englert/Güth*, Kinder 78–79.

70 Vgl. *Feige/Tzscheetzsch*, Christlicher Religionsunterricht 23–33.

71 Vgl. *Bucher/Miklas*, Berufung und Frust 78–86.

72 Vgl. *Lück*, Beruf Religionslehrer 208–217.

73 Vgl. ebd. 220.

Die von Matern u. a. 2006 vorgelegte Studie unter nordrhein-westfälischen Referendarinnen und Referendaren hat erhoben, dass allen angebotenen Zielperspektiven zum Religionsunterricht zugestimmt wurde, die Zustimmung zu allgemeinpädagogischen Zielen jedoch höher ausfiel als zu religionspädagogischen Zielen (z. B. «Lebenshilfe aus dem Glauben anbieten»), und diese wiederum war höher als bei kirchlich-traditionellen Zielen (z. B. «den Glauben der Kirche weitergeben»).[74] Die beiden aktuellen TRES-Stichproben aus Österreich und Deutschland schliesslich legen denselben Zusammenhang nahe.[75] Auch hier wurde das Vertrautmachen mit der eigenen religiösen Tradition und objektive Information über Religionen nicht als Widerspruch empfunden. Daneben stand das Ziel, die eigene Identität auf der Grundlage von religiösen Werten zu entwickeln. Alle drei Zieldimensionen korrelierten positiv, was bedeutet, dass sie sich in den Augen der Lehrerinnen und Lehrer gegenseitig nicht ausschliessen. Abschliessend sei noch auf die qualitativ-heuristische Studie von Hütte und Mette aus dem Jahr 2003 unter nordrhein-westfälischen Lehrpersonen aller Schularten verwiesen, die Religion im Klassenverband unterrichten.[76] In ihrer Praxis bemühten sich die Befragten durchweg darum, ihre Schülerinnen und Schüler Religion als persönlich bereichernde Sinnressource nahezubringen. Konfessionelle Differenzen rückten dabei in den Hintergrund, ebenso die historisch gewachsenen Ausdrucksformen einzelner religiöser Traditionen.

Da sich die genannten Studien sich in ihren Fragestellungen, Konzepten und Methoden zum Teil erheblich unterscheiden, ist eine Zusammenschau der Ergebnisse kaum möglich. Konzeptuell steht jede der referierten Untersuchungen in einem eigenen theoretischen Horizont. Konzentrieren sich einige Studien auf die Unterrichtsziele der Lehrerinnen und -lehrer,[77] stellen diese bei anderen Studien eine unabhängige Variable dar, die dazu beitragen soll, den zentralen Forschungsgegenstand zu erklären.[78] So bezeichnete Feige in seiner Untersuchung von 1980 Religionsunterricht, der sich an den Interessen und Bedürfnissen der Schülerinnen und Schüler orientiert, «problemorientiert», während Ziebertz dieses Phänomen mit «Teaching from religion» beschreibt. Beide Konzepte bezogen sich somit auf ein vergleichbares Phänomen, erfassten es aber mit unterschiedlichen Begriffen. Feige bewegte sich im Diskurs der religionsdidaktischen Konzepte in Deutschland, bei dem der genannte «problemorienterte» Unterricht die Gegenbewegung zum so genannten hermeneutischen Konzept (oder auf katholischer

74 Vgl. *Matern/Wachner/Reese*, Zielsetzungen 209–211.

75 Vgl. *Schelander*, Facing plurality; *Riegel/Ziebertz*, Mediating the disparity.

76 Vgl. *Hütte/Mette*, Religion im Klassenverband.

77 Z. B. *Lück*, Beruf Religionslehrer, oder *Riegel/Ziebertz*, Mediating the disparity.

78 Z. B. *Schach*, Rollenkonflikt, oder *Englert/Güth*, Kinder.

Seite das kerygmatische), das kognitiv und textlastig ist, markiert. Ziebertz hingegen bezog sich auf die international gängigeren, auf dem englischen Religionspädagogen Grimmitt basierenden Kategorien.

Entsprechend unterscheiden sich die Items in den Fragebögen, und die Auswertung erfolgt mit unterschiedlichen Methoden. Einige Studien werten vor allem einzelne Items aus,[79] andere konzentrieren sich auf Antwortmuster, die durch Faktorenanalysen gewonnen wurden.[80]

Versucht man dennoch in den einzelnen Befunden übergreifende Strukturen zu entdecken, lässt sich am ehesten eine Vielfalt von Zielperspektiven feststellen, die von den Religionslehrerinnen und -lehrern geteilt werden. Bei den früheren Studien aus den 1980er Jahren waren eher eindeutige Präferenzen feststellen, bei Schach etwa der kerygmatische Religionsunterricht, bei Feige der problemorientierte. Die neueren Studien zeigen, dass die Lehrkräfte verschiedenen, unter Umständen auch widersprüchlichen Zielbestimmungen zustimmen. Was theoretisch unvereinbar erscheint, wird von den Praktikerinnen und Praktikern offensichtlich nicht so empfunden. Diese Bilanz der Einzelbefunde stünde somit für eine Verflüchtigung ideologieträchtiger, sich gegenseitig ausschliessender Zielperspektiven zugunsten eines Plurals unterschiedlicher, prinzipiell miteinander vereinbarer Zielsetzungen.

3.2 Religionsdidaktische Konzepte

In der deutschsprachigen religionspädagogischen Diskussion wurde immer wieder versucht, die verschiedenen religionsdidaktischen Konzepte, auch in einem zeitgeschichtlichen Zusammenhang, zu unterscheiden. Feifel bietet dagegen eine Typologie an, die zwischen den vier Typen von Religionsdidaktik unterscheidet: normativ-deduktiven Konzepte, empirisch-induktiven Konzepte, Konzepte der Vermittlung und Konzepte der Beziehung.[81] In der «Religionsdidaktik» von Hilger u. a. findet man allein 15 verschiedene.[82] Grob kann man sie unterscheiden nach dem Spektrum des inhaltlichen Zugangs (eher von der Erfahrung aus – eher von theologischen Inhalten aus) und der methodischen Ansätze (eher kognitiv-vermittelnd – eher ganzheitlich-selbsterschliessend).

---

79 Z. B. *Englert/Güth,* Kinder, oder *Riegel/Ziebertz,* Mediating the disparity.

80 Z. B. *Ziebertz,* Religionspädagogik, oder *Bucher/Miklas,* Berufung und Frust.

81 Vgl. *Feifel,* Didaktische Ansätze.

82 Vgl. *Hilger/Leimgruber/Ziebertz,* Religionsdidaktik 305–490.

Die vorliegende Untersuchung stützt sich auf die Typologie Michael Grimmitts, die sich der besonderen Situation religiöser Erziehung in Grossbritannien verdankt. Ausgangspunkt der Grimmitt'schen Unterscheidung ist die scharfe Kritik am konfessionellen anglikanischen Unterricht, der in England bis in die 1980er Jahre obligatorisch für alle war.[83] Dieser sei nichts anderes als religiöse Instruktion, die weder theologischen noch pädagogischen Ansprüchen genüge, das «worst taught subject» in der Schule,[84] für die Herausforderung der Pluralität gänzlich ungeeignet. Aufgrund der Vergangenheit als Kolonialmacht bestehen enge Beziehungen zu asiatischen Ländern. Die Einwanderer aus diesen Ländern brachten ihren Hinduismus, Buddhismus und Islam mit. Mit den Migrationsbewegungen zerbrach dieser enge Zusammenhang zwischen Christentum und öffentlichem Bewusstsein. Als Alternative zum so genannten «Teaching in Religion» entwickelt Grimmitt ein subjektorientiertes und der religiösen Vielfalt in England entsprechendes Fach mit einer phänomenologischen Ausrichtung: «Teaching about Religion».

Im Unterschied zum «Teaching in Religion» ist hierbei nicht das Glaubenszeugnis gefragt – von dem unausgesprochen angenommen wird, es sei deckungsgleich mit den Überzeugungen der anglikanischen Kirche –, sondern die Distanzierung der Lehrenden und Lernenden von «ihren eigenen Prämissen und Glaubensauffassungen», damit es möglich wird, sich verschiedenen Religionen von deren eigenem Selbstverständnis her zu nähern.[85] Inhalt des Religionsunterrichts als «Teaching about Religion» ist eine nicht wertende Information über verschiedene Religionen und Weltanschauungen.

Das britische Schulsystem reagierte darauf mit der Einführung einer religiösen Bildung, die dem religionswissenschaftlichen Ansatz verpflichtet ist. Die einzelnen Religionen sollten von ihrem eigenen Selbstverständnis her erschlossen werden; dabei stehen Christentum, Islam, Hinduismus und Buddhismus gleichberechtigt nebeneinander. Der religionswissenschaftliche Ansatz beruht damit auf einer religiösen Neutralität, bei der die Glaubensüberzeugungen von Lehrpersonen und Schülern unsichtbar bleiben müssen, damit ein unvoreingenommener Zugang zu allen Religionen möglich ist. Daran übt Grimmitt jedoch scharfe Kritik. Religiöses Lernen bleibe fruchtlos, wenn es nicht auf die eigene Lebenssituation bezogen würde. Das bedeute aber nicht die Rückkehr zur Katechese («Teaching in Religion»). Vielmehr müsse religiöse Bildung pädagogisch begründet werden.[86] Sie solle zum Verständnis des Menschseins beitragen, die kognitive

83 Vgl. *Copley*, Teaching Religion.

84 Vgl. *Grimmitt*, What can I do 1.

85 Vgl. *Grimmitt*, Gegenwärtige Probleme 193.

86 Vgl. *Grimmitt*, What can I do.

Entwicklung der Schülerinnen und Schüler fördern, ihnen bei ihrer persönlichen Entwicklung helfen und sie in ihrer Eigenständigkeit unterstützen. Grimmitt schlägt vor, religiöse Bildung an Schlüsselthemen («depth themes») auszurichten, die entlang von fünf Dimensionen erschlossen werden: «growing together», «celebrating together», «learning together», «acting together» und «believing together». Diesen Typ nennt er «Learning from Religion».

Bringt man Grimmitts Typologie auf einen Nenner, steht der erste Typ («Teaching in Religion») für eine Haltung, die den Wahrheitsanspruch einer einzigen religiösen Tradition im Religionsunterricht vermitteln will. Beim zweiten Typ («Teaching about Religion») von Religionsunterricht stehen alle Religionen gleichberechtigt nebeneinander. Der dritte Typ («Learning from Religion») will die Nachteile der beiden erstgenannten, nämlich den exklusiven Wahrheitsanspruch von «Teaching in Religion» einerseits und den mangelnden Erfahrungsbezug von «Teaching about Religion» umgehen, um zu einem produktiven Miteinander zu kommen. Es ist die Voraussetzung für die Entwicklung einer gemeinsamen Wertegrundlage.[87]

Grimmitts Typologie weist einige Bezüge zur deutschsprachigen religionspädagogischen Diskussion auf. Das Grundanliegen von Grimmitts «Teaching in Religion» ist die elementare Dimension des konfessionellen Religionsunterrichts. Etwa zeitgleich mit Grimmitts «What can I do in RE?» von 1973 etablierte der Würzburger Synodenbeschluss «Der Religionsunterricht in der Schule» ein Konvergenzmodell, das den Religionsunterricht sowohl theologisch als auch pädagogisch begründet.[88] Das pädagogische Anliegen von Grimmitts «Learning from Religion» gilt spätestens seither als eine Grundkonstante religiöser Bildung.

Ohne äquivalente Analogie bleibt jedoch Grimmitts «Teaching about Religion». Obwohl die Thematisierung nichtchristlicher Religionen auch im konfessionellen Religionsunterricht zum Standard gehört, spielt im deutschsprachigen Raum ein Konzept religiöser Bildung, das den verschiedenen Weltreligionen in gleicher Weise verpflichtet ist, bis in die 1990er Jahre keine Rolle. Die britischen Korrekturen am «multi-faith-approach» wurden in der deutschsprachigen Diskussion aufmerksam und mit der Tendenz zur Bestätigung der eigenen Konzepte zur Kenntnis genommen.[89]

87 Vgl. *Grimmitt,* Religionspädagogik 46.

88 Vgl. *DBK,* Religionsunterricht. Synodenbeschluss 1974.

89 Vgl. *Nipkow,* Religionspädagogik 448–479.

Drei typologische Zugänge zum Religionsunterricht: konfessionell, phänomenologisch, pädagogisch

Wir haben Grimmitts Typologie als Bezugspunkt unserer Untersuchung gewählt, weil sie ihrem spezifischen Frageinteresse sehr nahe kommt. Wir wollten wissen, welche grundsätzliche Zielorientierung Religionslehrerinnen und -lehrer in der deutschsprachigen Schweiz angesichts der religiösen Pluralität verfolgen. Michael Grimmitts Typologie erfasst die konfessionelle Realität traditionellen Religionsunterrichts («Teaching in Religion»), beinhaltet aber auch einen Typ für die Versuche, die den Anspruch haben, «neutral» der religiösen Vielfalt zu begegnen («Teaching about Religion»). Ausserdem stellt sie auch einen dritten Typ zur Verfügung («Learning from Religion»), der dem Bildungs- und Erziehungsauftrag der Schule gerecht wird. Hieraus lässt sich ein Zielspektrum ableiten, das vielfältige Reaktionsweisen auf religiöse Pluralität im schulischen Kontext erfassen kann. Eine weitere Differenzierung[90] erscheint vor dem Hintergrund unseres Frageinteresses nicht notwendig. Damit ergeben sich für unsere Untersuchung drei idealtypische Zielperspektiven für religiöse Bildung: eine konfessionelle, eine phänomenologische und eine pädagogische.

Die konfessionelle Dimension

Die konfessionelle Dimension fasst den Religionsunterricht als Einführung in eine bestimmte, historisch sich realisierende religiöse Tradition auf. Das zentrale Ziel des konfessionellen Ansatzes ist es, die Schülerinnen und Schüler mit dem Glauben der eigenen Religionsgemeinschaft vertraut zu machen. Der Religionsunterricht vermittelt zentrale Glaubensüberzeugungen und übt wesentliche Glaubensvollzüge ein. Religionsunterricht wird als ein Instrument angesehen, das wesentlich zur konfessionellen Identität der Schülerinnen und Schüler beiträgt. Dieser Ansatz bedeutet, dass die Integrität der Lehren und Vollzüge einer religiösen Tradition im Religionsunterricht gewahrt bleibt. Man spricht von der konfessionellen Trias von Lehrperson, Lehre und Schülerschaft. Konfessioneller Religionsunterricht ist nicht von vornherein gleichzusetzen mit Indoktrination und Lebensferne. Der Synodenbeschluss fordert die Korrelation zwischen Leben und Glauben im Religionsunterricht. Ausserdem wird betont, dass die Annahme des christlichen Glaubens zwar ein wünschenswerter Horizont des konfessionellen Religionsunterrichts ist, kritische Auseinandersetzungen jedoch erforderlich und gewünscht sind. Ferner kann religiöse Pluralität in diesem Konzept angesprochen werden; sie wird jedoch von den Wahrheitsansprüchen her beurteilt, auf denen

90 Vgl. *Ziebertz*, Religionspädagogik 127–129.

das grundlegende Bekenntnis beruht. So ist das Thema der Weltreligionen ebenso ein Bestandteil konfessioneller Curricula wie alternative religiöse Bewegungen.

Die phänomenologische Dimension

Ein phänomenologisch ausgerichteter Religionsunterricht versteht sich als objektive Auseinandersetzung mit den verschiedenen religiösen Traditionen. Die Schülerinnen und Schüler sollen das Selbstverständnis der verschiedenen Religionen in einer Weise kennenlernen, die nicht wertet und in der eigene Vor-Urteile und Wertsetzungen ausgeklammert sind. Der phänomenologische Ansatz ist somit stark dem religionswissenschaftlichen Paradigma verbunden. Vergleiche zwischen den religiösen Traditionen sind möglich, verzichten aber auf jegliche Wertung. Ein wesentlicher Schwerpunkt dieses Ansatzes ist eine neutrale Information über die verschiedenen Bekenntnisse und Religionsgemeinschaften. Daneben gilt es Religionen und Weltanschauungen von ihrer Eigenlogik her zu verstehen und fähig zum interreligiösen Dialog zu werden.

Die pädagogische Dimension

Die pädagogische Dimension schliesslich fasst den Religionsunterricht als Lebenshilfe aus dem Glauben heraus auf. Erfahrungen, Herausforderungen und Probleme der Kinder bilden den didaktischen Ausgangspunkt dieses Unterrichts. Ziel ist, sie in ihrer eigenen Glaubensbildung zu unterstützen, auch indem sie sich mit religiösen Überzeugungen und Vollzügen anderer Religionen auseinandersetzen. «Through encouraging pupils to interact with certain carefully selected religious items they will receive ‹gifts› from their encounter which may contribute to their personal development, and in the case of ‹believing children›, may affirm them in their own faith and enrich their understanding of their own religious and cultural tradition.»[91] In den Blick kommen jeweils diejenigen Aspekte einer religiösen Tradition, die für die Lebensbewältigung der Schülerinnen und Schüler relevant sind. Religionsunterricht als Lebenshilfe kann sich auf nur ein religiöses Bekenntnis beziehen. Ebenso ist es aber auch denkbar, dass eine Vielfalt religiöser Traditionen herangezogen wird. Auch in der pädagogischen Ausrichtung des Religionsunterrichts wird man einen wertenden Blick auf Religionen zu vermeiden suchen.

91 *Grimmitt*, Pedagogies 37.

Die beschriebenen drei Dimensionen bilden das theoretische Modell unserer Untersuchung der Zielvorstellungen zum Religionsunterricht. Als Idealtypen sind sie theoretische Denkmodelle, um die Komplexität der Wirklichkeit zu reduzieren. Sie dienen in der vorliegenden Untersuchung dazu, das Spektrum der Zielvorstellungen zu formulieren, das wir den befragten Religionslehrerinnen und -lehrern anbieten. Zu jeder der drei Dimensionen wurden fünf Items formuliert. Analysiert wurden sowohl einzelne Items wie komplexe Antwortmuster.

3.3 Ergebnisse: Das Ideal des Religionsunterrichts

Die Analyse der Daten erfolgt in drei Schritten. Zuerst untersuchen wir die Einstellungen der Befragten zum idealen Religionsunterricht auf der Grundlage von Einzelitems. Die Zustimmung bzw. Ablehnung der Befragten zu einzelnen Zielen wird dadurch sichtbar. Dann werden die empirischen Faktoren beschrieben, die sich in den Antwortmustern der befragten Lehrpersonen zu den einzelnen Items finden. Sie bündeln die einzelnen Zielformulierungen, die von den Befragten als gleichsinnig, d. h. zum gleichen Ziel zugehörig, aufgefasst wurden, und repräsentieren damit komplexe Zielperspektiven. Im dritten Schritt fragen wir nach charakteristischen Gemeinsamkeiten und Unterschieden, die sich in der Beurteilung dieser Zielperspektiven ergeben, wenn man die Hintergrundvariablen wie z. B. das Alter der Befragten oder den Ort, an dem der Religionsunterricht stattfindet, berücksichtigt.

Einstellungen zum Ideal des Religionsunterrichts (Tab. 20)

Die einzelnen Items werden zweifach ausgewertet, zum einen über die Häufigkeitsverteilung der Antworten an, zum anderen über den Mittelwert dieser Antworten auf dem jeweiligen Item, ebenso die zugehörige Standardabweichung. Bei der Häufigkeitsverteilung wird die Prozentzahl der Antworten aufgeführt, die das jeweilige Ziel ablehnen («nein»), die sich im Urteil über dieses Ziel unsicher sind («uns.») und die dem jeweiligen Ziel zustimmen («ja»). Der Fragebogen bot fünf Antwortmöglichkeiten an: 1 = starke Ablehnung, 2 = Ablehnung, 3 = Unentschiedenheit, 4 = Zustimmung, 5 = starke Zustimmung. Im Interesse der besseren Übersichtlichkeit haben wir diese Komplexität reduziert, indem jeweils die Werte 1 und 2 (Zustimmung) sowie 4 und 5 (Ablehnung) addiert wurden. Die Berechnung der Mittelwerte ist genau; sie erfolgte auf der Grundlage der 5-Punkt-Skala. Dadurch kann es in einzelnen Fällen vorkommen, dass beim Vergleich zweier Items das mit der höheren prozentualen Zustimmung einen etwas niedrigeren Mittelwert aufweist. Diese scheinbare Unstimmigkeit ist der Addition der ablehnenden und zustimmenden Antworten geschuldet. Schliesslich sei noch darauf hingewiesen, dass für die Interpretation der Mittelwerte das folgende Raster gilt:

1.0–2.19 = Aussage, die klar zurückgewiesen wird;
2.2–2.79 = Aussage, die mässig abgelehnt wird;
2.8–3.2 = Aussage, die weder eindeutig befürwortet wird noch eindeutig abgelehnt;
3.21–3.8 = Aussage, mit mässiger Zustimmung;
3.81–5.0 = Aussage mit starker Zustimmung.

Nimmt man die gesamte Tabelle 20 in den Blick, fällt sofort auf, dass die Befragten fast allen vorgeschlagenen Zielen sehr stark zustimmen. Nur ein einziges Item weist einen Mittelwert auf, der für eine mässige Ablehnung steht (m = 2.72). Es handelt sich um das Ziel, die Schülerinnen und Schüler dazu zu befähigen, Religionen von einem wissenschaftlichen Standpunkt aus zu betrachten. 43,1 % der Lehrkräfte lehnt diese Unterrichtsintention ab, weitere 31,7 % äussern sich diesbezüglich unentschieden.

Allen anderen Zielen wird zugestimmt, drei von ihnen mässig, was bedeutet, dass ihr Mittelwert im Korridor zwischen 3.21 und 3.8 liegt. Betrachtet man diese drei Items im Detail, so liegt das Ziel, die Kinder und Jugendlichen auf den gesellschaftlichen Wandel vorzubereiten, am unteren Ende dieses Korridors (m = 3.24). Es wird zwar von 40,9 % der Befragten begrüsst, nahezu ebenso viele – nämlich 38,5 % – sind aber unsicher unentschieden. Den beiden nächstschwachen Items erfahren immer noch relativ starke Zustimmung: 61,7 % der Religionslehrerinnen und -lehrer sprechen sich dafür aus, die Lernenden dazu zu befähigen, ihren eigenen Standpunkt zu gesellschaftlichen Fragen auf der Grundlage theologischer Kriterien zu finden. 29,0 % ihrer Kolleginnen und Kollegen sind sich bei dieser Zieloption unsicher, 9,3 % lehnen sie ab. Das viertschwächste Ziel, den Schülerinnen und Schülern ein objektives Bild über die Weltreligionen zu vermitteln (m = 3.79) wird immerhin von 66,9 % der Befragten gut geheissen, während sich 11,8 % dagegen aussprechen.

Eine erste Zwischenbilanz nach der Analyse dieser vier Items, denen relativ am wenigsten zugestimmt wurde, ergibt, dass fast alle der vorgeschlagenen Zieloptionen die Zustimmung der überwältigenden Mehrheit der befragten Religionslehrerinnen und -lehrer finden; mit Ausnahme von «Vermittlung eines wissenschaftlichen Habitus» gibt es kein Ziel, das von den meisten abgelehnt wird. Unter den vier Items befindet sich keines, das der konfessionellen Dimension zugeordnet ist. Die Vermittlung der Überzeugungen und Glaubensvollzüge der eigenen Konfession wird von den Befragten somit nicht abgelehnt, wie dies etwa die oben aufgeführten Studien nahelegen.

Die grosse Fülle von Zieloptionen, denen sehr stark zugestimmt wird, ist vor allem dadurch gekennzeichnet, dass stets weniger als 10 % der Befragten das jeweilige Item ablehnen. Auf der anderen Seite stimmen immer mindestens 70 % der Religionslehrerinnen und -lehrer zu. Wenn also im Folgenden bei der Analyse der einzelnen Items auf Unterschiede eingegangen wird, sind solche Unterschiede vor dem Hintergrund dieser Grundkonstellation wahrzunehmen: Es handelt sich nur um graduelle Unterschiede, die nicht für eine prinzipiell andere Sicht auf den Religionsunterricht stehen. Dennoch ist ein markanter Sprung zwischen dem sechsten und dem siebten Item in der Rangreihe der Mittelwerte festzustellen (Differenzwert .17). Eine vergleichbare Mittelwertdifferenz benachbarter Items lässt sich sonst nirgends finden.

Die sechs Zieloptionen auf den oberen Plätzen der Tabelle werden von beinahe allen Befragten geteilt. Mindestens 80 % stimmen ihnen zu, höchstens 3,4 % lehnen sie ab. Einig sind sich die Lehrerinnen und -lehrer darin, dass der Religionsunterricht den Kindern und Jugendlichen helfen soll, Sinn und Orientierung für ihr Leben zu finden. Ebenso soll er mit dem Glauben und den Überzeugungen der eigenen Konfession vertraut machen. Ausserdem sollen die Schülerinnen und Schüler befähigen werden, über religiöse Fragen zu diskutieren und durch religiöse Symbole und Erzählungen einen Zugang zu Gott zu finden. Schliesslich soll der Religionsunterricht der Lerngruppe ein Gespür für die Religiosität eines jeden Menschen vermitteln. Die Unterschiede in der Zustimmung sind in dieser Gruppe von Zieloptionen marginal. Keines der beschriebenen Items ist dem phänomenologischen Konzept zugeordnet; zwei Items gehören zur konfessionellen Dimension, vier zur pädagogischen.

Auch die Einstellungen zu den mittleren neun Zieloptionen liegen eng beieinander; die Mittelwerte befinden sich im Bereich zwischen 4.04 und 3.91. Unter diesen finden sich pädagogische Zieloptionen, etwa dass der Religionsunterricht Schülerinnen und Schülern dabei helfen soll, eine eigene Lebensperspektive zu finden und eine Identität auf der Basis religiöser Werte zu entwickeln. Daneben stehen konfessionelle Ziele im engeren Sinne, z. B. dass der Religionsunterricht dazu beitragen soll, in Übereinstimmung mit der eigenen religiösen Tradition aufzuwachsen und die Kinder und Jugendlichen näher an die Kirche heranzuführen. Es finden sich hier aber auch Intentionen aus dem phänomenologischen Konzept, etwa die Befähigung zum Dialog über Werte und Normen, die aus unterschiedlichen religiösen Traditionen und Weltanschauungen stammen, oder die Information über verschiedene religiöse Kulte und Gemeinschaften. Alle drei theoretischen Konzepte sind mit drei Items in dieser Gruppe vertreten. Es gibt zwar keinen statistischen Beleg dafür, dass diese regelmässige Verteilung mehr als zufällig ist. Sie legt aber paradigmatisch nahe, dass die befragten Religionslehrerinnen und -lehrer einem breiten Zielspektrum stark zustimmen können.

Es scheint weder einzelne Positionen zu geben, die von den Lehrkräften stark befürwortet werden, noch solche, von denen sie sich klar abgrenzen. Ebenso lassen die hohen Prozentwerte an Zustimmung nicht den Schluss zu, dass ein Teil der Befragten eine bestimmte Zielperspektive stark befürwortet und ein anderer Teil eine andere Zielperspektive. Bei diesem Szenario müssten die Anteile derjenigen, die einige Ziele ablehnen oder sich bei ihnen zumindest unsicher sind, grösser sein. Ideologieträchtige Positionierungen, die entweder mit Hingabe vertreten oder mit Leidenschaft abgelehnt werden, scheint es unter den Religionslehrerinnen und -lehrern in der deutschsprachigen Schweiz nicht zu geben.

Fasst man die einzelnen Befunde zusammen, bleibt festzuhalten, dass die Befragten 15 von 19 vorgeschlagenen Zielen für den idealen Religionsunterricht nahezu vorbehaltlos zustimmen; weitere 3 Ziele finden die Akzeptanz der – in zwei von den drei Fällen überwiegenden – Mehrheit der Befragten. Damit halten die Lehrerinnen und -lehrer ein breites Zielspektrum für erstrebenswert; pädagogische Zieloptionen finden ebenso eine starke Zustimmung wie konfessionelle und phänomenologische. Angesichts dieses Szenarien stellt sich die Frage, welche Bedeutung dieses breite Zielspektrum für die Lehrkräfte hat, das sie so erstrebenswert für den idealen Religionsunterricht einschätzen. Handelt es sich hierbei um einen Einheitsbrei an Zielen, die unverbunden nebeneinander stehen? Oder unterscheiden die Befragten zwischen unterschiedlichen Zielperspektiven, denen sie dann allen zustimmen können? Die Antwort auf diese Fragen liefert die Analyse der Daten auf empirische Dimensionen im Antwortverhalten.

Faktorenanalyse: Konzepte von Religionsunterricht bei den Lehrpersonen

Die empirischen Dimensionen, die den Antworten im Fragebogen zu Grunde liegen, lassen sich durch eine Faktorenanalyse identifizieren. Die Faktorenanalyse ist ein mathematisches Verfahren, das die inneren Zusammenhänge der Antworten auf einzelne Items sichtbar macht.

Über eine Faktorenanalyse lassen sich jene Aussagen, die von den Befragten als zusammengehörig und stimmig wahrgenommen werden, zu Faktoren («Orientierungsfiguren») zusammenfassen. An den Durchschnittswerten, die zu jedem Faktor angegeben sind, lässt sich ablesen, ob die Befragten der Orientierungsfigur zugestimmt oder diese abgelehnt haben. Werte grösser als 3 bedeuten Zustimmung, Werte kleiner als 3 bedeuten Ablehnung.

Bei der Planung der Untersuchung wurden drei idealtypische Konzepte zum idealen Religionsunterricht in einzelne Aussagen übersetzt. Es ist zu erwarten, dass die Befragten alle Aussagen, die sich auf dasselbe Konzept beziehen, in ähnlicher Weise beantworten. Das würde heissen, man nimmt von dem, der einem Item zum phänomenologischen Konzept zustimmt, an, dass er auch allen anderen

Items zum gleichen Konzept in ähnlicher Weise zustimmt. Soweit die theoretische Annahme. Faktisch folgen die Befragten jedoch ihrer eigenen Wahrnehmung; es ist nicht garantiert, dass sich im Antwortverhalten die zugrunde liegenden Konzepte und Zusammenhänge widerspiegeln oder in den einzelnen Aussagen dieselben Zusammenhänge erkannt werden, die die Forschenden am Schreibtisch entwickelt haben. Mit der Faktorenanalyse kann das Antwortverhalten der Befragten offengelegt werden.

Hinweise zur Faktorenanalyse

Ein häufig verwendetes Verfahren der Faktorenanalyse besteht darin, alle Items zu einem Forschungsgegenstand in die Faktorenanalyse einzugeben und dann das Ergebnis des ersten Durchgangs zu interpretieren.[92] Der Vorzug dieser Technik liegt darin, dass sie die Bezüge zwischen allen abgefragten Aussagen offenlegt. Sie verweist sowohl auf die bei den Befragten wirksamen Antwortmuster als auch auf die Zusammenhänge zwischen diesen Mustern. Die Problematik dieser Methode für das Forschungsinteresse der vorliegenden Studie besteht jedoch darin, dass sie nicht notwendig zu trennscharf unterscheidbaren Antwortmustern führt. Aussagen, die für zwei unterschiedliche Antwortmuster von Bedeutung sind, werden bei dieser Methode beiden Antwortmustern zugerechnet. Uns geht es aber nicht primär um eine vollständige Beschreibung der Komplexität in den Antworten der Befragten; auf sie wird in der Beschreibung der Durchführung der einzelnen Analysen kurz eingegangen. Unser primäres Interesse gilt den trennscharf unterscheidbaren Strukturen im Antwortverhalten. Wir wollen die Wahrnehmungsmuster von Religionslehrerinnen und -lehren herausfiltern, die für unterschiedliche Positionen stehen. Wir nehmen deshalb sukzessive die Aussagen aus der Faktorenanalyse heraus, die für mehr als ein Antwortmuster von Bedeutung sind, und konzentrieren uns auf die Aussagen, die nur ein einziges Antwortmuster repräsentieren. Der Nachteil dieses Verfahrens besteht darin, dass bestimmte Aussagen für weitere Analysen verloren gehen; sie spielen keine Rolle mehr, weil die Befragten mit ihnen verschiedene Bedeutungsfacetten assoziiert haben. Dafür konzentrieren sich die weiterführenden Analysen auf die Aussagen, die von den Befragten eindeutig verstanden wurden, um die grundlegend unterscheidbaren Strukturen in den Antworten der Religionslehrerinnen und -lehrer in den Blick nehmen zu können.

92 Vgl. *Field*, Discovering Statistics 423–470.

Abgrenzung der Zielvorstellungen

Die Faktorenanalyse grenzt statistisch abgesichert Zielvorstellungen der Befragten gegeneinander ab. Von den drei Konzepten des idealen Religionsunterrichts bestätigen sich in den Antworten der Befragten jedoch nur zwei: das Ideal eines konfessionellen und das eines phänomenologischen Religionsunterrichts. Beide Faktoren sind hinreichend reliabel[93] (Alpha = .81 bzw. Alpha = .78; vgl. Tab. 21). Auf den ersten Faktor laden alle fünf Aussagen, die das konfessionelle Konzept repräsentieren. Es geht bei dieser Dimension darum, die Schülerinnen und Schüler mit der Wahrheit der eigenen religiösen Tradition vertraut zu machen, sie näher an die kirchliche Gemeinschaft heranzuführen, und ihnen dabei zu helfen, in Übereinstimmung mit den Überzeugungen und Praktiken ihrer Konfession aufzuwachsen. Der Faktor spiegelt also eindeutig die konfessionelle Zielorientierung des theoretischen Konzepts wider; er wird deshalb «konfessioneller Religionsunterricht» genannt.

Die zweite empirische Dimension beinhaltet Aussagen, die dem phänomenologischen Konzept entstammen: (1) Der Religionsunterricht vermittelt ein objektives Bild über die Weltreligionen; (2) er befähigt die Schülerinnen und Schüler zum Dialog über Werte und Normen aus verschiedenen religiösen Traditionen; (3) er hilft den Kindern und Jugendlichen zu verstehen, was die Religionen wirklich wollen. Die phänomenologische Zielorientierung wird deutlich abgebildet, so dass diese empirische Dimension «phänomenologischer Religionsunterricht» genannt wird.

Wie oben erwähnt, kennzeichnen beide Dimensionen trennscharf unterscheidbare Wahrnehmungsmuster der Befragten innerhalb des von uns angebotenen Zielspektrums. Um sie zu gewinnen, mussten einige Aussagen im Verlauf der Faktorenanalyse unterdrückt werden. Zuerst fällt auf, dass sämtliche Aussagen aus dem pädagogischen Konzept fehlen. Sie bildeten keinen eigenständigen trennscharfen Faktor, sondern luden durchweg hoch auf mindestens einen der beiden weiteren Faktoren, in über der Hälfte der Fälle sogar auf beide Faktoren gleichzeitig. Dieser statistische Zusammenhang beinhaltet einen bedeutenden empirischen Befund: Die beiden empirischen Dimensionen werden so aufgefasst, dass sie von den Religionslehrerinnen und -lehrern aus einem pädagogischen Interesse heraus verfolgt werden. Der pädagogische Faktor ist sowohl bei der konfessionellen wie bei der phänomenologischen Haltung präsent, er imprägniert gewissermassen die anderen beiden Faktoren.

93 «Reliabel» bedeutet zuverlässig in Hinblick auf das, was gemessen werden soll.

Wenn die Befragten ihre Schülerinnen und Schüler mit den Glaubenswahrheiten ihrer eigenen Konfession vertraut machen wollen, so möchten sie ihnen – aus einer pädagogischen Grundhaltung heraus – damit auch Sinn und Orientierung für ihr Leben bieten und ein Gespür für die Religiosität der Menschen wecken. Wenn die Befragten den Kindern und Jugendlichen ein objektives Bild über die verschiedenen Weltreligionen vermitteln, so geschieht auch dies aus einem pädagogischen Interesse heraus. Pädagogische Ziele sind in den Augen der Befragten nicht etwas Drittes, das neben konfessionellen und phänomenologischen Zielen steht. Sie stellen vielmehr die gemeinsame Grundlage jeglicher weiterführenden Zielsetzung dar. Die befragten Religionslehrerinnen und -lehrer verstehen sich stets als Pädagogen, unabhängig davon, ob sie konfessionelle oder phänomenologische Ziele verfolgen.

Neben den pädagogischen Zielen musste noch eine Aussage aus dem phänomenologischen Konzept unterdrückt werden. Dass der ideale Religionsunterricht die Schülerinnen und Schüler dazu befähigen soll, Religion von einem wissenschaftlichen Standpunkt aus zu betrachten, stellte einen eigenen Faktor dar, der auf keine der anderen Dimensionen lädt. Ein wissenschaftliches Ethos ist für die Befragten somit kein Bestandteil der phänomenologischen Zieldimension; es geht ihnen dabei stärker um eine objektive Beschäftigung mit der Vielfalt der Religionen, weniger um die Ausbildung einer wissenschaftlich reflektierten Haltung. Man kann vermuten, dass die Ablehnung dieses Items darin begründet ist, dass wissenschaftliche Zielsetzungen generell, insbesondere für Unterrichtende in der Primarschule, als irrelevant empfunden werden.

Kommen wir abschliessend nochmals auf die beiden empirischen Zieldimensionen konfessioneller Religionsunterricht und phänomenologischer Religionsunterricht zurück. Beiden empirischen Dimensionen wird von den Befragten stark zugestimmt. Den grösseren Mittelwert erhält mit 4.15 der konfessionelle Religionsunterricht. Der phänomenologische RU weist einen Mittelwert von 3.91 auf. Auch dieser Wert liegt deutlich im Bereich starker Zustimmung. Es kann also festgehalten werden, dass die Befragten grundsätzlich zwischen einer konfessionellen und einer phänomenologischen Ausrichtung des Religionsunterrichts unterscheiden. Beide Perspektiven werden von den Befragten sehr stark begrüsst.

Einstellungsdifferenzen unter Einbezug weiterer Variablen

Bezieht man die Hintergrundvariablen in die Analyse ein, ergeben sich vor allem in der Beurteilung des konfessionellen Religionsunterrichts signifikante Unterschiede. Obwohl beide Geschlechter diese Zielperspektive stark bejahen, fällt die Präferenz der Religionslehrerinnen (m = 4.23) für die konfessionelle Dimension deutlich stärker aus als die ihrer männlichen Kollegen (m = 3.87; Tab. 22). Weiterhin erkennen die Lehrkräfte ohne akademischen Abschluss (m = 4.25) diese Zielperspektive stärker an als die Lehrerinnen und Lehrer, die einen Universitätsabschluss besitzen oder eine Promotion (m = 3.95; Tab. 23). Ferner stimmen Nicht-Ordinierte (m = 4.18) einem konfessionellen Religionsunterricht stärker zu als geweihte oder ordinierte Lehrpersonen (m = 3.93; Tab. 24). Schliesslich billigen Befragte, die den analogen Fragebogen ausgefüllt haben (m = 4.21), diese empirische Dimension stärker als die Befragten, die den Fragebogen im Internet ausgefüllt haben (m = 4.00; Tab. 25). Um keine Missverständnisse aufkommen zu lassen: Es geht bei allen diesen Differenzen um graduelle Unterschiede in der Zustimmung, denn alle untersuchten Gruppen pflichten einer konfessionellen Zielsetzung im Religionsunterricht stark bei.

Beim phänomenologischen Ansatz ergibt nur der Status der Lehrkräfte einen signifikanten Unterschied in der Zustimmung (Tab. 24). Geweihte oder ordinierte Lehrerinnen und Lehrer (m = 4.13) wollen ihre Schülerinnen und Schüler etwas stärker objektiv über die verschiedenen Religionen informieren als die Befragten, die Nicht-Ordinierten sind (m = 3.88).

Alle anderen Hintergrundvariablen führen nicht zu signifikanten Unterschieden in der Zustimmung für beide empirische Dimensionen. Weder das Alter der Befragten noch ihre Berufserfahrung noch ihre Herkunft spielen für das Ideal eines Religionsunterrichts eine Rolle. Gleiches gilt für den Ort, an dem der Religionsunterricht erteilt wird. Es ist für die Akzeptanz der beiden Zielperspektiven gleich, ob der Unterricht in der Schule oder in einem pfarreieigenen Raum erteilt wird. Bringt man diesen Befund auf einen Nenner, so stellen die Befragten eine homogene Gruppe dar, wenn es um ihr Ideal eines Religionsunterrichts geht. Zum einen lassen sich nur wenige signifikante Differenzen feststellen, zum anderen sind diese Differenzen lediglich gradueller Natur, stehen also nicht für eine grundsätzlich unterschiedliche Einstellung.

3.4 Diskussion

Der Überblick über empirische Studien zu den Zielvorstellungen zum Religionsunterricht begann mit der Studie von Schach (1980), die eine Präferenz der Lehrpersonen für konfessionelle Ziele feststellte. Unser eigener Befund zeigt ebenfalls eine sehr starke Zustimmung zu diesem Zielspektrum. Allerdings bestätigt er nicht einfach Schachs Ergebnisse. Während in Schachs Stichprobe nur ein Drittel der Lehrpersonen einen Unterricht akzeptierte, der über Religion informiert, ist es in unserer Stichprobe die überwiegende Mehrheit von mindestens 70 %.

Der vorliegende Befund bestätigt allerdings einen Trend, wie er sich in den besprochenen Studien abzeichnet. Auf der einen Seite geben sich die Befragten offen gegenüber anderen religiösen Traditionen. Zumindest theoretisch ist es für sie selbstverständlich, jede Religion frei von eigenen Vorurteilen im Unterricht zu behandeln. Die Lehrerinnen und Lehrer bekennen sich aber auch zu konfessionellen Zielsetzungen, bei denen die Schülerinnen und Schüler vor allem mit der eigenen Konfession vertraut gemacht werden. Unsere Befragten wollen also beides: Neutral über andere Religionen informieren *und* Position für das eigene Bekenntnis beziehen. Ideologieträchtige Positionen, die andere Weltanschauungen ausschliessen, scheinen nicht mehr en vogue zu sein. An ihre Stelle ist ein Plural getreten, der vorher Unvereinbares zumindest nebeneinander stehenlassen kann. Insofern scheint die gewagte Hypothese, die nach dem Durchgang durch die empirischen Befunde gezogen wurde, mit vorliegendem Befund bestätigt zu werden: Es gibt einen Plural unterschiedlicher, prinzipiell miteinander vereinbarer Zielperspektiven für den Religionsunterricht.

Bei diesem Plural an Zielperspektiven handelt es sich nicht um einen Einheitsbrei ohne Konturen. Die von uns Befragten unterscheiden deutlich zwischen konfessionellen und phänomenologischen Zielen. Beide Perspektiven fallen nicht ineinander, sie werden aber auch nicht im Sinne eines Entweder-Oder gegeneinander ausgespielt. Obwohl die konfessionelle und die phänomenologische Dimension in unserem theoretischen Modell als antagonistisches Paar gedacht waren, sind sie in der Wahrnehmung der Lehrerinnen und Lehrer nicht unvereinbar.

Da in der vorliegenden Untersuchung konfessionelle Lehrpersonen befragt wurden, war die Zustimmung zum konfessionellen Zielspektrum zu erwarten; überraschend ist die breite Akzeptanz des phänomenologischen Ansatzes. Religiöse Pluralität scheint für heutige Lehrpersonen selbstverständlich zum eigenen Alltag zu gehören, so dass sich dies auch im Unterricht widerspiegelt. Inwieweit diese Vermutung zutrifft, zeigt die Datenanalyse in Kapitel 4. Auch der konfessionelle Rahmen des Religionsunterrichts hält die Befragten nicht davon ab, andere Religionen in deren Selbstverständnis ernst zu nehmen.

Dieser Befund kann damit erklärt werden, dass die pädagogische Perspektive für beide Zielperspektiven wichtig ist. Im Mittelpunkt des idealen Religionsunterrichtes steht das Kind. Die befragten Lehrpersonen wollen die Schülerinnen und Schülern unterstützen und sie in ihrer Entwicklung begleiten, unabhängig davon, ob sie die Kinder und Jugendlichen vor allem in eine Konfession einführen oder vor allem objektiv über andere Religionen informieren wollen. Beide Zielperspektiven stehen im Dienst am Subjekt. Das kann in einer religiös pluralen Gesellschaft aber nur dann geschehen, wenn die Vielfalt der Bekenntnisse und Glaubensvollzüge im Unterricht berücksichtigt wird. Eine konfessionelle Verengung würde wohl auch kaum die Akzeptanz der Schülerinnen und Schüler finden.[94] Wer also Kinder und Jugendlichen zu kompetenten Bürgerinnen und Bürgern einer modernen Gesellschaft erziehen will, muss sich der Pluralität auch in religiöser Hinsicht stellen. Eine Lehrperson muss aber auch dazu fähig sein, in der Pluralität der Weltanschauungen eine eigene Position zu entwickeln. Die Kombination aus konfessionellen und phänomenologischen Zielen unter einer pädagogischen Prämisse scheint hierfür ein angemessenes Mittel zu sein.

Wir haben für unsere Untersuchung eine Typologie herangezogen, die aus der britischen Religionspädagogik stammt. Michael Grimmitts Konzepte des «Teaching in Religion», «Teaching about Religion» und «Learning from Religion» reagiert auf eine spezifische gesellschaftliche Entwicklung in Grossbritannien. Sie gründet somit in Erfahrungen, die für die Wahrnehmung unserer Befragten keine Rolle spielen. Tatsächlich zeigt auch die Faktorenanalyse, dass die dreigliedrige Struktur des Konzepts im Antwortverhalten der Lehrerinnen und Lehrer keine Rolle spielt. Statt eine eigenständige Dimension zu bilden, laden die Items des pädagogischen Konzepts auf die beiden anderen Faktoren. Bedeutet dies, dass die Grimmitt'sche Typologie unbrauchbar ist? Die Antwort auf diese Frage liegt nicht auf der Hand. Sicher erweist sich die pädagogische Dimension als problematisch, wenn man nach einem Instrument mit reliablen und validen Skalen sucht. Dafür ist die Pädagogik als einflussreiche Variable im schulischen Religionsunterricht im deutschen Sprachraum zu stark verankert. Entsprechend laden die pädagogischen Items auch auf die beiden charakteristischen Dimensionen im Antwortverhalten unserer Befragten.

Die verwendete Typologie konnte jedoch zeigen, dass noch in den 1980er Jahren Unvereinbares nun vereinbar erscheint. Alle drei Typen des theoretischen Modells spielen eine Rolle im Hinblick auf die Analyse der Daten, auch wenn im Ergebnis nur zwei von ihnen charakteristische und eigenständige Antwortmuster der Befragten repräsentieren. Grimmitts Typologie erweist sich also dann als instruktiv, wenn man sie streng idealtypisch auffasst. Differenzen zwischen den theoretischen Dimensionen des konzeptuellen Modells und den empirischen Dimensionen im Antwortverhalten verweisen dann auf die Komplexität der Wirklichkeit. Der Erkenntnisgewinn in diesem Zugang liegt nicht darin, wie sich die Befragten *auf* den theoretischen Dimensionen verhalten, sondern wie sie sich *zu* den theoretischen Dimensionen verhalten.

94 Z. B. *Ziebertz/Kalbheim/Riegel*, Signaturen 199–230; *Ziebertz/Riegel*, Sicherheiten 148–151.

4 Religion in der pluralistischen Moderne

Die Schweiz ist eine pluralitätsgewohnte Nation. Regionale Vielfalt und lokale Besonderheiten sind in der Regel nicht begründungspflichtig, sondern positiv konnotiert. In ihrer Kleinräumigkeit gilt die Schweiz daher, wie bereits in der Einleitung bemerkt, nicht von ungefähr als «Europa im Kleinen». Die drei Aspekte von Pluralität, die die Vorzeichen des Religionsunterrichts in Europa bilden (vgl. Einleitung), zeigen sich in der Schweiz in landestypischer Weise: Nicht nur das Schulwesen ist in der Schweiz Sache der 26 Kantone. Auch das Verhältnis von Staat und Religionsgemeinschaften wird kantonal geregelt. So ist es nicht verwunderlich, dass die organisatorischen Rahmenbedingungen des Religionsunterrichts von Kanton zu Kanton erheblich variieren.

Die Schweiz ist zwar traditionell vielfältig-plural. Auf lokaler Ebene war allerdings lange Zeit eine kulturelle Homogenität der Regelfall, die erst durch Migration innerhalb der Schweiz aufgebrochen wurde (z. B. konfessionelle Durchmischung). Kinder aus Familien mit Migrationshintergrund verstärken unterdessen in den Klassenzimmern die Pluralität der Schweiz in kultureller, ethnischer wie auch religiöser Hinsicht. Urbane und ländliche Regionen sind davon allerdings in unterschiedlichem Ausmass betroffen. Wie für alle schulischen Fächer stellen sich damit auch für den Religionsunterricht neue Herausforderungen.[95]

Doch Pluralität ist keine nationale Besonderheit der Schweiz, sie ist auch nicht nur im schulischen Rahmen von Bedeutung. Pluralität ist ein wesentliches und unabdingbares Kennzeichen moderner Gesellschaften. Religiöse Pluralität ist eine Facette dieser gesellschaftlichen Vielförmigkeit und Vielstimmigkeit. «Die wachsende religiöse Vielfalt stellt Politik und Gesellschaft vor neue Herausforderungen.»[96] Aber auch die Religionsgemeinschaften selbst müssen mit dem Mit- und Nebeneinander verschiedener Auffassungen und religiöser Traditionen zurechtkommen. Die Wahrnehmung anderer weltanschaulicher Überzeugungen kann ebenso zur Infragestellung wie zur Bereicherung des eigenen Standpunkts werden. Wie positionieren sich die Lehrpersonen unseres Samples gegenüber einer weltanschaulichen Vielfalt, deren Auswirkungen im schulischen Kontext besonders zu spüren sind? Wie stellen sie sich grundsätzlich zu den Gegebenheiten einer modernen Gesellschaft?

---

95 Vgl. *Frank/Jödicke*, Öffentliche Schule.

96 *Husistein*, Religiöse Vielfalt 69.

In einem ersten Abschnitt (4.1) wird ausgeführt, was die Situation von Religion in einer modernen Gesellschaft auszeichnet und warum damit widersprüchliche Prognosen verbunden sind. Danach (4.2) werden die Frageinstrumente vorgestellt, mit denen die Einstellungen erhoben wurden, und jene Ergebnisse formuliert, mit denen angesichts pluralistischer Vorzeichen unter Lehrpersonen eines konfessionellen Religionsunterrichts zu rechnen ist (Hypothesen). Daraufhin (4.3) werden die empirischen Resultate präsentiert. Eine Diskussion schliesst das Kapitel ab (4.4).

4.1 Modernisierung als Herausforderung von Religion

Was moderne Gesellschaften auszeichnet, lässt sich mit unterschiedlichen Konzepten und aus unterschiedlichen Perspektiven umschreiben. Mit welcher Akzentsetzung diese Beschreibung auch erfolgt, so steht doch ausser Frage, dass Religion davon ganz wesentlich betroffen ist. Ob die Rahmenbedingungen einer (spät-) modernen Gesellschaft dabei religiösen Überzeugungen bzw. religiösen Organisationen zum Vorteil oder zum Nachteil gereichen, variiert je nach Perspektive und ist eine wissenschaftlich gerade heute wieder heftig umstrittene Frage.[97] So kann weltanschauliche Vielfalt religiöse Organisationen zur Profilbildung anspornen und persönliche Überzeugungen beleben (wie es in den USA den Anschein hat), oder sie kann traditionelle religiöse Institutionen und Vorstellungen schwächen (wofür die Verhältnisse in Europa sprechen).

Die Diskussion wird dort unübersichtlich, wo Ist- und Soll-Aussagen vermischt werden. Dass Religion (keine) Privatsache ist, wird zunehmend in die politische Diskussion eingebracht, wenn es um den Verbleib des Religionsunterrichts an öffentlichen Schulen geht. Doch ist damit Wirklichkeit oder Wunsch, Befürchtung oder Hoffnung ausgedrückt? Die einen halten ein Wiedererstarken der Religion im öffentlichen Raum für einen Rückfall in vormoderne Zeiten[98], die anderen rufen bereits das Zeitalter des Postsäkularismus aus.[99] Doch gilt: «Wer das Säkularisierungstheorem als einen modernen Mythos abstuft, sollte darauf achten, mit der Rede von der Wiederkehr der Religionen nicht einem modernen Gegen-Mythos zu erliegen.»[100] Oft verstärkt allein schon die Wahrnehmung religiöser Pluralität den Eindruck, dass die Schwächung der Religion, die die europäische Aufklärung und Religionskritik mit sich brachten, überwunden sei. Der Nie-

97 Vgl. *Norris/Inglehart*, Sacred and Secular.
98 Vgl. *Schmidt-Salomon*, Manifest.
99 Vgl. *Weimer*, Rückkehr.
100 *Höhn*, Postsäkular 30.

dergang der Religion kann jedenfalls angesichts eines globalen Religionsbooms nicht mehr als zwingendes Endergebnis des Modernisierungsprozesses behauptet werden.[101]

Damit verständlich wird, warum die Folgen der Modernisierung für Religion nicht eindeutig sind, sollen vier Teilprozesse beschrieben werden, die sich unterschiedlich auswirken und sich in ihren Konsequenzen durchaus unterschiedlich bewerten lassen.

Differenzierung

In vormodernen Zeiten konnten mehr oder weniger alle Lebensbereiche von religiösen Grundsätzen beeinflusst sein. So war Zinsnahme bis ins hohe Mittelalter aus religiösen Gründen verboten; wissenschaftliche Forschung wurde bis in die frühe Neuzeit durch religiöse Bedenken behindert (z. B. das Verbot Leichen zu sezieren); politische Herrschaft war auf den Segen der Kirche angewiesen und geriet durch eine kirchliche Ächtung in eine prekäre Situation (z. B. der Kirchenbann über Herrscher des Mittelalters). In einer modernen Gesellschaft wird derartige religiöse Einflussnahme zurückgewiesen.

Es ist ein zentrales Kennzeichen moderner Gesellschaften, dass sich gesellschaftliche Teilbereiche (Systeme) verselbständigen. Wirtschaft, Politik, Gesundheitswesen, Wissenschaft usw. folgen jeweils ihrer Eigenlogik. Sie grenzen sich klar voneinander ab und sind doch zugleich immer auch miteinander verwoben und aufeinander angewiesen.

«Jedes Teilsystem weist im Rahmen seiner Zuständigkeit eine Eigengesetzlichkeit auf, die in andere Teilsysteme nicht übersetzbar ist. Kriterien der technischen Machbarkeit sind nicht zugleich Kriterien ökonomischer Rentabilität; Maßstäbe wirtschaftlicher Effizienz sind nicht identisch mit Maßstäben politischen Erfolgs. Es gibt hier keinen Generalschlüssel, der überall passt. Es existiert auch kein archimedischer Punkt, auf den alle Teilsysteme ausgerichtet werden können.»[102] Während in traditionalen Gesellschaften alle Lebensbereiche von Religion überwölbt waren (heiliger Kosmos), verstehen sich moderne Gesellschaften prinzipiell als säkular. Politische Herrschaft und gesellschaftliche Veränderungen bedürfen keiner religiösen Legitimation.

Für religiöse Institutionen, d. h. die Kirchen, bedeutet dies einen Verlust an Einfluss. Sie haben zu akzeptieren, selbst nur noch ein Teilsystem neben anderen zu sein. Das lässt sich allerdings nicht nur negativ deuten. Es gibt Stimmen, die darin die Chance erkennen, sich wieder auf das Kerngeschäft zu konzentrieren. Wenn

101 Vgl. *Joas*, Gesellschaft; *Casanova*, religiöse Lage.
102 *Höhn*, Postsäkular 28.

Religion aber aus vielen gesellschaftlichen Teilbereichen verschwindet, wird auch die Leitvorstellung problematisch, das ganze Leben solle von religiösen Grundsätzen durchzogen sein. Menschen sind es gewohnt, als Akteure zwischen verschiedenen gesellschaftlichen Systemen zu wechseln, d. h. in verschiedenen Rollen je unterschiedlichen Handlungslogiken zu folgen. Bleibt dann als letzte Domäne des Religiösen nur noch die Privatsphäre?

Rationalisierung

Modernisierungs- und Differenzierungsprozesse kommen dort in Gang, wo zweckrationales Handeln immer stärker um sich greift. Die Entzauberung der Welt ist auch Folge eines technologisch-wissenschaftlichen Fortschritts, der sich durch moralische Bedenken oder religiöse Einwände nicht hemmen lässt. Es gibt gute Gründe, die monotheistischen Religionen selbst als frühe Auslöser dieses Rationalisierungsprozesses zu betrachten.[103] Der Ein-Gott-Glaube betrachtet die Welt als Werk Gottes (Schöpfung). Die Natur ist damit nicht mehr von Geistwesen beseelt, deren Willkür das Leben der Menschen ausgesetzt ist. Natur wird nicht mehr vergöttert. Sie wird dinglich. «Gott soll ganz Gott und Welt ganz Welt bleiben können.»[104] Die Welt verliert an Unberechenbarkeit und wird zum Aktionsfeld des Menschen. Der Prozess der Versachlichung der Welt (Entsakralisierung) nimmt in dem Mass zu, als der Mensch die Gesetzmässigkeiten der Natur zu durchschauen beginnt. Im Zuge der Aufklärung wendet sich dieser Prozess der Rationalisierung jedoch gegen Religion als solche und bringt religiöse Haltungen in die Defensive.

Wo alles Denken und Handeln vor der Vernunft Bestand haben muss, kommt das Vormoderne in Erklärungsnot. Christentum, Judentum und Islam reichen in ihren Anfängen und Traditionen weit in vormoderne Epochen zurück. In einer radikalen Modernisierungsperspektive kann Religion geradezu als Inbegriff des Traditionellen erscheinen, das sich seiner Infragestellung widersetzt. In modernen, pluralistischen Gesellschaften geht von Wissenschaft und öffentlicher Meinung eine potentielle Bedrohung für Religion aus. «Die Wissenschaft ersetzt die Religion, was die Annahmen über die Welt betrifft; die öffentliche Meinung ersetzt die Religion in Bezug auf handlungsleitende Einstellungen und Normen.»[105]

Damit kommt ein Prozess des Infragestellens in Gang. Das ehemals Selbstverständliche hört auf, selbstverständlich zu sein. Fragen nach dem Wieso und Warum nagen an bislang unbezweifelten Gewissheiten. Der Prozess selbst ist nicht umstritten – wohl aber seine Bewertung. Manche gehen davon aus, dass es

103 Vgl. *Stolz F.*, Wesen.

104 *Ziebertz*, Religion 34.

105 *Stolz J.*, Religion und Sozialstruktur 63.

für die Religion einen schweren Schaden darstellt, wenn Glaubensinhalte hinterfragt und kritisiert werden; religiöse Überzeugungen würden durch den Zweifel und das Wissen um Alternativen geschwächt. Andere erleben eben diesen Prozess des Hinterfragens als klärend, heilsam, befreiend. Nur der vernünftig nachvollzogene Glaube wäre demnach widerstandsfähig und belastbar. Nur der persönlich angeeignete Glaube liesse sich erfolgreich vermitteln. Die Herausforderung durch die kritische Vernunft wurde von der wissenschaftlichen Theologie und den universitären Ausbildungsstätten positiv aufgenommen. Glaube und Vernunft, Theologie und Aufklärung gelten als versöhnbar und versöhnt. Religionen können aber auch angesichts der Grenzen der Rationalisierung ein kritisches Korrektiv darstellen, wo sie sich auf die Seite der Modernisierungsverlierer stellen und globale Verantwortung einfordern.

Individualisierung

Verlieren allgemeine, religiös gestützte Vorstellungen, Ideale und Werte ihre Selbstverständlichkeit, so wird die Frage der Akzeptanz zu einer Sache der individuellen Reflexion. Nicht mehr religiöse Experten (Theologen und Kirchenführer) sagen, was Sache ist. Menschen prüfen autonom, was sie gelten lassen oder nicht. Es liegt an ihnen, sich Gedanken über Religion zu machen und sich religiöse Inhalte anzueignen, sie von sich zu weisen oder religiösen Fragen gegenüber indifferent zu bleiben. Moderne Gesellschaften verlangen keine religiösen (Lippen-) Bekenntnisse. In einer säkularen Gesellschaft «ist der Zugang eines Bürgers zur Öffentlichkeit nur durch seinen Status als Bürger definiert und nicht dadurch, was er denkt.»[106] Bürgerliche Rechte sind nicht an religiöse Zugehörigkeiten gebunden. Zu Zeiten, als die Konfession des Herrschers noch zugleich die Konfession der Landeskinder festlegte (*cuius regio eius et religio*), konnte hingegen die «falsche» Religionszugehörigkeit den Verlust sämtlicher Besitzrechte zur Folge haben. Noch bis ins 19. Jahrhundert waren Juden von Ämtern und Positionen aufgrund ihres Glaubens ausgeschlossen. Bei entsprechenden Ambitionen sahen sie sich zur Konversion gezwungen.

Wird Religion Sache persönlicher Entscheidung, verliert auch die formale Bindung an die Kirchen ihre Selbstverständlichkeit. Kirchenmitgliedschaft wird zum Gegenstand der Abwägung. «Hinsichtlich Religion hat Individualisierung den Effekt, dass die Individuen immer stärker auf sich selbst gestellt werden und selbst entscheiden können (bzw. müssen), ob sie einer religiösen Gruppe angehören wollen oder nicht – und wenn ja, wie stark sie sich engagieren wollen.»[107]

---

106 *Reemtsma*, Muss man Religion respektieren? 24.

107 *Stolz/Baumann*, Religiöse Vielfalt 74.

Ob aus religiösen Vorstellungen ausgewählt wird oder die Entscheidung für (oder gegen) eine bestimmte religiöse Zugehörigkeit fällt – in der Regel bedingt diese Auswahl Vorgaben, die bereits vorliegen müssen. Religiöse Bricolage bedient sich des traditionellen Vorrats an Symbolen, Ritualen, Erzählungen und Glaubensüberzeugungen, jedoch tragen die Nutzniesser nicht unbedingt zur Bestandessicherung der Ressourcen bei, deren sie sich bedienen. Der Zwang zur Häresie (Peter L. Berger) scheint unvermeidlich. Angesichts zunehmender Autonomie der Individuen verlieren die organisierten Religionsgemeinschaften an Einfluss über ihre Anhänger. «Der Pluralismus ist eine Konsequenz der Aufklärung, die Mündigkeit des Menschen über seine Fremdsteuerung zu stellen.»[108] Die prinzipielle Ermächtigung zu religiöser Selbstbestimmung muss aber keineswegs dazu führen, dass Eltern auch die religiöse Erziehung ihrer Kinder selbst übernehmen. Oft delegieren sie diese gerne aus Hilflosigkeit oder Unsicherheit an dafür zuständige Fachleute wie z. B. Religionslehrpersonen.

Globalisierung

Die Wahrnehmung religiöser Vielfalt ist vor allem medial vermittelt. Neue und alte Informationskanäle ermöglichen, sich ein genaueres Bild über Kulturen, Religionen und Weltanschauungen zu machen. Die Welt wird auch in religiöser Hinsicht zum «global village». Kulturelle und religiöse Vielfalt nimmt aber auch real zu. «Globalisierung hat auch zur Folge, dass vermehrt durch Flucht, Arbeits- und Ehepartnerwahl neue und alte Religionen in die Schweiz kommen, immer mehr und genauere Informationen über außereuropäische Religionen verfügbar werden und die religiöse Vielfalt auf diese Weise wächst.»[109]

Erlebte Multikulturalität und Multireligiosität stellen Anfragen an die eigene Identität. Lässt sich der Anspruch der eigenen Religion, die (einzig) wahre zu sein, angesichts anderer Religionen mit ihren Wahrheitsansprüchen aufrechterhalten? Schon die Ringparabel in Lessings dramatischem Gedicht «Nathan der Weise» geht von einer nicht lösbaren Pattsituation zwischen den Religionen aus. Kommt weltanschauliche Konkurrenz den Religionen und Überzeugungen zugute, da sie sich gegeneinander (z. B. an ethischen Massstäben) beweisen müssen? Oder wird am Ende gleich-gültig, was gleichermassen gültig zu sein beansprucht? Pluralität kann sowohl zu Indifferenz und Beliebigkeit führen als auch das Bewusstsein für den Reichtum der eigenen religiösen Tradition schärfen.

---

108 *Ziebertz*, Religion 78.

109 *Stolz/Baumann*, Religiöse Vielfalt 75.

Zusammenfassend lässt sich feststellen, dass Differenzierung und Rationalisierung einerseits den Einfluss von Religion auf das öffentliche wie persönliche Leben reduzieren, andererseits Individualisierung und Globalisierung religiöse Vielfalt fördern.[110]

In den grossen kirchlichen Konfessionen haben alle vier beschriebenen Aspekte des Modernisierungsprozesses zu unterschiedlichen Reaktionen geführt. Viel hängt vom Urteil darüber ab, welche Bedeutung der Religion für die Moderne und der Moderne für die Religion zugeschrieben wird. Müssen sich Religionen modernisieren, d. h. rational, selbsthinterfragend, aufgeklärt, demokratisch usw. werden, damit sie zukunftsfähig sind? Oder muss eine moderne Gesellschaft (wieder) religiöser, d. h. transzendenz- und gottbezogener werden, damit sie eine Zukunft hat?

4.2 Frageinstrumente und Hypothesen

Lehrpersonen, die einen konfessionellen Unterricht erteilen, sind von diesen Fragen in besonderer Weise herausgefordert, denn sie stehen im Brennpunkt kirchlicher, staatlich-schulischer und elterlicher Erwartungen. Wie lassen sich die befragten Lehrpersonen in diesem Feld verorten? Welche Vorstellungen leiten sie, von welchen grenzen sie sich ab? Sind sie der Meinung, dass religiöse Überzeugungen durch den Prozess der Modernisierung Schaden nehmen (müssen) oder dass ihnen neue Chancen daraus erwachsen (können)?

Mithilfe einer Reihe von Aussagen wurden die Einstellungen der Lehrpersonen in Bezug auf Religion unter den Vorzeichen einer pluralistischen, modernen Gesellschaft ermittelt. Ihnen wurden dazu unterschiedliche Aussagen («Items») vorgelegt, die sie auf einer Skala von 1 bis 5 mehr oder weniger entschieden ablehnen oder denen sie ebenso differenziert zustimmen konnten.

Die Frageinstrumente sind nicht neu entwickelt worden, sondern haben schon früher Anwendung gefunden.[111] Damit lässt sich nicht nur das Konzept nachverfolgen, das der ursprünglichen Untersuchung zugrunde liegt. Es wird auch ein Vergleich der Ergebnisse möglich. Im Unterschied zur vorliegenden Befragung unter Religionslehrpersonen der beiden grossen Konfessionen in der Schweiz waren in der vorausgegangenen Untersuchung katholische Theologinnen und Theologen – Priester, Diakone und Pastoralassistentinnen und Pastoralassistenten – aus Deutschland und den Niederlanden befragt worden. In der Diskussion

110 Vgl. *Baumann/Stolz*, Vielfalt der Religionen.

111 Vgl. *Ziebertz*, Religion 110–142.

der Ergebnisse (4.4) werden wir an einzelnen Stellen auf Gemeinsamkeiten und Unterschiede zu deutschschweizerischen Religionslehrpersonen eingehen.

Modernitätsfähigkeit von Religion

Im ersten Block von Aussagen wird eine eher globale Einschätzung der Befragten zum Thema Religion eingeholt. Welche Chancen hat Religion heute nach Meinung der Befragten in einer modernen Gesellschaft? Sehen sie den Bedarf nach Religion schwinden? Oder haben sie den Eindruck, dass religiöse Fragen zeitlos aktuell, ja vielleicht sogar wieder im Kommen sind? Hierzu wurden sechs Aussagen formuliert, die der Religion in modernen Gesellschaften eine positive Bedeutung zusprechen:

- Entgegen vieler Meinungen ist für den modernen Menschen religiöse Sinnorientierung wieder aktuell.
- Gäbe es keine Religionen: Für die moderne Gesellschaft müsste man sie erfinden.
- Gerade Krisen und Widersprüche des modernen Lebens öffnen dem Menschen die Augen für die Bedeutung religiöser Symbole und Rituale.
- In der angeblich säkularisierten Gesellschaft erleben viele religiöse Überzeugungen eine neue Blüte.
- In einer modernen Gesellschaft steigt der Bedarf an religiöser Orientierung eher, als dass er geringer wird.
- So fortschrittlich sich eine Gesellschaft auch entwickelt, Religion wird immer eine grosse Rolle im öffentlichen Leben spielen.

Sechs andere Aussagen drücken die Gegenposition aus. Dieser skeptischen Haltung zufolge hat sich Religion in einer modernen Gesellschaft überholt:

- Der Mensch mit einem aufgeklärten Bewusstsein hat keine religiösen Fragen mehr.
- Für moderne Menschen gibt es keinen Bedarf an Religion.
- In einer modernen Gesellschaft verschwindet das Bedürfnis an Religion.
- Je moderner der Mensch ist, desto unwichtiger ist für ihn «Überweltliches» wie Religion.
- Religion ist ein Relikt vergangener Zeiten.
- Religiöse Überzeugungen, Rituale und Symbole passen nicht in eine moderne Gesellschaft.

Mit welchem Ergebnis war zu rechnen? Im Zentrum der Untersuchung stehen Repräsentanten und Repräsentantinnen eines kirchlich-christlichen Glaubens, zu dem sie Kindern und Heranwachsenden auf unterschiedliche Weise einen Zugang ermöglichen sollen und möchten. «Die Annahme, dass eine Gesellschaft desto areligiöser werde, je moderner sie sei, wurde in Europa zu einer Selbstverständlichkeit – in der Religionssoziologie, aber auch in der Bevölkerung.»[112] Wenn es sich nach dieser Aussage von José Casanova tatsächlich um eine weit verbreitete Grundüberzeugung handelt, sollten Religionslehrpersonen in der Schweiz hierin keine Ausnahme darstellen. Religions- und kirchenstatistische Kennzahlen für die letzten Jahrzehnte beschreiben in der Tat einen Rückgang der kirchlich verfassten Religion in der Schweiz.[113] Die befragten Lehrpersonen agieren in kirchlichem Auftrag und müssten diesen Schwund mehr oder weniger hautnah miterleben. Von ihnen wäre eine Einstellung zu erwarten, wonach Religion unter modernisierten Rahmenbedingungen mit einem grundsätzlichen Bedeutungsverlust zu kämpfen hat.

Einschätzung kultureller und religiöser Pluralität

Eine zweite Gruppe von Items betraf die Beurteilung kultureller und religiöser Pluralität. Die Vorannahmen gingen davon aus, dass die Einstellung von deutlicher Sympathie bis zu starker Ablehnung reichen kann. Fünf der insgesamt zwölf Aussagen bewerten Pluralität positiv:

- Die religiöse Vielfalt in unserer Gesellschaft bereichert mich.
- Die Tatsache, dass es so viele Kulturen bei uns gibt, macht das Leben interessanter.
- Die vielen Weltanschauungen, die es in unserer Gesellschaft gibt, fordern den eigenen Lebensstil und das eigene Denken heraus.
- Die Vielfalt der Religionen und Weltanschauungen erlaubt es, über sich selbst nachzudenken.
- Es ist gut, dass es so viele Weltanschauungen in unserer Gesellschaft gibt.

Vier Items geben negative bzw. kritische Positionen wieder:

- Die vielen Religionen in unserer Gesellschaft erzeugen Unruhe und Spannungen.
- Es gibt so viele unterschiedliche Religionen und Kulturen bei uns, dass man nicht weiss, an was man sich orientieren soll.
- Es gibt zu viele Religionen und Weltanschauungen in unserer Gesellschaft.
- Es gibt zu viele Weltanschauungen in unserer Gesellschaft. Das verwirrt.

Drei Items schliesslich sind indifferent formuliert:

- Die vielen Religionen in unserer Gesellschaft machen das Leben weder reicher noch schwerer.

---

112 *Casanova*, Religiöse Lage 338.

113 Vgl. *SPI*, Katholische Kirche.

- Es ist weder gut noch schlecht, dass bei uns jeder glauben kann, was er will.
- Es ist wirklich egal, dass es so viele Religionen bei uns gibt.

Weltanschauliche Pluralität kann religiöses Selbstbewusstsein sowohl untergraben als auch stärken. Wenn eine religiöse Wahl möglich ist, so kann dies zu einer Abkehr von jener Religion (Religiosität) führen, in der man aufgewachsen ist; sie kann aber auch dazu führen, dass man die eigene Position dem Diskurs in der Pluralität aussetzt und schlussendlich den eigenen Standpunkt gefestigt sieht. Beide Aspekte dürften den Lehrpersonen unter Schülerinnen und Schülern begegnen und somit Herausforderungen ihrer Arbeit sein. Unsere Hypothese schliesst an die Überlegungen von Hans-Georg Ziebertz an: «Wir können vermuten, dass eine entschiedene Ablehnung des modernen Pluralismus nur in Einzelfällen nachweisbar sein wird. Es gibt gute Gründe anzunehmen, dass kirchlicherseits (hier: von ihrem Personal) der Pluralismus als eine (zumindest) ambivalente Erscheinung bewertet wird.»[114] Damit müssten mittlere Bewertungen («teils teils») sowohl zu den positiven wie auch den negativen Aussagen vorherrschen.

Einstellung gegenüber anderen Religionen

Vorüberlegungen führten zu vier typischen Einstellungen, die Menschen, die in einer bestimmten religiösen Tradition beheimatet sind, gegenüber anderen Religionen einnehmen können. Diese vier Grundhaltungen verkörpern eine absteigende Tendenz vom Alleingültigkeitsanspruch einer Religion bis hin zum Ungenügen der einzelnen Religion und der daraus abgeleiteten Unabdingbarkeit eines Dialogs zwischen den Religionen.

(1) *Exklusiv monoreligiös:* Damit wird eine Haltung bezeichnet, die daran festhält, dass trotz der Existenz und der Wahrheitsansprüche anderer Religionen die eigene Religion den einzigen Weg zum persönlichen Heil und zur universellen Erlösung darstellt. Diese Position wird durch vier Aussagen repräsentiert:
   - Meine Religion ist der einzige Weg zur Erlösung des Menschen.
   - Meine Religion zeigt dem Menschen das einzige wahre Licht zur Erlösung.
   - Nur in meiner Religion haben die Menschen Zugang zur wahren Erlösung.
   - Nur in meiner Religion können die Menschen das wahre Heil empfangen.

114 *Ziebertz*, Religion 126.

(2) *Inklusiv monoreligiös:* In der inklusiv monoreligiösen Position ist dieser Wahrheits- und Heilsanspruch insofern etwas abgeschwächt, als auch anderen Religionen zumindest eine partielle Wahrheit und Richtigkeit zuerkannt wird. Dennoch wird der eigene Glaube letztlich als überlegen betrachtet; jedenfalls ist er der Massstab, an dem die Richtigkeit anderer Glaubensaussagen gemessen wird. Andere Religionen sind zu achten, doch sind ihre Wahrheiten und Heilswege im Vergleich zu den eigenen religiösen Vorstellungen defizitär und von minderem Wert. Vier entsprechend formulierte Aussagen bringen diese Haltung zum Ausdruck:

- Im Vergleich zu anderen Religionen bietet meine Religion das höchste Heil an.
- Im Vergleich zu anderen Religionen ist meine Religion der wertvollste Weg zum Heil.
- Im Vergleich zu anderen Religionen liegt die tiefste Wahrheit in meiner Religion.
- Im Vergleich zu meiner Religion erfassen andere Religionen nur einen Teil der Wahrheit.

(3) *Multireligiös:* Die dritte Haltung geht von einer prinzipiellen Gleichwertigkeit aller religiösen Wege aus. Wahrheit, Erlösung und Heil sind durch verschiedene Türen gleichermassen erreichbar. Es ist letztlich unerheblich, welcher religiöse Zugang gewählt wird. Alle Religionen sind gleich-gültig:

- Die Religionen sind alle gleich wertvoll, sie bieten verschiedene Wege zum gleichen Heil an.
- Die Religionen sind untereinander gleich, sie richten sich alle auf dieselbe befreiende Wahrheit.
- Es gibt keinen Unterschied zwischen den Religionen, sie drücken dasselbe Verlangen nach Gott aus.
- Im Blick auf alle Religionen ist die christliche Religion bloss einer der vielen Wege zur Erlösung.

(4) *Interreligiös:* Die vierte Position gibt einen interreligiösen Ansatz wieder. Jede Religion für sich allein – also auch und gerade die eigene – ist unzureichend. Dieser Auffassung nach geschieht Wahrheitsfindung nur im gleichberechtigten Dialog der Religionen. Er ist aber auch notwendig, um Zusammenleben in der Vielfalt friedlich gestalten zu können. Vier Items sind entsprechend formuliert:

- Der Weg zum echten Heil ist nur im Dialog der Religionen untereinander zu finden.

- Die echte Wahrheit ist nur im Gespräch unter den Menschen mit unterschiedlicher Religionszugehörigkeit zu entdecken.
- Gott ist nur in der Begegnung der Religionen untereinander zu finden.
- Um die echte, befreiende Wahrheit zu finden, müssen die Religionen miteinander in den Dialog treten.

Welche Ergebnisse waren hier zu erwarten? Selbstverständliche ökumenische Zusammenarbeit auf Pfarrei- bzw. Gemeindeebene und eine breite Aufgeschlossenheit für den interreligiösen Dialog[115] in den christlichen Kirchen machen exklusivistische Positionen eher unwahrscheinlich. Sie werden auch von den offiziellen Stimmen der beiden Grosskirchen in der Schweiz nicht propagiert. «Die tolerante Einstellung ‹anderen› Religionen gegenüber erklärt sich sowohl bei den Reformierten als auch bei Katholiken aus schon seit Längerem dauernden Öffnungsprozessen, innerhalb derer der ‹interreligiöse Dialog› zu einer grundlegenden Leitlinie des Denkens und Handelns geworden ist.»[116] Im Unterschied zu den beiden grossen Konfessionen stehen Freikirchen und Evangelikale der religiösen Vielfalt tendenziell mit Vorbehalten gegenüber. Landeskirchlich Reformierte dürften eher interreligiöse Positionen vertreten. Auch bei den katholischen Lehrpersonen erwarten wir nicht, dass eine kirchliche Haltung, wie sie etwa in «Dominus Iesus»[117] zum Ausdruck kommt, von einer Mehrheit geteilt wird. Es ist also damit zu rechnen, dass interreligiöse bzw. allenfalls inklusivistisch monoreligiöse Positionen dominieren.

4.3 Ergebnisse: Die Einstellungen der befragten Lehrpersonen

Modernitätsfähigkeit von Religion

Das Antwortverhalten zeigt eine eindeutige Tendenz (Tab. 26). Alle sechs Items, die die Chancen und die Bedeutung religiösen Fragens für die moderne Gesellschaft ausdrücken, werden von der Mehrheit der Befragten bejaht. Die grösste Zustimmung findet dabei die Aussage, dass für den modernen Menschen religiöse Sinndeutung wieder aktuell ist. 88,2 % der befragten Lehrpersonen stimmen ihr zu, nicht einmal 1 % lehnt das Item ab.

Spiegelverkehrt werden sämtliche Aussagen, in denen die Bedeutungslosigkeit von Religion benannt wird, mehrheitlich abgelehnt. Die entschiedendste Ableh-

115 Vgl. Initiativen und Organisationen; *Könemann/Vischer*, Interreligiöser Dialog.

116 *Baumann/Stolz*, Vielfalt der Religionen 349.

117 Erklärung der Glaubenskongregation über die Einzigkeit und heilmachende Universalität Jesu Christi und der Kirche «Dominus Iesus», 6. August 2000.

nung (mit 93,3 % der Befragten) fand die Aussage, wonach Religion ein Relikt vergangener Zeiten sei. Nur für 3,3 % der Antwortenden ist dies eine zutreffende Zeitdiagnose.

Faktorenanalyse: Modernitätsfähigkeit von Religion[118]

Die Faktorenanalyse ergibt eine positive Orientierungsfigur, denen die Mehrheit der Lehrpersonen zustimmt, und eine negative, von der sie sich abgrenzt (Tab. 27).

Die *negative Orientierungsfigur* repräsentiert die klassische Position der neuzeitlichen Religionskritik, wie sie etwa Auguste Comte in seinem Drei-Stadien-Gesetz auf den Begriff brachte. Eine religiöse Weltsicht wird demnach durch eine positivistische, antimetaphysische Grundeinstellung der Neuzeit überholt, Religion wird zu einem Anachronismus. Demnach haben sich religiöse Fragen für Menschen mit einem an der Aufklärung geschulten Bewusstsein erledigt. Wissenschaft, Vernunft und Fortschritt haben das Bedürfnis nach Religion versiegen lassen. Religiöse Überzeugungen, Rituale und Symbole passen nicht in eine moderne Gesellschaft, sondern sind Relikte vergangener Zeiten. Es wird der Auffassung explizit widersprochen, nach der sich ein steigender Bedarf nach religiöser Orientierung abzeichnet. Opponiert wird auch gegen eine erneute Aktualität religiöser Sinnorientierung.

Von diesem Denkansatz distanzieren sich die befragten Lehrpersonen in ihrer überwiegenden Mehrheit sehr stark. Wir werden dieses Einstellungsbündel, wonach Religion und Moderne unvereinbar sind, in späteren Analysen als Faktor mit dem Kürzel «mod.unfähig» versehen. Die Neigung, sich von dieser Orientierungsfigur zu distanzieren, ist ausgeprägter als die Zustimmung zur Gegenidee.

Die *positive Orientierungsfigur* beinhaltet Auffassung von den religionsproduktiven Kräften moderner Gesellschaften. Religion und Moderne sind demnach durchaus vereinbar. Wissenschaftlicher Fortschritt und technologische Entwicklungen verändern die Rolle der Religion als Lückenbüsser für ungeklärte wissenschaftliche Fragen hin zu einem Bezugsrahmen für die «neuen» Unsicherheiten und Fragen sowie die Aporien, die die technisierte Gesellschaft hervorgebracht hat. Gerade die Krisen und Widersprüche des modernen Lebens öffnen den Menschen die Augen für die Bedeutung religiöser Symbole und Rituale. So kann man sagen, dass der Bedarf an religiöser Orientierung in modernen Gesellschaften sich verändert, aber nicht abnimmt, ja, vielleicht sogar eine neue Blüte erlebt. Die Befragten stimmen dieser Orientierungsfigur stark zu (m = 4.03). Der Faktor erhält die Bezeichnung «mod.fähig».

118 Vgl. die Hinweise zur Faktorenanalyse in 3.3, S. 50.

Reformierte neigen noch zu einer leicht stärkeren Ablehnung der Inkompatibilität von Religion und Moderne als ihre katholischen Kollegen und Kolleginnen (Tab. 28).

Einschätzung kultureller und religiöser Pluralität

Auch hinsichtlich der Bewertung von Pluralität lässt ein Blick auf jene beiden Items, denen die Befragten die grösste Zustimmung bzw. die grösste Ablehnung entgegenbringen, bereits die Stimmungslage unter den Befragten erkennen (Tab. 29). Der Aussage «Die vielen Weltanschauungen, die es in unserer Gesellschaft gibt, fordern den eigenen Lebensstil und das eigene Denken heraus» pflichten 94,2 % der Befragten bei, lediglich 1,5 % der Reaktionen darauf fielen negativ aus. Spiegelbildlich wird die Aussage «Es gibt so viele unterschiedliche Religionen und Kulturen bei uns, dass man nicht weiss, an was man sich orientieren soll» von 65,7 % abgelehnt, doch erkennen immerhin 18,3 % darin eine für sie richtige Aussage. Wenngleich Pluralität fast einstimmig positiv bewertet und nicht als Überforderung erlebt wird, muss das Ergebnis doch differenzierter betrachtet werden.

Die Faktorenanalyse erlaubt wiederum, Orientierungsmuster der Lehrpersonen herauszuheben, an denen sie positiv anknüpfen können oder von denen sie sich abgrenzen. (Tab. 30)

Es fällt auf, dass die indifferenten Items bei den Überzeugungen der Lehrpersonen nicht mehr auftauchen. Es zeichnet sich vielmehr ein positives und ein negatives Leitbild ab. Weltanschaulicher Pluralität neutral und gleichgültig gegenüberzustehen, ist für die Befragten keine Option. Wiederum ist wie schon in Tab. 27 das Leitbild, von dem sich die Lehrpersonen abgrenzen, bedeutsamer als das positive Modell, dem sie selbst folgen.

Wie lassen sich die beiden Orientierungsfiguren genauer umschreiben?
Die negative Orientierungsfigur – also jene, die eine Mehrheit der befragten Lehrpersonen mässig ablehnt (m = 2.66) – besagt, dass es zu viele Weltanschauungen in unserer Gesellschaft gibt, was nur zu Verwirrung führe. Die vielen Religionen erzeugten Unruhe und Spannungen in unserer Gesellschaft, Pluralität bringe Orientierungslosigkeit mit sich. Religiöse Vielfalt wird im Rahmen dieser Orientierungsfigur nicht als Bereicherung wahrgenommen. Als Bündel von Einstellungen wird dieser Faktor mit «Pluralität negativ» bezeichnet.

In der positiven Orientierungsfigur gibt es kein «Zuviel» an Religionen und Weltanschauungen. Die Vielfalt ist vielmehr Anlass, über sich selbst nachzudenken. Religiöse Vielfalt ist daher eine Bereicherung; die Palette der Kulturen macht das Leben interessanter. Die vielen Weltanschauungen, die es in unserer Gesellschaft gibt, fordern den eigenen Lebensstil und das eigene Denken heraus. Als statistischen Faktor wird diese Orientierungsfigur mit «Pluralität positiv» bezeichnet. Die Zustimmung zur positiven Orientierungsfigur ist stark (m = 4.06).

Ein Detail: Den Kennzahlen in Tab. 31 zufolge ist die Wertschätzung der Pluralität unter katholischen Lehrpersonen stärker ausgeprägt (m = 4.18) als unter reformierten (m = 3.91). Das könnte damit zusammenhängen, dass in der katholischen Theologie Vielfalt seit dem II. Vaticanum eine positiv konnotierte Leitvorstellung darstellt, Reformierte hingegen gelegentlich darunter leiden, wenn interne Meinungsdifferenzen verhindern, nach aussen mit einer Stimme sprechen zu können. Während sich Katholiken von der einstigen Uniformität ihrer Kirche abgrenzen, zeigen die Reformierten ein etwas kühleres Verhältnis zur Pluralität.

Ein anderer Befund verdient noch mehr Aufmerksamkeit: Es zeigt sich (Tab. 32 und 33), dass Lehrpersonen, die nicht in den regulären Schulbetrieb eingebunden sind, d. h. deren Religionsunterricht nicht im Schulhaus, sondern im gemeindlichen/pfarreilichen Rahmen stattfindet, *beide* Leitbilder, also «Pluralität positiv» und «Pluralität negativ» mit grösserer Überzeugung artikulieren als ihre Kolleginnen und Kollegen in der Schule. Im schulischen Kontext werden beide Orientierungsfiguren – die Ablehnung der Pluralitätsskepsis und die Bejahung des Pluralitätsoptimismus – hingegen moderater vertreten. Ungeachtet dieses graduellen Unterschieds überwiegt bei der Mehrzahl der Befragten die Wertschätzung von Pluralität gegenüber pluralitätskritischen Positionen.

Einstellung gegenüber anderen Religionen

Tab. 34 listet die insgesamt 16 Items so auf, dass die Aussagen mit der höchsten durchschnittlichen Zustimmung zuoberst sind. Es fällt auf, dass sämtliche Aussagen zum inklusivistischen wie exklusivistischen Überlegenheitsanspruch der eigenen Religion mehrheitlich abgelehnt werden. Von den exklusivistischen Items grenzen sich sogar durchgängig 66,2 % der Befragten und mehr ab. Die höchste Zustimmung mit 65,6 % erhält demgegenüber das Item «Um die echte, befreiende Wahrheit zu finden, müssen die Religionen miteinander in den Dialog treten». Die Gegenprobe bestätigt das Ergebnis. Die Aussage «Nur in meiner Religion können die Menschen das wahre Heil empfangen» wird von 76,3 % der Lehrpersonen abgelehnt.

Faktorenanalyse: Einstellung gegenüber anderen Religionen[119]

Werden die vier im Vorfeld theoretisch konzipierten Einstellungen (von exklusiv monoreligiös bis interreligiös) am Datenmaterial überprüft, stellt sich eine Vereinfachung ein.

119 Vgl. die Hinweise zur Faktorenanalyse in 3.3, S. 50.

Die vier Konzepte (vgl. Tab 34: mono/ink, mono/ex, multi, inter) lassen sich bei den Befragten in dieser Form nicht wiederfinden. Die Faktorenanalyse (Tab. 35) ergibt nur zwei Orientierungsfiguren, die für die befragten Lehrpersonen real von Bedeutung sind, nämlich eine Position, von der sich die Mehrzahl eher distanziert, und eine andere, der sie zustimmen. Verhältnismässig viele der Items laden auf beiden Faktoren, beim einen stark positiv, beim anderen schwächer, aber doch erkennbar negativ.

Wie sind die beiden Vorstellungen zu fassen?
Wir beginnen mit der stärkeren der beiden Vorstellungen, von der sich die Befragten im Durchschnitt abgrenzen (m = 2.17). Dieses Konglomerat von Aussagen wird im Folgenden als statistischen Faktor mit «monoreligiös» bezeichnet.

Diese Orientierungsfigur besagt, dass die eigene Religion dem Menschen den einzigen Weg zur Erlösung zeigt und im Vergleich zu anderen Religionen das höchste Heil anbietet. Andere Religionen erfassen nur einen Teil der Wahrheit. Verschiedene Religionen sind gerade nicht gleich oder gleichwertig. Ein Dialog zwischen Religionen ist somit nutzlos und ist nicht für die Wahrheitsfindung geeignet. Abgelehnt wird die Vorstellung, Religionen seien gleichwertig.

Die positive Haltung, der die Befragten, wenn auch eher zurückhaltend, zustimmen (m = 3.12), drückt die Gegenposition zur oben beschriebenen Sicht einer Überlegenheit der eigenen Religion aus. Dieser Faktor wird im Folgenden (Tab. 31–45) mit «Pluralismus» bezeichnet. Der Weg zum echten Heil wird nur im Dialog der Religionen untereinander gefunden. Auch wahre Gotterkenntnis liesse sich nur auf diese Weise erreichen. Der interreligiöse Dialog ist Voraussetzung für die echte, befreiende Wahrheit. Diese tritt dort zutage, wo Menschen unterschiedlicher Religionszugehörigkeit miteinander das Gespräch suchen. Unterschiede zwischen Religionen sind Ausdruck des menschlichen Verlangens nach Gott und als nachrangig anzusehen. Alle Religionen sind daher auf dieselbe befreiende Wahrheit ausgerichtet. Jede Überlegenheit des eigenen religiösen Weges wird zurückgewiesen.

Einige statistisch signifikante Ergebnisse zu diesen beiden Orientierungsfiguren verdienen Erwähnung:

Bei der Orientierungsfigur «monoreligiös» zeigen sich keine Unterschiede nach Alter der Befragten (Tab. 36). Hingegen stimmen ältere Lehrpersonen (55 und älter) stärker einer Gleichwertigkeit der verschiedenen Religionen («Pluralismus») zu (m = 3.26). Bei den bis 45-Jährigen zeigt sich hingegen sogar eine leichte Ablehnung dieser Position (m = 2.87).

Hinsichtlich des Geschlechts der Befragten zeigen sich keine signifikanten Unterschiede, was monoreligiöse Exklusivitätsansprüche anbelangt (Tab. 37).

Während Männer hingegen das polyreligiöse Leitbild eher zurückweisen (m = 2.79), fühlen sich Frauen (m = 3.20) diesem Gedanken positiv verbunden.

Tab. 38 unterscheidet die Befragten danach, ob der Religionsunterricht im Schulhaus oder ausserhalb stattfindet. Wie schon im Hinblick auf kulturelle und religiöse Pluralität (Tab. 32 und 33) werden die beiden Orientierungsfiguren – in positiver Zustimmung wie in negativer Abgrenzung – energischer von jenen Lehrpersonen vertreten, die nicht im Schulhaus unterrichten. Der öffentliche Kontext der Schule schleift die Orientierungsfiguren offensichtlich ab und führt zu moderateren Leitbildern. Dasselbe Resultat bestätigen die Werte aus Tab. 45. Im schulischen Kontext fallen die Mittelwerte moderater aus; der Abstand zwischen m = 2.26 und m = 3.05 ist geringer als zwischen m = 1.90 und m = 3.32. Im gemeindlichen/pfarreilichen Kontext werden die Orientierungsfiguren demnach mit grösserem Nachdruck vertreten.

Nimmt man die konfessionelle Prägung des Kantons als unterscheidendes Merkmal (Tab. 40), zeigt sich, dass die Befragten in paritätischen Kantonen zurückhaltender auf religiöse Multikultururalität («Pluralismus») reagieren (m = 3.01) und sich Zustimmung und Ablehnung die Waage halten. Jedenfalls zeigen Befragte aus traditionell reformierten Kantonen eine signifikant deutlichere Zustimmung. Dabei ist interessant, das 92 der 124 Befragten (74,2 %) aus diesen Kantonen in unserer Stichprobe katholischer Konfession sind. In Kantonen mit katholischer Vergangenheit ist auch die Ablehnung einer monoreligiösen Einstellung besonders ausgeprägt (m = 1.89) (Tab. 41). Zumindest reagierten die Befragten aus den paritätischen Kantonen signifikant verhaltender (m = 2.31).

Hinsichtlich der beiden Konfessionen ist festzustellen (Tab. 43), dass unter katholischen Lehrpersonen die Bejahung bzw. Ablehnung der beiden Orientierungsfiguren markanter ausfällt als bei ihren reformierten Kollegen. Der Mittelwert des Faktors «monoreligiös» ist daher bei Katholiken niedriger (m = 1.85 gegenüber m = 2.55 bei reformierten Lehrpersonen), der Mittelwert des Faktors «Pluralismus» hingegen höher (m = 3.39 gegenüber 2.77 bei reformierten Lehrerinnen und Lehrern).

Unterscheidet man hinsichtlich des Status innerhalb der Religionsgemeinschaft, d. h. vergleicht man Ordinierte mit «Laien» i. S. von «Nichtordinierte» (Tab. 44), zeigt sich, dass «Laien» eher mit der Orientierungsfigur der gleichwertigen Religionen («Pluralismus») sympathisieren (m = 3.17), während Lehrpersonen, die zugleich ein kirchliches Amt innehaben (d. h. ein akademisches Theologiestudium absolvierten), dieser Position eher kritisch gegenüberstehen (m = 2.76). Die Abgrenzung von einem religiösen Wahrheitsprivileg («monoreligiös») wird von beiden Gruppen in der Stichprobe jedoch nicht so unterschiedlich gesehen, dass ein Unterschied in der Grundgesamtheit angenommen werden muss.

4.4 Diskussion

In der vorliegenden Untersuchung konnten die Befragten ihr persönliches Weltbild nicht mit eigenen Worten entfalten, sondern lediglich auf bewusst konzipierte Impulse («Reizwörter») reagieren. Ihr Zustimmungs- und Ablehnungsverhalten liess jedoch Rückschlüsse auf ihre Überzeugungen und ihr Verhältnis zum gesellschaftlichen Kontext zu, in dem sie als Religionslehrpersonen agieren.

Unsere Hypothese, dass die befragten Lehrpersonen Moderne und Religion in einem Spannungsverhältnis sehen und davon ausgehen, dass sich religiöse Vorstellungen gegenüber säkularen in der Defensive befinden, hat sich klar nicht bestätigt. Vielmehr halten die Befragten die gesellschaftliche Situation für die Präsenz von Religion förderlich. In der Ziebertz-Befragung von 1999 unter niederländischen und deutschen Seelsorgern wurde differenzierter gefragt, da zwischen «kirchlich-christlicher Religion» und «Religion allgemein» unterschieden wurde.[120] Die Antworten fielen dementsprechend nuancierter aus. «Die Wahrnehmung, dass der moderne Kontext positiv auf die Religion Einfluss nehme, wird von den Niederländern deutlich stärker geteilt als von den Deutschen; genauer: die Deutschen sind eher unentschieden, ob diese Position zutreffend ist. […] Dass die Moderne die von den Kirchen vertretene Religion begünstige, finden die Befragten nicht. Allerdings halten dies die Deutschen für noch unwahrscheinlicher als die Niederländer.»[121]

Was die Einstellung zur Pluralität betrifft, waren wir davon ausgegangen, dass die Lehrpersonen diese als ambivalent beurteilen würden. Auch diese Hypothese wurde nicht bestätigt. Religionslehrpersonen vertreten eine reflexionsfreundliche Religiosität und hängen in eindeutiger Mehrzahl nicht dem Ideal unkritischer Gefolgschaft an. Religion wird als Gegenstand persönlicher Beschäftigung und intellektueller Auseinandersetzung angesehen. Dieses Nachdenken, Hinterfragen und Selbstvergewissern bedeutet für die Befragten keine Schwächung religiöser Überzeugungen, sondern einen Gewinn. Dieses Ergebnis zeigte sich auch in der Befragung unter niederländischen und deutschen Seelsorgerinnen und Seelsorgern: «Der gesellschaftliche Pluralismus wird als eine positive Rahmenbedingung für das persönliche, gesellschaftliche und kirchliche Leben verstanden.»[122]

---

120 Vgl. *Ziebertz*, Religion 127.

121 Ebd. 135.

122 Ebd. 131.

Was die Stellung der eigenen Religion gegenüber anderen Religionen angeht, waren wir von einer Aufgeschlossenheit für Ökumene und interreligiösen Dialog ausgegangen. Diese Hypothese wurde bestätigt. Absolutheitsansprüche werden abgelehnt, die Notwendigkeit des Dialogs grossmehrheitlich bejaht.

Alle drei untersuchten Teilaspekte zum Thema Pluralität – Einschätzung der Chancen von Religion unter modernen Vorzeichen, Bedeutung von Anfragen anderer Lebens- und Glaubensentwürfe sowie Umgang mit Überlegenheitsansprüchen von Religionen – ergab, dass die Mehrzahl der Befragten unbesehen ihrer Konfession eindeutig einer modernefreundlichen Richtung zugehören. Religion wird damit für sie unter pluralistischen und relativierenden Vorzeichen keineswegs in Frage gestellt oder abgeschrieben. Es spricht allerdings einiges dafür, dass die Begeisterung für Pluralität nicht ganz so euphorisch ist, wenn sich die Befragten in einer heterogenen Umgebung bewegen (öffentliche Schule; paritätischer Kanton). Pluralitätserfahrungen machen realistischer.

Über die verschiedenen Frageblöcke dieses Kapitels hinweg wurde deutlich, dass die Vorstellungen, von denen sich die Lehrpersonen abgrenzen, für sie bestimmender sind («Anti-Modelle») als die Orientierungsfiguren, in denen sie ihr eigenes Denken formuliert finden. Die Zustimmung zu einer kritischen Aussage fällt ihnen leichter als zu einer, die einen positiven Inhalt formuliert. Die Chancenlosigkeit von Religion unter den Vorzeichen der Moderne wird entschieden zurückgewiesen; die belastenden Aspekte von Pluralität werden mehrheitlich verneint; die Überlegenheit der eigenen Religion wird von den wenigsten vertreten. Der kulturpessimistische und antimoderne Akzent dieser Gegenpositionen hilft offenbar, sich des eigenen Standpunkts bewusst zu werden.

Wir haben die Lehrpersonen nach ihren Orientierungsfiguren befragt. Ob ihre Auffassungen zutreffend sind, ist offen. Gerade die Frage, ob Religion in der Moderne eine wichtige Bedeutung hat, ob es eine Renaissance des Religiösen gibt oder ihr Niedergang unabwendbar ist und wie die Rolle der Kirchen und Religionsgemeinschaften sich diesbezüglich gestaltet, wird heftig diskutiert. Sowohl im deutschsprachigen als auch im angelsächsisch-amerikanischen Raum ist die Frage wissenschaftlich umstritten. Selbst wenn man eine grundsätzliche Skepsis hat gegenüber allen Versuchen, Wachstum und Schrumpfung der Religion mit mathematisch-statistischen Verfahren nachzuweisen, um institutionell ungebundene Religiosität in den Blick zu bekommen,[123] ist ein Blick auf entsprechende Untersuchungen doch hilfreich, die sich zum Ziel setzen, die Gültigkeit der beiden theoretischen Vorannahmen zu prüfen.[124] Betrachtet man die «Sonder-

123 Vgl. *Knoblauch/Schnettler*, Trägheit der Säkularisierung, insb. 13.

fall»-Studie 1989 und ihre erneute Durchführung (Replikation) 1999, stellt man in der Schweiz innerhalb eines Jahrzehnts einen klaren Rückgang institutioneller, d. h. kirchlich gestützter und die Kirchen stützender Religiosität fest. Bei genauerer Auswertung erfährt die klassische Säkularisierungstheorie eine gewisse Bestätigung. «Mehrere signifikante Effekte entsprechen den Voraussagen der Theorie; gleichwohl bleiben die Werte eher gering.»[125]

Sucht man hingegen Belege dafür, dass ein Wettbewerb der Weltanschauungen (ökonomische Regulationstheorie) Religiosität fördert, ist ernüchternd festzuhalten: «Weder Regulation noch Pluralität haben einen nennenswerten Einfluss auf Religiosität.»[126] Nun kann man den «Sonderfall»-Studien entgegenhalten, ihr Fokus habe (zu) sehr auf kirchlich-christlicher Religiosität gelegen. Auch mag eingewendet werden, dass die Auswertung differenzierter erfolgen könnte. Ungeachtet dessen können weder die Befürworter der einen Theorie noch jene der anderen die Fakten für sich vereinnahmen. Jüngste Versuche, die Situation in der Schweiz noch eingehender zu analysieren,[127] sprechen dafür, dass weder die eine noch die andere Theorie geeignet ist, die Situation der kirchlich-christlichen Religiosität in der Schweiz zu erklären. In globaler Perspektive zeigt sich, dass Rückgang und Wachstum von Religion gleichermassen Bestätigung finden.[128]

Während also der wissenschaftliche Richtungsstreit nicht entschieden ist, sind die Befragten unseres Samples in ihrer grossen Mehrheit Anhängerinnen und Anhänger einer positiven Modernitäts- und Pluralitätstheorie. Die Lehrpersonen zeigten sich in ihren Auffassungen erstaunlich homogen. Die statistische Überprüfung ergibt zwischen den Angehörigen der beiden grossen Konfessionen nur graduelle Unterschiede; Reformierte und Katholiken unserer Stichprobe unterscheiden sich nur unerheblich. Letztere lassen nichts mehr vom einstigen antimodernen Affekt erkennen.

Wie erklärt sich angesichts der unentschiedenen empirischen Ausgangslage die eindeutig positive Grundhaltung? Ist es Zweckoptimismus, um im schulischen Kontext zu bestehen? Würde eine resignative oder restaurative Grundhaltung ein Arbeiten mit Kindern und Heranwachsenden erschweren oder gar verunmöglichen? Der schulische Kontext ist jedenfalls ein Tätigkeitsfeld, der Pluralismus unvermeidlich macht.

---

124 Vgl. *Stolz J.*, Religion und Sozialstruktur.

125 Ebd. 86.

126 Ebd. 81.

127 Vgl. *Stolz J.*, Explaining.

128 Vgl. *Norris/Inglehart,* Sacred and Secular.

5 Werteorientierung und politische Haltung

Das Wertegefüge einer Gesellschaft hat ihr Bildungsverständnis seit jeher geprägt.[129] Dies trifft auch auf die Schweiz von heute zu. Grundwerte «müssen den Kindern und Jugendlichen in der Schule stufengerecht immer wieder begegnen und ihnen in ihrer Bedeutung nahe gebracht werden», fordert der Dachverband der Schweizer Lehrerinnen und Lehrer. «Es muss dabei gleichzeitig unmissverständlich deutlich gemacht werden, dass es sich bei diesen Werten um unverhandelbare ‹Tarife› des Lebens in unserer Gesellschaft handelt; dass diese Werte aber gleichzeitig untereinander in Konkurrenz stehen können, dass im konkreten Einzelfall eine Austarierung der verschiedenen Ansprüche unvermeidlich ist.»[130]

In der öffentlichen Diskussion im Allgemeinen und in der pädagogischen Diskussion im Besonderen ist die Diskussion um Werte hoch brisant. In einer kompliziert und unübersichtlich gewordenen Welt ertönt der Ruf nach verbindlichen Werten besonders laut, was sich in langen Listen von so genannten unverbrüchlichen Werten oder in Forderung nach der Rückkehr zu alten Werten («Disziplin») und Sekundärtugenden niederschlägt. Debatten rund um Werte werden entsprechend emotional geführt. Obwohl einzelne Werte in westlichen Demokratien eine sehr hohe Zustimmung erhalten, kann man heute kaum mehr von einem einheitlichen Wertekanon ausgehen.

Religionslehrerinnen und -lehrer sind von der Wertepluralität besonders betroffen, weil sie ein Fach unterrichten, das den Anspruch hat, einen zentralen Beitrag zur Werteerziehung zu leisten. Der deutsche Pädagoge Hartmut von Hentig forderte gar, dass Lehrenden die «Sache» Werte selber wichtig sein und ihre Person in der unterrichtlichen Auseinandersetzung mit Werten ins Spiel kommen müsse.[131] Er tut dies in der Erwartung, dass kein Unterricht wertfrei ist, sondern intentional oder unbewusst von den Werten der Lehrperson geprägt wird. Uns interessiert deshalb, welche Werte diesen Lehrpersonen selbst wichtig sind. Gibt es identifizierbare Wertemuster, die die von uns Befragten charakterisieren? Weil politische Diskussionen eng mit Wertefragen verbunden sind, wird auch nach politischen Haltung der Lehrerinnen und Lehrer gefragt.

---

129 Vgl. *Höhn E.*, Wandel.

130 Vgl. Die öffentliche Schule und die Religionen.

131 Vgl. *von Hentig,* Werte 76.

In der Diskussion um Werte ist zunächst eine Begriffsklärung notwendig. Danach werden Werte und Wertewandel in der Schweiz beschrieben. In diesen Kontext hinein werden die Ergebnisse unserer Untersuchung gestellt.

5.1 Werteorientierung und politische Haltung

Der Begriff des Wortes «Wert» stammt ursprünglich aus dem Wirtschaftsleben und bezeichnet den Preis, den man für eine Sache zahlt oder verlangt. Allerdings ist der Preis nicht eindimensional von einem Faktor wie etwa Material oder Funktion abhängig, sondern resultiert aus einer Vielzahl von Faktoren wie Status, Marke, Verwendungszusammenhang usw. Die Verobjektivierung des Wertes in einem Preis dient der Kommunikation in der Welt des Handels und des Güterverkehrs.

In der Philosophie ist der Begriff von «Wert» eine ideelle Konnotation. Geblieben ist, dass es sich um etwas handelt, das kostbar ist, das einen Preis hat.

Der Philosoph Peter Rinderle versteht einen Wert als Baustein im Hinblick auf ein gutes Leben, der deshalb eine Handlung moralisch rechtfertigt.[132] So kann «Freundschaft» ein wichtiger Baustein für ein gutes Leben sein, der zu bestimmten Handlungen motiviert, um eine Freundschaft zu pflegen. Weiterhin können Werte nach Rinderle ein Grund für bestimmte Wünsche und Gefühle sein oder bestimmten Charaktereigenschaften zugrunde liegen.[133] In diesem Sinn stellen Werte für Rinderle wichtige Orientierungspunkte dar. Gleichzeitig geht er davon aus, dass der einzelne in eine Situation geraten kann, in der verschiedene Werte miteinander in Konflikt geraten können, so dass eine Beurteilung und Entscheidung nötig wird. Werte werden immer wieder neu von Individuen oder einer Gruppen erzeugt.[134] Deshalb muss nach Rinderle von einem Wertepluralismus ausgegangen werden, auch wenn bestimmte Werte zu universaler Geltung kommen können.[135]

Die Theologie entwickelte auf der Basis und in der Auseinandersetzung mit der antiken Philosophie eine christliche Ethik. Ziel und Sinn des christlichen Lebens lassen sich darin in objektiven Gütern ausdrücken, an denen jegliches Handeln auszurichten sei. Güter sind dabei zu verstehen als das Gute, das um seiner selbst willen angestrebt wird. Daraus entstand eine naturrechtlich begründete, objektive Hierarchie der Güter, an deren Spitze das Heilige oder Gott selbst stand.

132 Vgl. *Rinderle*, Werte im Widerstreit 17.
133 Vgl. ebd. 19.
134 Vgl. ebd. 20–28.
135 Vgl. ebd. 28–32.

Im Zuge der Aufklärung wurde dagegen die Autonomie des Subjektes, das durch seine Vernunft zu Erkenntnis und zu sittlichem Handeln fähig ist, «entdeckt». Als Konsequenz daraus ergibt sich, dass keine objektiven Werte existieren. Dieser Subjektivismus, der die Souveränität Gottes in Frage stellt, machte es schwierig, den Begriff des Wertes in die theologische Ethik zu integrieren. Als Reaktion auf den Formalismus und Relativismus der Vernunftethik sprachen sich Max Scheler und Nicolai Hartmann für eine materiale Wertethik aus, die den Gehalt eines Wertes unabhängig vom Subjekt bestimmt. Der Sollensanspruch eines Wertes ergibt sich aus der Einsicht in diesen Wert; diese aber muss das Subjekt erst erlangen. Die Konsequenz daraus wäre allerdings, dass es keine Wertungsdifferenzen geben könnte. Dieser Ansatz hat sich jedoch nicht durchgesetzt.

In die evangelische Theologie fand der Wertebegriff keinen Eingang, da er als subjektive Grösse mit der Lehre von der Rechtfertigung des Sünders allein durch Glauben unvereinbar ist.[136] Katholischerseits gelangte die Subjektivität von Werten in die Kritik, weil sie die Autorität des kirchlichen Lehramtes zu untergraben droht.[137]

Demgegenüber hat die Sozialpsychologie die subjektive Konstitution von Werten längst anerkannt. Sie befindet weniger über die vermeintlich objektive Qualität von Werten, sondern fragt danach, welche Motive für die Menschen handlungsleitend sind. Werte sind «individuelle Präferenzen, nach denen Menschen in einem übergreifenden Lebenskontext ihre Wahrnehmungen und ihr Handeln ausrichten»[138]. Dabei sind Werte nicht ausschliesslich rationalistisch motiviert. Bei individuellen Präferenzen, die zu Handlungen motivieren, spielen Emotionen eine mindestens ebenso grosse Rolle wie das vernünftige Abwägen von Gründen. Auch müssen Werte ihren Trägern nicht bewusst sein. Vielen Handlungen liegen unbewusste Werthaltungen zu Grunde, die erst in der nachträglichen Reflexion ins Bewusstsein gehoben werden. Schliesslich betont die Sozialpsychologie noch den kollektiven Bezug individueller Präferenzen. Werthaltungen entstehen nicht im luftleeren Raum, sondern entwickeln sich in einem kulturellen Umfeld, das bereits selbst konkrete Wertepositionen beinhaltet.

Werte und Wertewandel in der Schweiz

Wie lässt sich nun dieses kulturelle Umfeld individueller Werthaltungen beschreiben? Der Politologe Ronald Inglehart beobachtet eine «stille Revolution», die von

136 Vgl. *Werner*, Wert der Werte.

137 Vgl. *Böckle*, Fundamentalmoral.

138 *Klages/Gensicke*, Wertesynthese 333.

materialistischen Werten hin zu postmaterialistischen führt.[139] Seiner Theorie nach nehmen postmaterialistische Werte zu, wenn der Wohlstand in einer Gesellschaft wächst. Ist das Wohlstandsniveau dagegen gering, dominieren materialistische Werte.

Seine Begrifflichkeit unterscheidet sich dabei vom Alltagsverständnis. Er versteht unter materialistischen Werten z. B. das Interesse an der Aufrechterhaltung der nationalen Ordnung, an einer stabilen Wirtschaft, an der Sicherung der Verteidigung. Für Inglehart gehören auch religiöse Werte zum materiellen Spektrum, weil sie für eine Ordnung stehen, die gegebene Zustände stabilisiert und die Frage nach der Gerechtigkeit ans Jenseits delegiert. Die materialistischen Werte im Verständnis Ingleharts sind gemeinschafts- und ordnungsbezogen und stehen im Gegensatz zu einem individualisierten Werteverständnis. Katholisches Naturrechtsdenken ist in diesem Sinne ein Beispiel von materialistischen Werten.

Als postmaterialistische Werte gelten z. B. das Mitspracherecht und freie Meinungsäusserung. Neue politische Bewegungen, die sich etwa für Frieden oder Umweltschutz einsetzen, kennzeichnen nach Inglehart deshalb postmaterialistisch eingestellte Gesellschaften.

Die 1991 erschienene Wertestudie von Melich über die Schweizer Bevölkerung bestätigt den Wertewandel, wie er von Inglehart beschrieben wird: Die Autoren stellen ebenfalls einen Wandel von materiellen Werten im oben beschriebenen Sinn hin zu Werten der Selbstverwirklichung und des privaten Glücks fest.[140] Familie und Freundeskreis werden als wichtiger angesehen als Arbeit und Freizeit. Religion und Politik, klassische Repräsentanten materialistischer Wertemuster, werden von einer Mehrheit als nicht besonders wichtig bezeichnet.[141] Die wichtigsten Werte, die die Befragten ihren Kindern mitgeben wollen, sind Verantwortungsbewusstsein und Toleranz, wobei «Links» wählenden Personen Toleranz, «Rechts» wählenden Personen Verantwortungsbewusstsein wichtiger ist. Beide Optionen stellen klassische postmaterialistische Präferenzen dar. Die nach wie vor hohe Akzeptanz von traditionellen Familienmodellen wird auch in neueren Studien bestätigt.[142]

Fragte man nach den wichtigsten Merkmalen eines idealen Arbeitsplatzes, so wurden eine zufriedenstellende – also nicht zu hohe, dafür flexible – Arbeitszeit sowie Stressfreiheit genannt.[143] Ein guter Lohn oder das Gefühl zu haben, etwas leisten zu können, lagen längst nicht so hoch im Kurs. Schliesslich fühlten sich trotz starker Familienorientierung zwei Drittel der Befragten frei, ihr Leben eigen-

139 Vgl. *Inglehart*, Silent Revolution.

140 Vgl. *Melich*, Werte der Schweizer.

141 Vgl. ebd. 50 f.

142 Vgl. *SPI,* Lebenswerte.

143 Vgl. *Melich*, Werte der Schweizer 93.

ständig zu gestalten.[144] Diese Eigenständigkeit bedeutet nicht Verweigerung von verbindlicher Beziehung, sondern freie Entscheidung für Beziehung und ihre eigenständige Gestaltung. Diese Ergebnisse entsprechen den Prognosen Ingleharts für Länder, in denen Wohlstand herrscht.

Den Trend von einer materialistischen zu einer postmaterialistischen Orientierung belegt die Melich-Studie auch für den Bereich der Religion. 1991 glaubten nur 24 % der Befragten an einen persönlichen Gott. 64 % gingen von einer überirdischen geistigen Macht aus, 12 % glaubten weder an das eine noch an das andere. Katholiken glauben häufiger an einen persönlichen Gott als Reformierte (33 %:16 %), und dafür weniger an eine höhere Macht (58 %:70 %). Auch ist bei ihnen die Agnostikerrate niedriger (9 %:14 %).[145] Mehr als die Hälfte der Befragten erklärte, dass Gott in ihrem Leben einen wichtigen oder sehr wichtigen Platz einnimmt. Ein Viertel erachtete dies als nicht wichtig, ein weiteres Viertel nimmt eine Mittelposition ein.[146] Auch hier zeigen sich konfessionelle Unterschiede: Katholiken scheinen mehr ihrer eigenen Konfession näher zu stehen als Reformierte. Allerdings wird die etwas holzschnittartige Einteilung der Melich-Studie in Gläubige und Nichtgläubige der komplexen religiösen Landschaft nicht mehr gerecht. Neuere Untersuchungen vermitteln ein differenzierteres Bild.[147] Darin zeigt sich, dass die Schweizer Bevölkerung in religiösen Belangen hoch individualisiert ist. Die Plastizität der religiösen Orientierungen nimmt zu, religiöse Exklusivität dagegen ab. Formen der Religiosität, die Elemente anderer Religionen einbeziehen, steigen merklich an.[148] Auch diese Ergebnisse bestätigen Ingleharts These: In einer materialistischen Werteordnung ist Religion vor allem durch Institutionen und Gemeinschaft institutionelle Vorgaben bestimmt, in der postmaterialistischen herrscht Individualisierung und Pluralität.

Einzig die starke Zustimmung zum Patriotismus, wie sie in der Melich-Studie festgestellt wurde, widerspricht Ingleharts These. Über 80 % der Befragten gaben an, stolz auf ihren schweizerischen Pass zu sein. Als Gründe dafür wurden am häufigsten die Neutralität, Eigenständigkeit/Unabhängigkeit, die Bürgerrechte und das Zusammenleben verschiedener Sprachgruppen genannt. Personen aus dem politisch linken Spektrum und Personen ohne Religionszugehörigkeit empfanden weniger Nationalstolz.[149] 2007 ist die Zustimmung zu patriotischen Wer-

144 Vgl. ebd. 143.

145 Vgl. ebd. 172–174.

146 Vgl. ebd. 174–179.

147 Vgl. *Dubach/Campiche*, Sonderfall; *Campiche*, Zwei Gesichter; *Dubach/Fuchs*, Modell von Religion.

148 Vgl. *Campiche*, Zwei Gesichter 98.

149 Vgl. *Melich*, Werte der Schweizer 15–17.

ten sogar auf 86 % gestiegen.[150] Besonders ausgeprägt ist der Trend bei Personen mit hohen Einkommen, was nahelegt, dass der wirtschaftliche Erfolg offenbar bedeutsam ist. Dieser Befund widerspricht Ingleharts Ansatz, weil gemäss der These von der «stillen Revolution» mit wirtschaftlicher Prosperität ein materialistischer Wert wie Patriotismus zurückgehen müsste.

Eine aktuelle Studie bei Zwanzigjährigen wiederum lässt sich gut in Ingleharts Theorie einbinden.[151] Bei der Frage nach den Lebenszielen rangieren eine erfüllte Partnerschaft, Lebensgenuss, ein guter Bekanntenkreis, ein erfüllender Beruf und Harmonie über der 50 %-Marke.[152] Alle diese Präferenzen stammen aus dem postmaterialistischen Spektrum. Politisches Engagement und ein fester Glaube, Facetten des materialistischen Spektrums, stehen dagegen nicht hoch im Kurs. Prosozial Eingestellte sind dann auch am häufigsten unter denen zu finden, die sich als religiös bezeichnen. Ferner beobachten die Autoren einen starken Hang zum Pragmatismus: Junge Erwachsene beschäftigen sich mit dem, was ihnen nützlich ist. Eine derartige Orientierung steht aber einer postmaterialistischen Haltung näher als einer materialistischen. Und bei der Frage, welche Werte sie an die nächste Generation weitergeben würden, lässt sich beobachten, das materialistische Pflicht- und Akzeptanzwerte wenig Zustimmung erfahren.[153] Wichtiger sind den jungen Erwachsenen Verantwortungsbewusstsein, Hilfsbereitschaft, Toleranz, Selbstständigkeit und eigene Ideen verwirklichen zu können. Erstaunlicherweise hat der Sinn für Umweltschutz deutlich eingebüsst.

Dem Gros der Schweizer Bevölkerung liegen familiäre und Beziehungswerte sowie Selbstverwirklichungswerte besonders am Herzen. Viele ziehen sich dagegen aus dem öffentlichen Engagement zurück oder setzen sich nur punktuell für Gesellschaftsfragen ein. Institutionelle Religion spielt eher eine untergeordnete Rolle. Allerdings haben viele Menschen stark individualisierte religiöse Überzeugungen.

Werte bei Religionslehrpersonen und (angehenden) Lehrpersonen

Mägdefrau befragte 2008 ca. 500 Lehramtsstudierende sowie Studierende des Maschinenbaus und der Betriebswirtschaft an der Universität in Paderborn, einer Region, die stark christlich-konservativ geprägt ist.[154] Es zeigte sich, dass sich die Studierenden in der Frage von Lebensgenuss und Freizeitorientierung nicht wesentlich voneinander unterscheiden.[155] Grosse Unterschiede ergaben sich hin-

---

150 Vgl. *Longchamp*, Nationalstolz 5–11.
151 Vgl. *Bertossa/Haltiner/Meyer*, Werte 70–93.
152 Vgl. ebd. 93–118.
153 Vgl. ebd. 175–180.
154 Vgl. *Mägdefrau*, Werte.
155 Vgl. ebd. 40.

gegen, wenn sie sich zwischen Gleichheit und Freiheit entscheiden mussten.[156] Nur rund ein Drittel der angehenden Lehrpersonen geben der Gleichheit den Vorzug, mehr als im Maschinenbau (13,9 %) und in der Betriebswirtschaft (20,4 %). In allen Studienrichtungen stimmen mehr Frauen der Priorität von Gleichheit zu als Männer. Der Geschlechterunterschied ist bei den Lehramtsstudierenden am kleinsten. Unabhängig von ihrem Geschlecht fühlen sich angehende Lehrpersonen dem Wert der Gleichheit stärker verpflichtet als die Studierenden der beiden anderen Studienrichtungen. Sie sind es auch, die mit ihren Eltern beim Thema Religion am stärksten übereinstimmen, wobei insgesamt eine recht hohe Kontinuität der Werte zwischen den Generationen zu beobachten ist.[157] Gefragt, welche Werte das Elternhaus den Kindern mitgeben sollte, befürworten alle Höflichkeit, Durchsetzungsvermögen, Gewissenhaftigkeit und Lernfreudigkeit am häufigsten.[158] Den angehenden Lehrpersonen scheinen Höflichkeit und gutes Benehmen besonders wichtig (95 %), Lernfreudigkeit weit weniger (über 75 %). In Inglehart'scher Terminologie ausgedrückt, sind es im Vergleich zu ihren Mitstudierenden die angehenden Lehrpersonen, die materialistische Orientierungen am stärksten befürworten.

Aufschlussreich ist auch die Zugehörigkeit zu bestimmten Wertemustern. Die Paderborner Studie hat dazu 24 vorgegebene Werte von den Befragten beurteilen lassen.[159] Eine Faktorenanalyse ergab vier Wertemuster: a) Der individualistische Materialist, dem Durchsetzungsvermögen, Lebensgenuss, ein hoher Lebensstandard, zahlreiche Kontakte sowie Macht und Einfluss am meisten bedeuten; b) der tolerante, umweltbewusste, hilfsbereite, gefühlsbewusste Typ, der eigenverantwortlich sein Leben verwirklichen will; c) der Traditionalist, der für Konformität, Gesetz und Ordnung sowie Sicherheit steht; d) der Privatier, der sich in den Raum von Familie, Freunden und Partnerschaft zurückzieht und öffentliches Engagement nicht für wichtig erachtet. Unter den Lehramtsstudierenden ist der soziale Typ b am häufigsten vertreten, bei den Betriebswirtschafts- und Maschinenbaustudierenden ist es der individualistische Materialist, Typ a. Diese Typen existieren nicht in Reinform, sondern setzen sich aus den einzelnen zusammen. Bei den angehenden Lehrpersonen werden die Werte des sozialen Typs oft mit denen des privaten Typs kombiniert. Beziehungswerte wie Familie, Freundschaft, Partnerschaft werden von ihnen oft mit sozialen Werten wie Hilfsbereitschaft, Toleranz und Umweltbewusstsein kombiniert, noch häufiger bei Lehrerinnen als bei Lehrern. Oft findet sich jedoch auch eine Kombination des sozialen Typs mit

156 Vgl. ebd. 41–42.
157 Vgl. ebd. 43–44.
158 Vgl. ebd. 44–46.
159 Vgl. ebd. 45–51.

dem individualistisch-materiellen Typ, hier noch häufiger bei den Männern. Es zeigt sich also, dass angehende Lehrpersonen durchaus für eine relative Wertekonstanz stehen, jedoch verschiedene Wertemuster kombinieren und sehr oft sozial eingestellt sind. Der traditionelle Typ, der eindeutig für eine materialistische Prägung im Sinne Ingleharts steht, bietet für die meisten Befragten keinen attraktiven Anknüpfungspunkt.

Die im Rahmen des deutschen TRES-Projekts untersuchten Religionslehrerinnen und -lehrer befürworten am stärksten eine solidarische Grundhaltung und persönliche Freiheit.[160] 98 % geben an, ihnen sei es wichtig oder sehr wichtig, mit anderen zu teilen und bereit zu sein, etwas von sich selbst abzugeben. Gleichzeitig ist es 94 % der Befragten wichtig, in ihrem Denken und Handeln unabhängig zu sein. Schon mit etwas Abstand folgen Werte, die einen starken Glauben (68 % Zustimmung) und eine glückliche Partnerschaft (60 % Zustimmung) beinhalten. Wenn es um beruflichen Erfolgt geht, halten sich Zustimmung und Ablehnung die Waage. Patriotische und hedonistische Werte spielen für die Befragten dagegen kaum eine Rolle. Auch hier zeigt sich eine Vermischung von materialistischen und postmaterialistischen Werten nach Inglehart. So gehören hedonistische Werte zum postmaterialistischen Spektrum.

Damit ist eine generelle Frage aufgeworfen: Obwohl viele Indizien dafür sprechen, dass Ingleharts Annahme einer Verschiebung individueller Präferenzen von materialistischen hin zu postmaterialistischen Werten auch in der Schweiz gültig ist, gibt es doch einige Befunde, die sich nicht in diese These einordnen lassen. Zusätzlich stellen Lehrpersonen, die Religion unterrichten, eine besondere Gruppe dar, denn sie stehen im Dienst einer Institution, die nach Inglehart als Hort materialistischer Werte gilt. Auf der Grundlage der vorliegenden Befunde können wir annehmen, dass die von uns Befragten in einem Umfeld leben, das weitgehend postmaterialistische Werte schätzt. Einzig die relativ grosse Bedeutung einer patriotischen Haltung (nach der Studie von Melich) steht diesem Befund entgegen.

Politische Orientierung in der Schweiz und das Verhältnis zur Europäischen Union

Bisher wurden Werte als Handlungsgrund einzelner Menschen diskutiert. Es wurde aber bereits im sozialpsychologischen Ansatz deutlich, dass individuelle Präferenzen in der Auseinandersetzung mit dem sozialen Umfeld entstehen. Eine klassische Arena, in der Werte kollektiv verhandelt werden, ist die Politik. Politische Parteien repräsentieren in der Regel bestimmte Werthaltungen. So vertreten normalerweise Parteien aus dem konservativen Spektrum materialistische Werte stärker als Parteien aus dem liberalen und sozialen Spektrum. Weiterhin kann

160 Vgl. *Riegel/Ziebertz*, Mediating the Disparity.

davon ausgegangen werden, dass sich die Wählerinnen und Wähler dieser Parteien im Grossen und Ganzen mit diesen Wertepräferenzen identifizieren. Die Melich-Studie von 1991 zeigt eine Korrelation zwischen politischer Orientierung und Wertestruktur. So erklärten 58 % der extrem links Wählenden Gleichheit für ein wichtigeres Prinzip als Freiheit (37 %). Rechts Wählende setzen Freiheit (60 %) dagegen vor Gleichheit (27 %).[161]

Eine verlässliche Charakterisierung der politischen Landschaft in der Schweiz lassen die VOX-Trendanalysen des GfS-Forschungsinstituts in Bern zu. Demnach zählt sich heute ein Drittel der Bevölkerung zur politischen Mitte, 26 % zum rechten Politspektrum, 27 % zum linken.[162] Die Identifikation mit einer Partei ist seit dem Milleniumswechsel deutlich gestiegen, obwohl sich nach wie vor ein Viertel mit keiner Partei identifizieren kann.[163] Zum Zeitpunkt der letzten Parlamentswahlen 2007 war dies sogar ein Drittel. Die SVP erhielt 29 % der Stimmen, die FDP 15,6 %, die CVP 14,6 %, die SP 19,5 %, die Grünen 9,6 %. Die Wahlergebnisse und die durch Repräsentativumfrage erhobene Zugehörigkeit entsprechen sich.

Inwieweit sich diese Verteilung auch unter den von uns Befragten widerspiegelt, kann nicht verlässlich prognostiziert werden. Lehrpersonen gelten als eher dem linken politischen Spektrum und damit einer eher postmaterialistischen Werteorientierung zugehörig. Allerdings finden sich auch unter Lehrerinnen und Lehrern solche, die materialistische Tugenden wie Sorgfalt, Pünktlichkeit oder Zuverlässigkeit an die nächste Generation weitergeben wollen.

1992 wurde ein Beitritt zum damaligen Europäischen Wirtschaftsraum in einer Volksabstimmung abgelehnt, obwohl sich Regierung, Parlament und fast alle Parteien dafür ausgesprochen hatten. Seither ist eine Mitgliedschaft zur Europäischen Union in weite Ferne gerückt. Die Beziehungen zur Europäischen Union werden inzwischen durch die umfangreichen bilateralen Abkommen von 1999 und 2004 geregelt. Im Jahr 2005 äusserten sich die Stimmberechtigten positiv sowohl zum Abkommen von Schengen und Dublin wie auch zur Erweiterung der Personenfreizügigkeit. Die Schweiz gehört deshalb zum Schengen-Raum, der den freien Personenverkehr in bislang 27 EU-Staaten gewährleistet. Was denken die Schweizerinnen und Schweizer heute zu ihrem Verhältnis zur EU? Seit 1989 führt das GfS-Forschungsinstitut regelmässig Befragungen dazu durch, seit 1993 erscheint halbjährlich das «Europa-Barometer Schweiz»[164]. Der Bericht von 2005 hält fest, dass ein Beitritt zu Europäischen Union unverändert unpopulär ist.

161 Vgl. *Melich*, Werte der Schweizer 11.

162 Vgl. www.polittrends.ch/vox-trend/linksrechtseinschaetzung.php (28.11.2008).

163 Vgl. www.polittrends.ch/vox-trend/parteibindung.php (28.11.2008).

164 www.polittrends.ch (28.11.2008).

54 % hätten demnach gegen den Beitritt, nur 37 % dafür gestimmt.[165] Die Stimmberechtigten wünschen, dass der bilaterale Weg weitergeführt wird, oder dass bei einem Vollbeitritt fallweise entschieden werden kann.[166] Offenbar fürchtet die Schweizer Bevölkerung, dass ihre demokratischen Mitbestimmungsrechte mit einem Beitritt zur Europäischen Union beschnitten würden. Europa stellt nur einen marginalen Identifikationsraum dar, wie das GfS-Forschungsinstitut festhält.[167] Dies scheint in Anbetracht der starken Identifikation mit dem Land und dem erwachten «Sonderfallstolz»[168] schlüssig zu sein. Die Haltung der von uns Befragten zur EU dürfte ambivalent ausfallen, da das Thema die momentane politische Agenda – mit Ausnahme der Personenfreizügigkeit – nicht dominiert. Es kann somit nicht prognostiziert werden, inwieweit die individuelle Werthaltung mit der Haltung gegenüber Europa zusammenhängt.

5.2 Empirische Ergebnisse zur Werteorientierung

Um herausfinden, was den befragten Religionslehrpersonen in ihrem Leben wichtig ist und wonach sie streben, haben wir unserer Studie ein mehrdimensionales Wertekonstrukt zugrunde gelegt. Wir gehen davon aus, dass Menschen in einer pluralen Gesellschaft unterschiedliche, ja, sogar widersprüchliche Werte als wichtig erachten. Das legen aktuelle Wertestudien nahe.[169] Demzufolge gilt in einer modernen Gesellschaft nicht mehr «entweder-oder» in der Berücksichtigung von Werten, sondern «sowohl-als auch». In unserer Befragung boten wir den Religionslehrerinnen und -lehrern ein breites Wertespektrum an. Es handelt sich um die Konzepte «Familie», «Beruf», «Autonomie», «Hedonismus», «Patriotismus», «Selbstdisziplin», «Solidarität» und «Spiritualität», die in 40 einzelnen Items operationalisiert werden (Tab. 46).

Zur Bedeutung einzelner Werte (Tab. 46)

Der Wert, der den Befragten am wichtigsten ist, hat einen Mittelwert von 4.73; der Wert mit der geringsten Bedeutung einen von 1.65. Die Zustimmung zu einzelnen Werten unterscheidet sich also deutlich. Die höchste Zustimmung findet das Item «an Gott zu glauben» mit über 95 %, die geringste «die eigenen Nationalmannschaften bei Wettkämpfen zu unterstützen» mit weniger als 6 %.

165 Vgl. *Longchamp,* Zukunft 4.
166 Vgl. ebd. 5.
167 Vgl. *Longchamp,* Nationalstolz 4.
168 Vgl. ebd. 22–26.
169 Vgl. *Hillmann,* Wertewandelforschung; *Fritzsche,* Orientierungsmuster; *Ziebertz u. a.,* Signaturen.

Bei den sieben Werten, denen am stärksten zugestimmt (mind. 90 %) wird, ergibt sich Folgendes: Den Befragten ist es sehr wichtig, an Gott zu glauben (m = 4.73), jeden so zu akzeptieren, wie sie bzw. er ist (m = 4.64), mit anderen zu teilen und sich für andere einzusetzen (m = 4.58), die eigene Meinung zu vertreten (m = 4.56), unabhängig und eigenständig zu denken (m = 4.48), den Mut zu haben, «nein» zu sagen (m = 4.48), sowie sich für eine gerechtere Gesellschaft einzusetzen (m = 4.43). Höchstens 2,5 % der Lehrpersonen finden die genannten Werte weniger oder gar nicht wichtig. Damit finden Werte, die den theoretischen Konzepten «Spiritualität», «Solidarität» und «Autonomie» angehören, eine starke Zustimmung. Angesichts des Berufs der Befragten liegt die Bedeutung von Werten nahe, die einen spirituellen oder solidarischen Charakter tragen. Erstaunlich ist, dass auch Werte aus dem Autonomiespektrum eine so hohe Bedeutung für die konfessionellen Lehrpersonen haben.

Dieser Befund wird bestätigt, wenn man die restlichen Werte betrachtet, die ebenfalls eine sehr grosse Bedeutung für die Befragten haben. Die Lehrpersonen wollen sich von etwas gestützt fühlen, das nicht von dieser Welt ist (m = 4.31), sich für die Gesellschaft einsetzen (m = 4.24), einen starken Glauben haben (m = 4.16), stets bereit sein, anderen zu helfen (m = 4.00), andere mit Geld und Zeit unterstützten (m = 3.89), in Verbindung mit einer höheren Macht stehen (m = 3.88) und ein spirituelles Leben führen (m = 3.81). Alle drei Konzepte sind wiederum vertreten. Alle fünf Items, die «Spiritualität» beschreiben, finden sich im Bereich mit sehr starker Bedeutung, ebenso fünf der sieben Items des Konzepts «Solidarität», ferner vier der sechs Items, die Autonomie repräsentieren.

Einzige Ausnahme ist der Wert «das eigene Leben unter Kontrolle zu haben», den 68,5 % der Befragten für wichtig erachten, und lediglich 5,8 % für nicht wichtig. Es repräsentiert das theoretische Konzept «Disziplin». Weitere zwei Werte aus diesem Konzept folgen unmittelbar darauf, auch wenn sie dem Bereich mit mässiger Bedeutung zugerechnet werden; nämlich sich selbst zu beherrschen (m = 3.74) und fähig zu sein, sich einzuordnen (m = 3.71). Sie werden von mindestens 65 % der Lehrpersonen als wichtig erachtet und von weniger als 11 % für nicht wichtig. Beide Werte liegen am oberen Rand des Bereichs mit mässiger Bedeutung. Damit spielt auch der Wertebereich der Disziplin und Selbstbeherrschung eine relativ grosse Rolle für die Befragten, trotz der sehr hohen Zustimmung zu den Werten der Autonomie.

Die restlichen drei Werteoptionen, die ebenfalls dem Bereich mit gemässigter Bedeutung zugehören, stehen für das familiale Konzept. Über 63 % der Religionslehrerinnen und -lehrer ist es wichtig, ein gutes Verhältnis zu ihren Eltern zu haben und in einer guten Partnerschaft zu leben. Über etwas mehr als die Hälfte der Befragten (51 %) schätzt es, in einem gemütlichen Heim zu leben. Geht man ins Detail, spiegeln diese drei Werte die individuelle Seite des familialen Konzepts wieder. Es geht um das persönliche Glück, das ein Mensch im guten Verhältnis zu den Eltern und zum Partner oder der Partnerin und in einem gemütlichen Zuhause findet. Den beiden Werteoptionen, die den Einsatz für andere in der Familie beinhalten, wird von den befragten Lehrerinnen und Lehrern eine geringere Bedeutung zugeschrieben. Doch dazu später.

Im Bereich von Tabelle 46, der für ein ambivalentes Verhältnis gegenüber den vorgeschlagenen Werteoptionen steht, finden sich 6 Items; jeweils 2 aus den theoretischen Konzepten «Patriotismus» und «Beruf» und jeweils eines aus den Konzepten «Familie» und «Disziplin». Die Befragten sind sich nicht sicher, ob es ihnen wichtig ist, Vertrauen in die Heimat zu haben (m = 3.10) und die heimische Wirtschaft gegenüber der globalen Konkurrenz zu unterstützten (m = 3.09): Beide Werte finden mehr Zustimmung (40,5 % und 39,9 %) als Ablehnung (28,4 % und 28,8 %), kommen aber auch auf einen nennenswerten Anteil von unentschiedenen Befragten (31,1 % und 31,3 %). Ähnliches gilt für die Items «Zeit mit der Verwandtschaft zu verbringen» und «erfolgreich im Beruf zu sein». Bei den Werten «sich einer vorgegebenen Ordnung anzupassen» und «einen Beruf zu haben, in dem ich unabhängig bin» ist die Ablehnung durch die Befragten sogar grösser als die Zustimmung (32,1 %:29,3 % und 39,6 %:32,5 %). Auch hier ist ein wesentlicher Teil der Befragten unentschieden (38,0 % resp. 27,9 %). Zustimmung und Ablehnung halten sich in etwa die Waage, wobei ein ausgeprägtes Mittelfeld bei dieser Einschätzung dieser 6 Werte unsicher ist.

Am Schluss der Skala stehen die fünf Werte, die für die Befragten nur geringe Bedeutung haben. Den Religionslehrerinnen und -lehrern ist weniger wichtig, einen Beruf zu haben, der Anerkennung bei den Menschen findet (m = 2.52), einen sicheren Beruf zu haben (m = 2.43), Kinder zu haben (m = 2.36), stolz auf die eigene Nation zu sein (m = 2.29) und gut auszusehen (m = 2.20). Alle diese Werte finden die Zustimmung von höchstens 23 % der Befragten, werden aber von mindestens 48 % ausdrücklich abgelehnt. Ein bestimmtes theoretisches Konzept dominiert diesen Bereich nicht. Allerdings fällt auf, dass der familiale Wert «Kinder zu haben» nur von 22,5 % der Befragten als wichtig oder sehr wichtig eingestuft wird. Zusammen mit dem Item «Zeit mit der Verwandtschaft zu verbringen», das ambivalent eingestuft wurde, repräsentiert er die soziale Komponente des Konzepts «Familie». Dies überrascht, da die Wertschätzung der Familie zu den von der Kirche traditionell vertretenen Werten gehört.

Überhaupt keine Zustimmung finden Werte, die aus dem theoretischen Konzept «Hedonismus» stammen. Mit einer Ausnahme: Offenbar legen mehr Befragte als erwartet wert darauf, gut auszusehen (15 %). Es ist ihnen jedoch nicht wichtig, modisch gekleidet zu sein (m = 2.16), stets auf den neuesten technologischen Stand zu sein (m = 2.14), viel Spass zu haben und an vielen aussergewöhnlichen Events teil zu nehmen (m = 2.07), sowie viel Geld zu verdienen (m = 1.67).

Dieses Ergebnis war zu erwarten. Ebenfalls ohne Bedeutung sind die patriotischen Werte «die Nationalhymne zu kennen» (m = 1.85) und «die eigenen Nationalmannschaften bei Wettkämpfen zu unterstützen» (m = 1.65). Auch ein Beruf mit guten Aufstiegschancen ist für Religionslehrpersonen nicht prioritär (m = 1.81). Alle diese Werte werden von höchstens 13 % der Befragten für wichtig erachtet; mindestens 63 % halten sie aber für nicht wichtig oder überhaupt nicht wichtig.

Bemerkenswerterweise wird zwei Werteoptionen aus dem Autonomiekonzept ebenfalls kaum zugestimmt. 63,3 % der befragten Religionslehrerinnen und -lehrern ist es überhaupt nicht wichtig, tun und lassen zu können, was sie wollen; 71,6 % legen keinen Wert darauf, frei von Verpflichtungen zu sein. Das ist insofern auffällig, da alle anderen Items aus diesem theoretischen Konzept eine grosse Bedeutung für die Religionslehrpersonen haben. Geht man ins Detail, stehen die beiden zuletzt genannten Items für die Freiheit von sozialen Bindungen und Schranken. Sie lehnen diejenigen Werte aus dem Autonomiekonzept ab, die einer Haltung von Solidarität widersprechen.

Faktorenanalyse: Kohärente Muster in der Werteorientierung[170]

Die Faktorenanalyse zu den Werteorientierungen der befragten Religionslehrerinnen und -lehrer ergibt sechs unterscheidbare empirische Orientierungsfiguren (Tab. 47). Vier dieser Faktoren sind hinreichend reliabel (Alpha > .63) und werden aus mindestens 4 Items gebildet. Die beiden anderen Faktoren weisen ein Alpha von .58 bzw. .59 auf und bestehen aus nur 2 Items. Beide Kennwerte liegen knapp unter den von uns formulierten Grenzwerten. Wir haben sie dennoch für die Analyse beibehalten, weil sie Wertedimensionen repräsentieren, die bezüglich Religion bemerkenswerte Erkenntnisse erwarten lassen; ferner sind ihre Kennwerte für explorative Untersuchungsdesigns noch tolerabel. Im Folgenden beschreiben wir die sechs empirischen Dimensionen der Werteorientierung in der Reihenfolge ihrer Bedeutung für die Befragten.

Solidarische Freiheit

Die grösste Zustimmung unter Religionslehrerinnen und -lehrern findet der Faktor, der sich aus je zwei Items der theoretischen Konzepte «Solidarität» und «Autonomie» zusammensetzt. Er steht für eine Einstellung, nach der es wichtig ist, sich für eine gerechte Gesellschaft einzusetzen, gleichzeitig aber die eigene Meinung zu vertreten und unabhängig und eigenständig zu denken. Für die Befragten gehören beide Facetten zusammen, so dass daraus geschlossen werden kann, dass

170 Vgl. die Hinweise zur Faktorenanalyse in 3.3, S. 50.

die eigene Meinung zugunsten einer gerechten Gesellschaft geäussert wird. In diesem Sinn repräsentiert diese empirische Dimension den selbstbewussten Einsatz für Gerechtigkeit in der Gesellschaft und wird deshalb «Solidarische Freiheit» genannt. Sie findet die nahezu ungeteilte Zustimmung der Befragten (m = 4.42), er ist unserer Untersuchungsgruppe sehr wichtig.

Spiritualität

Ebenfalls eine sehr grosse Bedeutung hat der Faktor, der durch 4 der ursprünglich 5 Items des theoretischen Konzepts «Spiritualiät» repräsentiert wird. Es geht bei diesem Faktor um die Verbindung mit einer höheren Macht, das Gefühl, sich von etwas gestützt zu fühlen, das nicht von dieser Welt ist, den Glauben an Gott und ein spirituell erfülltes Leben. Wegen der grossen Übereinstimmung mit dem theoretischen Konzept wird diese empirische Dimension ebenfalls «Spiritualität» genannt. Es fehlt in diesem Faktor das ebenfalls spirituelle Item «einen starken Glauben zu haben». Zum anderen laden die beiden Items, die von einer abstrakten Macht sprechen, am höchsten auf diesen Faktor. Die Beziehung zu dieser Macht ist den Religionslehrerinnen und -lehrern sehr wichtig (m = 4.19).

Familie

Der nächste Faktor befindet sich bereits im ambivalenten Bereich der Skala. Es handelt sich dabei um die beiden familialen Items «in einer guten Partnerschaft leben» und «Kinder haben». Dieser Faktor vereinigt somit die für wichtig befundene harmonische Partnerschaft mit dem nicht so hoch eingeschätzten Kinderwunsch. Da beide Items aus dem familialen Konzept stammen, wird er ebenfalls «Familie» benannt. Instruktiv ist aber, dass sich in ihm die von den christlichen Kirchen propagierte Überzeugung, Partnerschaft und Kinderwunsch gehörten zusammen, widerspiegelt. Beides stellt für die befragten Religionslehrerinnen und -lehrer ein in sich schlüssiges und kohärentes Antwortmuster dar. Der Mittelwert dieser empirischen Dimension liegt bei 3.03, somit also nahezu präzise im Mittelpunkt der Antwortskala. Die Befragten sind sich in ihrem Durchschnitt nicht sicher, ob eine derart gedachte Familie für sie persönlich wichtig ist oder nicht. Es wurde nicht nach der gesellschaftlichen Bedeutung der Familie gefragt.

Patriotismus

Dieses Konzept hat für die Befragten äusserst geringe Bedeutung (m = 2.40). Alle fünf zum Patriotismus zugehörigen Items laden auf den Faktor, er gibt also vollständig das theoretische Konzept «Patriotismus» wieder. Es geht um die Unterstützung der eigenen Nationalmannschaft, den Stolz auf die eigene Nation, die Kenntnis der Nationalhymne, den Schutz der heimischen Wirtschaft vor ausländischer Konkurrenz sowie das Vertrauen in die Heimat.

Beruflicher Erfolg

Eine fast ebenso geringe Bedeutung unter den Lehrpersonen weist der Faktor auf, der aus den fünf Items des Berufs-Konzepts besteht, sowie dem hedonistischen Item «viel Geld zu verdienen» (m = 2.37). Er repräsentiert die Wertschätzung eines Berufs mit Aufstiegschancen, der Anerkennung findet, gut bezahlt und sicher ist. Bezeichnenderweise lädt das hedonistische Item am stärksten auf diesen Faktor, gefolgt von den beruflichen Aufstiegschancen. Das bedeutet, dass die Befragten beruflichen Erfolg sehr stark mit einem guten Einkommen verknüpfen. Um diesen besonderen Status des beruflichen Weiterkommens innerhalb dieser empirischen Dimension zu kennzeichnen, wird sie «beruflicher Erfolg» genannt.

Unabhängigkeit

Der Faktor «Unabhängigkeit» besteht aus den beiden autonomen Items, die bereits in der Einzelanalyse der Werte wenig Bedeutung hatten: «die Freiheit von Verpflichtungen» und «tun und lassen können, was man will». Offensichtlich unterscheiden die Befragten zwischen einer Autonomie *von* sozialen Bindungen und einer Autonomie *gegenüber* sozialen Bindungen. Es handelt sich hierbei um zwei unterschiedliche Wertedimensionen. Erstens lädt keines der anderen vier Items, die ebenfalls zum theoretischen Konzept der Autonomie gehören, auf diesen Faktor. Sie stellen somit eine eigenständige Form von Selbständigkeit dar, die sich nicht mit dem «anything goes», das den vorliegenden Faktor inhaltlich charakterisiert, vereinbaren lassen. Zweitens laden zwei der restlichen vier Items aus dem theoretischen Autonomiekonzept auf den Faktor «Einsatz für Gerechtigkeit» (siehe oben). Sie stehen somit für eine Freiheit gegenüber sozialen Bindungen, die souverän und eigenständig mit sozialen Erwartungen umgeht. Was im theoretischen Konzept «Autonomie» als zwei Seiten derselben Medaille konzipiert war, stellt für die befragten Religionslehrerinnen und -lehrer zwei grundsätzlich verschiedene Formen von Autonomie dar, die sich ausschliessen. Wir haben den vorliegenden Faktor «unsolidarische Freiheit» genannt, weil er für eine Freiheit von Verpflichtungen und sozialen Bindungen steht. Erwartungsgemäss spielt diese Form der Autonomie für die Befragten praktisch keine Rolle (m = 2.08).

Um diese sechs empirischen Dimensionen zu gewinnen, mussten 17 Items aus der Faktorenanalyse genommen werden. Das ist ein deutlicher Hinweis darauf, dass sich viele der vorgeschlagenen Werte für die Befragten nicht gegenseitig ausschliessen; vielmehr hängen sie mit verschiedenen Dimensionen des Wertespektrums zusammen. Augenfällig ist jedoch, dass zwei theoretische Konzepte für die empirischen Dimensionen keine Rolle mehr spielen: Disziplin und Hedonismus. Die Disziplin-Items luden durchweg auf mehrere Faktoren, so dass geschlossen werden kann, dass Selbstdisziplin zur Grundlage der Werthaltung unserer Untersuchungsgruppe gehört. Sie stellt das Fundament dar, auf dem das oben entfaltete Wertespektrum steht. Hedonistische Werte haben nicht diese grundsätzliche Bedeutung. Sie changierten in ihren Ladungen vor allem zwischen den beiden Wertedimensionen «beruflicher Erfolg» und «Autonomie». Lebensgenuss und Attraktivität beruhen für die Befragten somit auf der materiellen Grundlage, die eine berufliche Karriere bietet, und der Freiheit von sozialen Konventionen. Letzteres scheint plausibel, wenn man davon ausgeht, dass ein gutes Aussehen kaum zu den Werten gehört, die von Religionslehrerinnen und -lehrern für bedeutsam erachtet werden (siehe oben).

Bedeutungsdifferenzen unter Einbezug weiterer Variablen

Die Analyse der oben aufgezählten empirischen Dimensionen im Hinblick auf die Hintergrundvariablen ergibt nur wenige signifikante Befunde. Am stärksten unterscheiden sich die Befragten im Hinblick auf die patriotische Haltung, die aber insgesamt kaum von Bedeutung ist. Patriotismus ist Männern praktisch gar nicht wichtig, Frauen dagegen eher nicht wichtig (m = 2,12:2,46; Tab. 48). Die patriotische Haltung ist Lehrpersonen, die keinen akademischen Abschluss haben, etwas wichtiger als Befragten mit Universitätsabschluss oder Promotion (m = 2.56 bzw. 2.50:2.10; Tab. 50). Bei den analog ausgefüllten Fragebogen wird dieser Dimension etwas mehr Bedeutung zugemessen als bei den online ausgefüllten (m = 2.44:2.29; Tab. 51). Allerdings weist keine der untersuchten Untergruppen einen Mittelwert auf, der zumindest in den ambivalenten Skalenbereich hineinreicht. Bei allen Bedeutungsdifferenzen gilt somit: Für keine nennenswerte Gruppe der befragten Religionslehrerinnen und -lehrer spielt Patriotismus eine grössere Rolle. Die gefundenen Unterschiede verweisen auf Nuancen in der generellen Bedeutungslosigkeit dieser empirischen Dimension.

Ein weiterer Unterschied lässt sich bei der Bedeutung von Autonomie feststellen; sie ist Frauen weniger wichtig als Männern (m = 2.03:2.24; Tab. 48).

Tab. 49 zeigt, dass der Faktor «Spiritualität» denjenigen Lehrpersonen, die eine alleinige kirchliche Verantwortung für den Religionsunterricht befürworten (m = 4.25), wichtiger ist als denjenigen, die eine Kooperation zwischen Kirche und Staat in dieser Sache befürworten (m = 4.05). Aber auch bei diesen Befunden handelt es sich um graduelle Unterschiede, nicht um prinzipielle.

Damit bleibt festzuhalten, dass sich die befragten Religionslehrerinnen und -lehrer auch im Blick auf ihre Werteorientierung als äusserst homogene Gruppe erweisen.

5.3 Empirische Befunde zur politischen Haltung

Die politische Haltung der Religionslehrerinnen und -lehrer wurde durch zwei Items erhoben. Zum einen wurde nach der politischen Orientierung gefragt. Sie wurde als Spektrum operationalisiert, das von «links aussen» über «links», «Mitte», «rechts» nach «rechts aussen» reichte. Diese Antwortalternativen sind dem internationalen Zuschnitt der Untersuchung geschuldet und bilden die politische Landschaft der Schweiz nur ungenügend ab; eine exakte parteipolitische Aufschlüsselung hätte für jedes teilnehmende Land eigens ausgearbeitet werden müssen, ohne dass man die Ergebnisse hätte vergleichen können. Neben der politischen Orientierung wurde auch erfragt, welche persönlichen Veränderungen sich die Probanden vom europäischen Einigungsprozess erwarten. Hier konnten die Probanden wählen zwischen «gar keine Veränderungen», «vor allem positive Veränderungen», «vor allem negative Veränderungen» und «sowohl positive wie auch negative Veränderungen». Diese Frage hat in den anderen teilnehmenden Ländern, die alle EU-Staaten sind, eine andere Bedeutung als in der Schweiz. Trotzdem steht das Thema «Europa» permanent auf der politischen Agenda, und das Item wurde beibehalten.

Die befragten Lehrpersonen erwarten mehrheitlich (69,1 %) sowohl positive als auch negative Veränderungen von der europäischen Einigung (Tab. 52). 21,7 % erwarten sich keine Veränderungen für ihre persönliche Lebenssituation. Gegenüber diesen beiden Gruppen sind die Lehrpersonen, die ausschliesslich positive bzw. negative Veränderungen erwarten, verschwindend gering. Sie machen einen Anteil von jeweils 4,4 % (positiv) und 4,8 % (negativ) der Stichprobe aus.

Was die politische Orientierung angeht, so ergeben sich zwei etwa gleich grosse Gruppen (Tab. 52). 47,7 % geben an, links zu wählen, 46,1 % würden Parteien aus der Mitte des politischen Spektrums wählen. Die restlichen 6,2 % zeigen

Sympathien für das rechte Spektrum. Bemerkenswert ist, dass politische Extreme bei den von uns Befragten keine Rolle spielen. Nur 14 Personen machten ihr Kreuz bei «links aussen», keine einzige bei «rechts aussen». Tab. 53 zeigt, dass die Einschätzung der persönlichen Veränderungen durch die europäische Einigung nicht mit der Einordnung ins politische Spektrum korreliert.

Um Unterschiede in der politischen Orientierung untersuchen zu können, die durch die Hintergrundvariablen bedingt sind, mussten wir beide Variablen bearbeiten. Bei der Einschätzung der persönlichen Veränderungen waren die beiden Gruppen, die nur positive oder nur negative Veränderungen erwarteten, zu gering besetzt. Wir haben sie deshalb ausser Acht gelassen, so dass wir im Folgenden nur nach Unterschieden bei den Religionslehrpersonen fragen, die entweder keine Veränderungen erwarten oder aber sowohl positive als auch negative. Ferner haben wir aus demselben Grund bei der politischen Orientierung die Personen des rechten Spektrums zu denen der politischen Mitte addiert, so dass wir im Folgenden nur noch zwischen «linker Orientierung» und «nicht linker Orientierung» unterscheiden.

Aber selbst bei den derart zugespitzten Variablen bringen die Hintergrundvariablen nur einen einzigen nennenswerten Unterschied. Er betrifft die Erwartungen gegenüber der europäischen Einigung, die vom Alter der Befragten abhängen (Tab. 54); jüngere Lehrpersonen erwarten sich von diesem Prozess überwiegend ambivalente Veränderungen ihrer persönlichen Lebenslage, während die Mehrheit der über 55-Jährigen davon ausgeht, dass die europäische Einigung keine Folgen für sie selbst haben wird. Alle anderen Differenzen erweisen sich als marginal, so dass sie hier nicht weiter ausgeführt werden müssen.

5.4 Diskussion

Nehmen wir unsere Befunde zusammen in den Blick, bilden die von uns befragten Religionslehrerinnen und -lehrer aus der deutschsprachigen Schweiz hinsichtlich ihrer Wertepräferenzen und in ihrer politischen Orientierung eine relativ homogene Gruppe. Das Bild wird geprägt durch die Kombination von Solidaritäts- und Autonomiewerten.

Die hohe Zustimmung zur Solidarität ist auf dem Hintergrund des Berufsbildes gut nachzuvollziehen. Lehrpersonen des konfessionellen Religionsunterrichts sind in der Schweiz üblicherweise von der Kirche angestellt. Meist arbeiten sie in verschiedenen Tätigkeitsfeldern wie Religionsunterricht, Jugendpastoral, gemeindlicher Katechese und Liturgie und engagieren sich deshalb gleichzeitig auf vielen Ebenen: «anwaltschaftlich» und diakonisch für Jugendliche, solidarisch mit Benachteiligten hier und in anderen Teilen der Welt, gegen Rassismus und für Toleranz, für generationsübergreifende Beziehungen, für die Verständigung zwischen den Geschlechtern, für eine intakte Umwelt, beratend und begleitend an der Seite vieler Sinnsuchender. Sie sind oft nicht nur als Religionslehrpersonen, sondern gleichzeitig in der Rolle als Jugendarbeiter, Präses der Ministrantinnen, Leiterin des Versöhnungsweges für Zehnjährige oder des Konfirmationskurses, in der Elternarbeit usw. tätig. In dieser Hinsicht unterscheiden sie sich vom Rest der Schweizer Bevölkerung, die sich weniger öffentlich engagiert. Offenbar ist ihnen dieses Engagement so wichtig, dass sie darüber hinaus keine Ambitionen haben, einen Beruf anzustreben, der ihnen mehr Einkommen, Prestige und Aufstiegschancen bietet. Allerdings muss eine rein altruistische Motivation relativiert werden, da kirchliche Angestellte in der Schweiz bei entsprechenden Pensen in der Regel recht gut bezahlt sind. Ihr Engagement konnten sie zum Beruf machen.

Gleichzeitig ist den von uns Befragten Autonomie wichtig. Aufgrund des breiten Tätigkeitsfeldes und der vielfältigen Rollen ist der Personenkreis, mit dem die Befragten in Kontakt sind, mutmasslich sehr gross und dessen Ansprüche an kirchliche Mitarbeitende hoch. Die Vermutung ist berechtigt, dass die Gefahr besteht, sich zu «verheizen», zuviel von sich preiszugeben, sich zu sehr auf andere einzulassen oder immer erreichbar zu sein. Die besondere Bedeutung von Autonomiewerten könnte deshalb dafür stehen, dass sich die befragten Religionslehrpersonen bewusst sind, dass sie sich gegenüber ihrem Umfeld auch abgrenzen müssen. Dabei geht es ihnen nicht darum, keine sozialen Bindungen zu haben. Wie oben gesehen, gehören die individualistischen Autonomieoptionen nicht zum Einstellungsbündel «Autonomie». Vielmehr wollen die Befragten ihre sozialen Beziehungen selbstbestimmt gestalten. Dies ist bei den vielen unterschiedlichen Rollen verständlich. Vermutlich ist das hohe Engagement und die starke Vernetzung mit ein Grund dafür, warum bei einigen Befragten ein hohes Bedürfnis nach Kontrolle besteht. Zwar nicht für alle zutreffend, sind doch einigen familiale und private Beziehungen über das berufliche Netz hinaus wichtig.

Soweit entsprechen unsere Daten dem öffentlichen Bild der umtriebigen und engagierten Religionslehrperson. Allerdings können auch einige Klischees entkräftet werden.

1. Klischee: Religionslehrpersonen sind konservativ.

In vielen Belangen gelten die Kirchen als konservativ, insbesondere in gesellschaftlichen Fragen. Das öffentliche Bild der Institution bildet sich nur teilweise bei den befragten Religionslehrpersonen ab. Fast die Hälfte ordnet sich politisch der «Linken» zu, die nicht nur für Toleranz und Gleichberechtigung steht, sondern in gesellschaftlichen Fragen gemeinhin als liberal gilt. Selbst die politische Mitte, vertreten durch die Freisinnig-Demokratische Partei und die Christlich-Demokratische Partei, ist in gesellschaftlichen Fragen wie Scheidung, Abtreibung usw. viel weniger rigoros als früher. Die Religionslehrpersonen wählen weit häufiger linke Parteien und Parteien der politischen Mitte als der schweizerische Durchschnitt. Bezüglich des rechten Parteispektrums sind die Religionslehrpersonen nicht repräsentativ für die ganze Schweiz. Dieses Bild präzisiert sich noch, wenn man sich die Werte aus dem Bereich Patriotismus vergegenwärtigt. Während die Mehrheit der Schweizer Bevölkerung stolz auf ihre Nation ist, sind die Religionslehrpersonen weit weniger – nämlich fast gar nicht – patriotisch eingestellt. Religionslehrpersonen können folglich nicht pauschal als konservativ bezeichnet werden.

2. Klischee: Religionslehrpersonen orientieren sich stark an der Familie.

Natürlich ist auch Religionslehrpersonen ihre Familie wichtig, allerdings weit weniger als dem schweizerischen Durchschnitt. Dieses Ergebnis entspricht nicht den Erwartungen, die man an kirchlich gebundene Menschen hat, insbesondere dann, wenn sie für die Kirche arbeiten. Allerdings kommt in ihrem Antwortverhalten zum Ausdruck, dass Partnerschaft und Kinder zusammengehören, was den offiziellen kirchlichen Positionen entspricht.

3. Klischee: Religionslehrpersonen geht ihr Glaube über alles.

Die von uns Befragten sind zwar der Überzeugung, von Gott aufgehoben und gestützt zu sein. Im Vergleich zum schweizerischen Durchschnitt sind sie in dieser Hinsicht religiöser, was von kirchlichen Mitarbeitenden zu erwarten ist. Geht man jedoch ins Detail dieses Wertemusters, so stellt man fest, dass es den Religionslehrpersonen nicht so viel bedeutet, einen kirchlichen Glauben zu haben. Wichtiger ist ihnen ein selbstbestimmter Glaube mit stark spirituellen Zügen. Mit ihren Überzeugungen befinden sie sich damit im gesamtgesellschaftlichen Trend der religiösen Individualisierung. Damit erhalten religionspädagogische Konzepte wie Subjektorientierung und Korrelation von Botschaft und Leben eine erhöhte Authentizität. Als Lehrpersonen leben sie bereits, was diese Ansätze verwirklichen wollen: einen eigenen Weg zu Gott. Religionslehrpersonen sind zwar deutlich religiöser als viele andere, jedoch nicht in einer autoritätshörigen, sondern selbstbestimmten Art und Weise.

In der Zustimmung zu Solidaritäts- und Autonomiewerten sowie in der Ablehnung von Hedonismus und Patriotismus stimmen die befragten Religionslehrpersonen aus der deutschsprachigen Schweiz mit jenen aus Deutschland in hohem Masse überein. Sie stehen teilweise quer zur allgemeinen Stimmung in der Schweiz. Offenbar stellen sich Religionslehrpersonen gegen den gesellschaftlichen Trend hin zum Rückzug in alles, was Sicherheit verspricht. Gemessen an Ingleharts These von der «stillen Revolution» fällt die Beurteilung des Befundes damit eindeutig aus. Die von uns Befragten bezeichnen sich als spirituelle und solidarisch engagierte Menschen. Ferner zeigen sie ein Bedürfnis nach Autonomie. Sie erachten beruflichen Erfolg für nur mässig wichtig und lehnen Patriotismus strikt ab. Alle diese Befunde verorten die deutschsprachigen Lehrpersonen im postmaterialistischen Wertespektrum im Sinne Ronald Ingleharts. Sie sind somit Protagonisten dieser «stillen Revolution». Einzig die Ablehnung hedonistischer Werte stört dieses Bild. Geht man davon aus, dass sich die von uns Befragten in der Kirche engagieren, so verwirklichen diese Religionslehrpersonen postmaterialistische Werte in einer Institution, die nach Inglehart zentral für materialistische Werte steht. Konformität ist offenbar ihre Sache nicht, dazu heben sie sich zu sehr von gesellschaftlichen Trends, öffentlichen Zuschreibungen und den Erwartungen einer Institution ab. Unsere Befragten erweisen sich damit als wahrhaft autonom.

6 Religiöser Stil

Die Zielvorstellungen zum Religionsunterricht, die religiöse Einstellung, Werteorientierung und politische Haltungen werden im folgenden Kapitel unter der Bezeichnung «religiöser Stil» zusammengefasst.

Die vorliegende Untersuchung geht davon aus, dass sich religiöse Erziehung heute in einem gesellschaftlichen Umfeld ereignet, das zum einen durch kulturelle Vielfalt gekennzeichnet ist, zum anderen den Einzelnen dazu anhält, sein Leben selbst zu gestalten und zu verantworten. Diese Ausgangssituation, die mit den Begriffen Pluralisierung und Individualisierung theoretisch gefasst wurde, führte zu der Fragestellung, welche Zielvorstellungen Religionslehrpersonen hegen, welche religiösen Einstellungen und Werthaltungen sie zeigen, und wie sie politisch denken. Wenn wir in diesem Kapitel den Zusammenhang zwischen diesen Einstellungen untersuchen, ist jene Frage weder empirisch noch theoretisch trivial. In empirischer Hinsicht liegen viele Studien vor, die auf den fragmentarischen Charakter der Lebenseinstellungen heutiger Menschen verweisen.[171] Politische Einstellungen und religiöse Haltungen können unverbunden nebeneinander stehen und vormals sich widersprechende Wertemuster sind für heutige Menschen oftmals problemlos miteinander kombinierbar. Gibt es bei den von uns befragten Lehrpersonen einen empirisch fassbaren Zusammenhang zwischen den Zielvorstellungen zum Religionsunterricht und ihren religiösen Einstellungen, Werthaltungen und politischen Orientierungen? Wir nähern uns dieser Frage mit dem Ansatz der Alltagsästhetik, der einen neuen Blick auf individuelle Religiosität eröffnet und es erlaubt, den untersuchten Zusammenhang als religiösen Stil zu interpretieren (6.1). Dann analysieren wir die Bedeutung der Zielvorstellungen zum Religionsunterricht, der religiösen Einstellungen, der Wertevorstellungen und politischen Haltungen im Hinblick auf den religiösen Stil der von uns Befragten (6.2). Eine Diskussion der empirischen Befunde beschliesst das Kapitel (6.3).

171 Im Blick auf religiöse Weltbilder z. B. *Wippermann*, Religiöse Weltanschauungen; *Ziebertz/ Riegel*, Letzte Sicherheiten.

6.1 Alltagsästhetik und religiöser Stil

Der konfessionelle Religionsunterricht in der deutschsprachigen Schweiz findet an zwei verschiedenen Orten statt: im Schulhaus oder in der Pfarrei. Beide Orte binden den Religionsunterricht in ein spezifisches Bedingungsfeld ein, zu dem sich die Religionslehrerinnen und -lehrer mit ihren eigenen Zielvorstellungen verhalten müssen. Allerdings liegen die Dinge nicht so einfach, dass am Ort, an dem der konfessionelle Religionsunterricht stattfindet, die Zielperspektive, die von den Lehrpersonen vertreten wird, abgelesen werden kann. Dieser Annahme läge ein mechanistischer Zusammenhang zwischen Bedingungsfeld und Zielvorstellungen zu Grunde, in dem die Person der Lehrerin bzw. des Lehrers keine Rolle spielen würde. Das scheint in einer individualisierten Gesellschaft wenig realistisch und findet auch in unseren Daten keinen Rückhalt: Wie in Kapitel 3 gesehen, verfolgen Lehrpersonen, die an der Schule unterrichten, die gleichen Ziele wie ihre Kolleginnen und Kollegen in den Pfarreien. Einen komplexeren Zugang zu den Lehrpersonen in den Bedingungsfeldern Schule und Kirche bietet der soziologische Ansatz der Alltagsästhetik. Er setzt beim einzelnen Menschen und seiner Persönlichkeit an, denkt ihn aber stets eingebunden in sein Umfeld. Die Alltagsästhetik erscheint als eine geeignete Theorie, mit der sich Zusammenhänge zwischen den Zielvorstellungen zum Religionsunterricht und den religiösen Einstellungen der Befragten, ihren Wertevorstellungen und ihrer politischen Haltung erklären lassen.

Alltagsästhetische Erklärungsansätze

Alltagsästhetische Erklärungsansätze gehören zum Bereich der kultursoziologischen Milieuforschung. Ihr Ziel ist die Beschreibung alltäglichen Bewusstseins. Die klassische Kultursoziologie versteht unter einem Milieu eine Gruppe von Menschen, die durch eine gemeinsame Lebenslage gekennzeichnet sind. Das Arbeitermilieu zum Beispiel setzt sich aus Familien zusammen, bei denen Vater und/oder Mutter in relativ niedrig bezahlter Lohnarbeit beschäftigt sind, so dass der Verdienst zum Leben reicht, nicht jedoch, um grössere Projekte wie etwa ein eigenes Haus zu verwirklichen. Das katholische Milieu dagegen war durch ein Leben geprägt, das sich äusserlich am Kirchenjahr und innerlich an kirchlichen Moralvorstellungen ausrichtete. Zur Bestimmung dieser Milieus konnte dabei auf äusserliche Merkmale wie Wohngegend, Einkommen oder Bildungsstand zurückgegriffen werden. Allerdings zeigen diese Beispielen deutlich, dass in einer modernen Gesellschaft Milieus in diesem Sinne kaum noch anzutreffen sind. So besitzen viele Arbeiterfamilien, die auf dem Land wohnen, ein eigenes Haus, und katholische Milieus sind bestenfalls noch in eng abgesteckten Regionen anzutreffen. Auch haben viele herkömmliche Statussymbole, etwa ein teures Auto, ihre Unterscheidungskraft verloren.

Die neuere Milieu-Forschung geht davon aus, dass eine gemeinsame Lebenslage nicht mehr durch äussere Merkmale, sondern durch so genannte kollektive Erlebniswelten bestimmt wird.[172] Der gemeinsame Nenner der vielfältigen Lebensstile in einer modernen Gesellschaft ist ihre Erlebnisorientierung, d. h. die Art und Weise, wie alltägliche Ereignisse erlebt werden. Diese konzeptuelle Wende in der Milieu-Forschung verdankt sich dem veränderten Lebensgefühl in der modernen Gesellschaft. War es früher wichtig, eine Aufgabe angemessen zu erledigen oder eine Rolle zu erfüllen, ist es in der gegenwärtigen Gesellschaft zusätzlich wichtig, dass die Aufgabe Spass macht und als sinnvoll empfunden wird. In der neueren Milieuforschung zeichnet sich ein Milieu dadurch aus, dass seine Mitglieder ein Ereignis ähnlich erleben, d. h. ihm dieselbe Bedeutung zuschreiben. So kann das Verreisen innerhalb eines Milieus den Sinn haben, sich von der Arbeit zu erholen, in einem anderen Milieu, fremde Menschen und Länder kennenzulernen, in wieder einem anderen, so viel Spass und Aufregung zu bekommen wie möglich, und in einem vierten Milieu schliesslich, sich selbst zu bestätigen, indem man die Beschreibung an den Stätten wieder findet, die man zuvor im Kunstreiseführer gelesen hat. «Milieus sind soziokulturelle Gravitationsfelder mit eigenen Wirklichkeiten.»[173]

Milieus werden nach diesem Ansatz durch alltagsästhetische Schemata zusammengehalten. Sie beschreiben die Art und Weise, wie Ereignisse durch die Menschen wahrgenommen und in ihrer Erlebnisqualität bewertet werden. Gerhard Schulze unterscheidet drei Typen derartiger Wahrnehmungsmuster: ein «Hochkulturschema», ein «Trivialschema» und ein «Spannungsschema».[174]

- Im Hochkulturschema spielen Selbstdisziplin, Intellekt und Anspruch eine grosse Rolle. Genuss wird durch konzentriertes Zuhören, stilles Betrachten und versunkenes Dasitzen erreicht, nicht durch besondere körperliche Aktivität oder ständige Abwechslung. Es dominiert die psychische Erlebnisqualität gegenüber der physischen. Menschen dieses Schemas lesen gerne «gute» Bücher, hören anspruchsvolle Musik, gehen ins Theater oder diskutieren aktuelle Probleme. Das konkrete Erleben gilt dabei als abhängig von Veranlagung und individueller Schulung, jedoch von materiellen Voraussetzungen. Es werden solche Tätigkeiten und Erlebnisse wertgeschätzt, die man sich mit Fleiss und Ausdauer aneignen kann. Die Abgrenzung gegenüber anderen Menschen wird im Hochkulturschema entsprechend über musikalische, sprachliche, intellektuelle oder kulturhistorische Kompetenz hergestellt. Die

172 Vgl. *Schulze*, Erlebnisgesellschaft; vgl. *Endruweit*, Milieu; *Hradil*, Sozialstrukturanalyse 139–170; *Spellerberg*, Soziale Differenzierung; *Zerger*, Klassen.

173 *Schulze*, Erlebnisgesellschaft 267.

174 Vgl. ebd. 142–157.

Lebensphilosophie dieses Schemas ist durch die Fähigkeit gekennzeichnet, widersprüchliche Perspektiven dialektisch miteinander in Beziehung zu setzen. Antrieb ist ein Streben nach Perfektion. Sie ist dann erreicht, wenn die verschiedenen Erwartungen, die im Alltag auf einen einströmen, miteinander vermittelt und dem eigenen Anspruch angepasst sind. Dem Zeitgeist stehen Menschen des Hochkulturschemas deswegen kritisch gegenüber.

- Die Alltagsästhetik des Trivialschemas dagegen gruppiert sich um Sicherheit, Geborgenheit und Gemütlichkeit. Für den Genuss spielt der Körper eine grössere Rolle als der Geist, wobei eine ruhige und gleichmässige Bewegung bevorzugt wird. Menschen dieses Schemas sehen gerne fern, hören Schlager und Popmusik, lesen bevorzugt Illustrierte und Magazine, sitzen gerne bei einem Bier beieinander und fühlen sich in gemütlicher Kleidung wohl. «Man sucht nicht das Neue, sondern das Altgewohnte.»[175] Entsprechend grenzen sich Menschen des Trivialschemas gegenüber anderen durch die Betonung von Vertrautem und die Versicherung von Gemeinsamem ab. Alles Fremde und Individualistische wird abgelehnt. Die Lebensphilosophie des Trivialschemas ist auf das irdische Glück gerichtet, das in beruflichem Erfolg, Liebe und Besitz seine Erfüllung findet. Probleme werden systematisch ausgeklammert, wenn sie dieses irdische Glück bedrohen.
- Im Spannungsschema schliesslich werden Tempo, Action und Thrill betont. Der Körper spielt die entscheidende Rolle für das Erleben von Genuss, denn es ist durch eine physische Erlebnisqualität, einen schnellen Rhythmus und die Suche nach Abwechslung gekennzeichnet. Menschen dieses Schemas gehen Trendsportarten nach, besuchen Rockkonzerte, treffen sich in Szenekneipen und verbringen den grössten Teil ihrer Freizeit ausserhalb der eigenen vier Wände. Expressivität und der Reiz des Neuen stehen im Mittelpunkt bevorzugt wahrgenommener Ereignisse, oft verbunden mit einem relativ hohen finanziellen Aufwand. Die Abgrenzung gegenüber anderen Menschen erfolgt im Spannungsschema dementsprechend über körperliche Merkmale wie Sportlichkeit und jugendliches Verhalten. Alles Langweilige und «Spiessige» wird vermieden. Die Lebensphilosophie des Spannungsschemas kreist um Selbstverwirklichung und Unterhaltung. Die Bedürfnisse der eigenen Person werden gegenüber den Sollensansprüchen einer bestehenden Ordnung bevorzugt. Es gilt ein «Narzissmus von eigenen Gnaden»[176].

---

175 Ebd. 151.

176 Ebd. 157.

Alltagsästhetik und individuelle Religiosität

Die Berücksichtigung des alltagsästhetischen Ansatzes innerhalb der Theologie hat eben erst begonnen, wobei vor allem die Milieus übernommen werden, die Schulze auf der Grundlage seiner Wahrnehmungsmuster untersucht hat.[177] Eine besondere Rolle kommt dabei der «SINUS-Studie» zu, die in Deutschland durchgeführt wurde.[178] Das SINUS-Konsortium hat die drei Grundmilieus von Schulze weiter differenziert, so dass es schliesslich zehn SINUS-Milieus® unterscheiden und empirisch identifizieren kann.[179] Grundlage der Einordnung ist zum einen die soziale Lage, wozu mit den bekannten Kategorien Ober-, Mittel- und Unterschicht gearbeitet wird, zum anderen, und das ist neu, die Grundorientierung, die sich innerhalb eines Spektrums von traditionellen Werthaltungen über Werte der Selbstverwirklichung bis hin zu Werten einer virtuell-flexiblen Wirklichkeit (z. B. Multi-Optionalität, Experimentierfreude, Leben in Paradoxien) bewegt.

Besondere Aufmerksamkeit erfuhren die SINUS-Milieus® durch die Studie «Religiöse und kirchliche Orientierungen in den SINUS-Milieus® 2005»[180], die im Auftrag der Katholischen Kirche in Deutschland das religiöse Profil der Mitglieder in den einzelnen Milieus erfasste. Sie zeigt, dass sich Mitglieder traditioneller Milieus auf alle drei Schichten verteilen und in den christlichen Kirchen ein wichtiges Fundament der abendländischen Zivilisation sehen. In diesen Milieus ist noch eine lebendige religiöse Praxis anzutreffen, d. h. man nimmt an den Gottesdiensten und kirchlichen Feiern teil und ist mit der biblischen Sprache weitgehend vertraut. Es herrscht das Ideal der Volkskirche vor, in der der Ortspfarrer die religiöse Autorität darstellt. Allerdings wird die Kirche in traditionellen Milieus durchaus auch als wenig beweglich wahrgenommen, was sich darin äussert, dass sie junge Menschen nur noch unzureichend ansprechen kann. In den modernen Milieus der Ober- und Mittelschicht, die sich vor allem über Werte der Selbstverwirklichung definieren, wird zwar intensiv über den Sinn des Lebens nachgedacht, Religion und Kirche stellen dabei nur noch einen Bezugspunkt neben anderen dar. An der Kirche wird geschätzt, dass sie sich für die Bewahrung von Werten einsetzt und dass sie ein Forum bietet, in dem man sich über Wertefragen austauschen kann. Bei den modernen Milieus der Unterschicht jedoch gibt

177 Vgl. *Ebertz,* Kirche; *Gabriel,* Milieus; *Hauschildt,* Milieus in der Kirche; *Vögele/Bremer/Vester,* Soziale Milieus.

178 Mittlerweile wurde eine entsprechende Studie auch in der Schweiz durchgeführt, ohne jedoch religiöse Einstellungen in den Mittelpunkt zu stellen. Deshalb werden im Folgenden die deutschen Befunde beschrieben, um die Bedeutung des alltagsästhetischen Ansatzes zu veranschaulichen.

179 Vgl. *Wippermann/Spielberg,* Gesellschaftliche Milieus 2–3.

180 *MDG,* Milieuhandbuch.

es kaum ein Bewusstsein für religiöse Praxis, und auch religiös-kirchliches Wissen beschränkt sich vor allem auf gängige Klischees. Die Kirche erscheint als Machtwerkzeug einer religiösen Elite. Entsprechend herrscht in diesen Milieus eine grosse Distanz zu Kirche und Religion. Auch in den postmodernen Milieus, die von den Werten einer virtuell-flexiblen Wirklichkeit geprägt sind, finden sich vor allem klischeehafte Bilder von Kirche und Religion. Ihre Mitglieder sehen keinen Nutzen in einer Kirchenmitgliedschaft. Religion und Kirche kommen dann in den Blick, wenn sie helfen, den eigenen Alltag zu bewältigen. Dabei stellen sie aber nur eine mögliche Ressource neben anderen dar. Das mag zum einen daran liegen, dass die Sprache und die Ästhetik der katholischen Kirche als fremd empfunden werden. Zum anderen sehen viele aus den genannten Milieus die Kirche aber auch als Rettungsanker für Menschen, die an der gegenwärtigen Gesellschaft scheitern. Wenn überhaupt, so ist man bereit, sich projektspezifisch in der Kirche zu engagieren, d. h. für einen überschaubaren Zeitraum und für einen Zweck, der persönlich überzeugt.

Die SINUS-Studie zeigt auf, wie sich kirchliche Bezüge in den einzelnen Milieus darstellen und welche elementaren Formen von Religiosität dort angetroffen werden. Allerdings lässt diese Zuordnung noch keine Hypothese über den hier relevanten Zusammenhang zwischen den Zielvorstellungen zum Religionsunterricht und religiösen Einstellungen, Werteorientierungen und politischer Haltung zu. Das liegt vor allem daran, dass die SINUS-Studie klassische Parameter der Kirchensoziologie benutzt. Sie fragt nach der Bedeutung der Kirche, der Nutzung und Bedeutung der Bibel und dem Image der katholischen Kirche, also nach institutionellen Bezügen. Diese aber sind für die individuelle Religiosität in einer modernen Gesellschaft aber nur von untergeordneter Bedeutung – wie ja gerade die SINUS-Studie selbst belegt. Die Bedeutung des alltagsästhetischen Ansatzes für unsere Untersuchung bemisst sich darin, inwieweit es gelingt, individuelle Religiosität selbst als ästhetische Alltagserfahrung zu beschreiben.

Religiöse Stile

Wir wählen zu dieser Beschreibung den Weg über den religiösen Stil. Als religiöser Stil ist die spezifische, in sich kohärente Art und Weise zu verstehen, wie ein Mensch Religion in seinem Leben ausdrückt und darstellt. Neben kognitiven Aspekten von Religiosität kommen affektive und praktisch-rituelle Dimensionen zum Tragen. Es ist davon auszugehen, dass diese Darstellung mit der eigenen Lebensgeschichte und dem Umfeld, in dem der Mensch lebt, verwoben ist. Damit wird die spezifische Erlebnisqualität des Milieus, in dem sich der Mensch bewegt, zu einem konstitutiven Teil seines religiösen Stils.[181]

---

181 Vgl. *Streib*, Faith development theory 149; vgl. *ders.*, Religion as a Question of Style.

In Amerika legte am Ende des letzten Jahrhunderts der Religionspsychologe David Wulff eine typologische Beschreibung moderner Religiosität vor, die in der jüdischen und christlichen Tradition steht und vier eigenständige religiöse Stile unterscheidet.[182] Nach Wulff lässt sich Religiosität anhand von zwei grundlegenden Dimensionen beschreiben. Die erste Dimension erfasst den Glauben an die Existenz einer transzendenten Wirklichkeit; diesbezüglich ist in einer modernen Gesellschaft ein Kontinuum an Einstellungen denkbar, das von der Akzeptanz einer derartigen Wirklichkeit bis zur Verneinung ihrer Existenz reicht. Die zweite Dimension bezieht sich auf die Art und Weise, wie heilige Schriften verstanden werden. In einer modernen Gesellschaft reicht das Kontinuum von einem wörtlichen Verständnis, das heilige Schriften Buchstabe für Buchstabe als wahr auffasst, bis zu einem symbolischen Verständnis, bei dem es um den eigentlichen Sinn hinter den Buchstaben und dem Erzählduktus geht. Beide Dimensionen sind nach Wulff unabhängig voneinander, d. h. dass man unabhängig von der Ausprägung des Glaubens an eine göttliche Wirklichkeit heilige Schriften wörtlich oder symbolisch verstehen kann. Umgekehrt sagt die Tatsache, ob jemand die Bibel wörtlich oder symbolisch versteht, noch nichts darüber aus, ob sie bzw. er die Existenz einer transzendenten Wirklichkeit ablehnt oder bejaht. Damit lassen sich vier typische religiöse Stile unterscheiden (vgl. Abb. 2).

Abb. 2: Religiöse Stile nach David Wulff

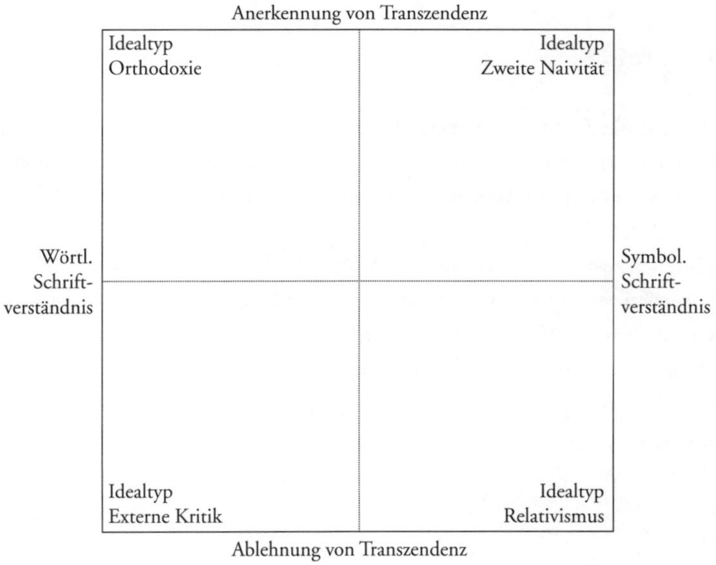

182 Vgl. *Wulff*, Psychology of Religion.

Die Grafik zeigt das Modell der religiösen Stile nach David Wulff. Die gepunkteten Linien stellen die beiden grundlegenden Dimensionen dar. Senkrecht ist die Akzeptanz bzw. Ablehnung einer transzendenten Wirklichkeit aufgetragen, waagerecht das wörtliche bzw. symbolische Schriftverständnis. Zusammen markieren die beiden Koordinatenachsen vier Quadranten. Hieraus ergeben sich vier grundlegende religiöse Stile.

«Orthodoxie»

Im oberen linken Quadranten der Grafik findet sich ein religiöser Stil, der durch ein wörtliches Verständnis «heiliger Schriften» gekennzeichnet ist, wobei davon ausgegangen wird, dass es eine transzendente Wirklichkeit gibt. Dieser Stil findet sich in der Regel bei religiösen Fundamentalisten oder bei vielen konservativen Gläubigen, die davon ausgehen, dass wenigstens ein Kern biblischer Geschichten die göttliche Wahrheit direkt und unmittelbar zum Ausdruck bringt. Spitzt man diesen religiösen Stil idealtypisch zu, so zeigt sich in ihm ein religiöses Muster, das man landläufig mit einem orthodoxen Glauben verbindet. Es geht um das richtige Tun und den richtigen Glauben, wobei die Inhalte dieses Verhaltens und Glaubens direkt aus den biblischen Schriften und der religiösen Überlieferung ableitbar sind.

«Externale Kritik»

Im unteren linken Quadranten der Grafik herrscht ebenfalls ein wörtliches Verständnis «heiliger Schriften» vor. Dieses führt jedoch zur Ablehnung einer transzendenten Wirklichkeit. Menschen dieses religiösen Stils nehmen die Widersprüche in religiösen Ursprungsdokumenten zum Anlass, die fehlende Vernünftigkeit eines Glaubens an eine transzendente Wirklichkeit zu belegen. Religiöse Institutionen werden vor allem als menschliches Machwerk wahrgenommen, das eingeführt wurde, um die Menschen zu unterdrücken. In seiner idealtypischen Zuspitzung steht dieser «religiöse» Stil für eine Ablehnung jeglicher Religiosität. Er beinhaltet eine fundamentale Religionskritik, die sich vor allem von aussen dem Phänomen Religion nähert und es als widersinnig und unvernünftig ablehnt.

«Relativismus»

Im Quadranten unten rechts wird ebenfalls nicht mit der Existenz einer transzendenten Wirklichkeit gerechnet. Die Welt wird in weltlichen Kategorien betrachtet, und Sinn ergibt sich innerhalb der Möglichkeiten einer immanenten Wirklichkeit. Allerdings herrscht ein symbolisches Schriftverständnis vor, so dass «heilige Schriften» unabhängig von den Widersprüchen auf der Textebene als Zeugnisse menschlicher Weisheit ernst genommen werden können. «Heilige Schriften» können somit dem Leben Sinn und Orientierung geben, sind aber kein Zeugnis von einer übersinnlichen Macht. Spitzt man diesen religiösen Stil idealtypisch zu, verkörpert er eine relativistische Position. Die Dinge werden in ihrem historischen Kontext gesehen, und erst aus dieser Einordnung heraus wachsen den Dingen Sinn und Bedeutung zu.

«Zweite Naivität»

Im Quadranten rechts oben versteht man «heilige Schriften» ebenfalls symbolisch, lehnt aber die Existenz einer transzendenten Wirklichkeit nicht ab. Dieser religiöse Stil sucht somit nach dem eigentlichen Sinn religiöser Sprachbilder, in dem die Wirksamkeit Gottes bezeugt wird. Aus dieser symbolischen Interpretation erwächst Sinn und Orientierung fürs Leben. In der idealtypischen Zuspitzung repräsentiert dieser Stil Paul Ricoeurs Konzept der «Zweiten Naivität»[183]. Man entwickelt eine Gelassenheit gegenüber der unmittelbaren Anmutung der Wirklichkeit, weil man in der Lage ist, jenseits dieses Eindrucks eine andere Sinnebene zu entdecken. Damit kann man die unmittelbare Anmutung der Wirklichkeit ernst nehmen, ohne sie bereits als vollen Ausdruck der ganzen Wirklichkeit zu begreifen.

Das Konzept des religiösen Stils scheint insgesamt geeignet, die Vielfalt moderner Religiosität zu erfassen, ohne die klassischen kirchensoziologischen Parameter des Gottesdienstbesuchs oder der Kirchenzugehörigkeit zu bemühen. Stattdessen konzentriert es sich auf die religiösen Einstellungen und die religiösen Erfahrungen der Menschen. Wulffs typologische Beschreibung moderner Religiosität kommt dabei zugute, dass sie religiöse Stile durch zwei elementare Dimensionen (Akzeptanz bzw. Ablehnung von Transzendenz; Schriftverständnis) erfasst, die sich empirisch überprüfen lassen.

---

183 *Ricœur,* Interpretation.

6.2 Bausteine des religiösen Stils von Religionslehrpersonen

David Wulffs Typologie wurde von einem Forschungsteam der Universität Löwen um den Religionspsychologen Dirk Hutsebaut in ein empirisches Instrument übertragen, die «Post-Critical Belief-Scale»[184]. Wir haben in unserer Untersuchung die gekürzte Form dieses Instruments benutzt. Mit seiner Hilfe ist es möglich, die Einstellungsbündel (Faktoren), die wir in den früheren Kapiteln einzeln präsentiert haben (Zielvorstellungen zum Religionsunterricht, religiöse Einstellungen, Werteorientierungen und politische Haltungen), als Bausteine der vier religiösen Stile zu lesen. Zum einen gewinnen die Stile dadurch inhaltliche Kontur, zum anderen kann man sehen, welche Einstellungen (Faktoren) zusammenhängen. Schliesslich können wir den Abstand der Faktoren zu den Achsen deuten, womit wir abschätzen können, welche Bedeutung die Akzeptanz einer transzendenten Wirklichkeit und die Art des Schriftverständnisses für die Faktoren der Zielvorstellungen zum Religionsunterricht, der religiösen Einstellungen, Werteorientierungen und politischen Haltungen haben.

Um die Einstellungen der Befragten in die Wulff'sche Typologie einbetten zu können, haben wir zuerst die «Passung» der Post-Critical Belief-Scale mit Hilfe der Multidimensionalen Skalierung überprüft (stress = .092; R^2 = 98 %; vgl. Tab. 56). Dann wurden die Antworten der Lehrpersonen einer Faktorenanalyse unterzogen, die die beiden theoretisch erwarteten Faktoren «Orthodoxie versus Relativismus» und «Zweite Naivität versus externale Kritik» ergibt (Tab. 57). Mit beiden Schritten ist statistisch gesichert, dass die Antworten der Religionslehrerinnen und -lehrer tatsächlich Wulffs Modell abbilden. Damit können nun die Zielvorstellungen zum Religionsunterricht und die persönlichen Einstellungen der Befragten in das Modell religiöser Stile eingebettet werden, wozu wir die Einstellungen aus den vorangegangenen Kapiteln mit den beiden Faktoren «Orthodoxie versus Relativismus» und «Zweite Naivität versus externale Kritik» korreliert haben (Tab. 58). Aus den Korrelationswerten lässt sich die Beziehung dieser Variablen zu den idealtypischen religiösen Stilen ableiten. Um der besseren Verständlichkeit willen haben wir die Korrelationswerte aus Tabelle 58 in eine Grafik übertragen (vgl. Abb. 3). Sie soll das Beziehungsgefüge zwischen den Zielvorstellungen zum Religionsunterricht und den religiösen Einstellungen, den Werteorientierungen und der politischen Haltung im Horizont des religiösen Stils veranschaulichen.

184 *Duriez/Appel/Hutsebaut*, Belief Scale; *Duriez/Soenens/Hutsebaut*, Introducing; *Duriez/Hutsebaut,* A slow and easy introduction; *Fontaine u. a.,* Internal Structure.

Abb. 3: Zielvorstellungen zum Religionsunterricht, religiösen Einstellungen, Werteorientierungen und politischen Haltungen als Bausteine religiöser Stile

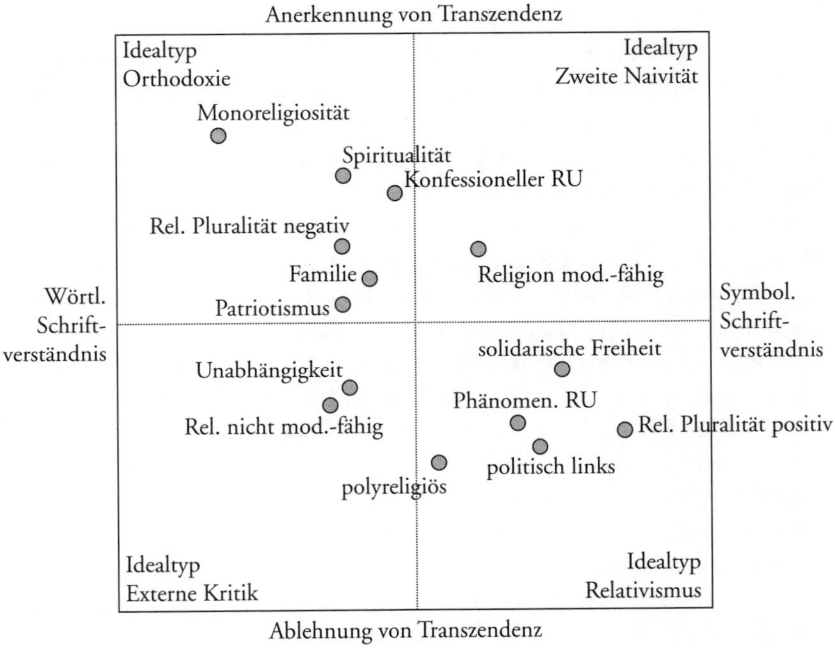

Wie bereits oben gesehen, repräsentiert der Quadrant links oben den orthodoxen Idealtyp, der Quadrant rechts oben den Idealtyp der Zweiten Naivität, der Quadrant rechts unten den des Relativismus und der Quadrant links unten den Idealtyp externaler Kritik. Die Lage der Punkte markiert die Position der jeweiligen empirischen Dimension innerhalb des Spektrums religiöser Stile, das durch die vier Idealtypen aufgespannt wird. Sie bestimmt sich aus den Korrelationswerten, die den Zusammenhang der betreffenden Dimension mit den beiden Faktoren «Orthodoxie versus Relativismus» und «Zweite Naivität versus externale Kritik» kennzeichnen (vgl. Tab. 58).[185] Dabei gilt: Je weiter ein Punkt vom Schnittpunkt

185 Ausschlaggebend für die Lage der Punkte sind die beiden Diagonalen in der Grafik, die Orthodoxie und Realismus auf der einen und Zweite Naivität und Externale Kritik auf der anderen Seite miteinander verbinden. Sie sind die grafische Entsprechung der beiden empirischen Dimensionen «Orthodoxie versus Realismus» und «Zweite Naivität versus Kritik». Die Grundeinheit innerhalb dieses Koordinatensystems ist der Abstand der vier Idealtypen zum Schnittpunkt der Koordinatenachsen; er steht für den maximalen Korrelationswert, den eine Variable einnehmen kann, nämlich die 1.0. Die Koordinaten der einzelnen Varia-

der beiden Koordinatenachsen entfernt liegt, umso stärker ist sein Zusammenhang mit dem jeweiligen Idealtyp.

Einordnung der Zielvorstellungen zum Religionsunterricht

Sucht man zuerst nach den beiden Zielvorstellungen zum Religionsunterricht, findet man den konfessionellen Religionsunterricht im orthodoxen Quadranten, und zwar in dessen rechter Hälfte sehr nahe zur Grenze zum Quadranten, der die Zweite Naivität erfasst. Diese Lage entspricht den beiden Korrelationswerten von .20 und .26. Sie kann nun sowohl bezüglich der beiden grundlegenden Dimensionen, die das theoretische Modell religiöser Stile aufspannen, als auch bezüglich der vier idealtypischen religiösen Stile interpretiert werden.

Der konfessionelle Religionsunterricht liegt deutlich auf Seiten der Akzeptanz von Transzendenz. Wer einen konfessionellen Religionsunterricht anzielt, neigt damit auch dazu, von der Existenz einer transzendenten Wirklichkeit auszugehen. Ferner liegt diese Zielvorstellung praktisch in der Mitte der Dimension des Schriftverständnisses. Das bedeutet, dass es für die Wertschätzung eines konfessionellen Religionsunterrichts keine Rolle spielt, ob die Lehrperson «heilige Schriften» – bei unserer Untersuchungsgruppe wohl die Bibel – wörtlich oder symbolisch versteht. Diese Konstellation lässt sich nun auf die religiösen Stile übertragen, die wahrscheinlich einen konfessionellen Religionsunterricht befürworten: Es sind dies sowohl der orthodoxe Stil als auch der Stil einer Zweiten Naivität.

Etwas anders stellt sich das Szenario zum phänomenologischen Religionsunterricht dar; er liegt deutlich im relativistischen Quadranten mit gleicher Entfernung zum symbolischen Schriftverständnis wie zur Ablehnung von Transzendenz. Ein phänomenologischer Religionsunterricht hängt damit mit einem relativistischen religiösen Stil zusammen. Demnach neigen zu ihm Lehrerinnen und Lehrer, die der Existenz einer transzendenten Wirklichkeit eher skeptisch gegenüberstehen und biblische Geschichten nach ihrem eigentlichen Sinn hinter dem Erzählfaden befragen. Es ist möglich, dass die diagnostizierte Skepsis an der Existenz Gottes

---

blen gehen somit aus der Multiplikation des Korrelationswertes mit diesem Abstand hervor. Das sei am Beispiel des phänomenologischen Religionsunterrichts veranschaulicht. Er korreliert mit –.30 mit dem Faktor «Orthodoxie versus Relativismus» (Tab. 58). Die negative Korrelation gibt an, dass er auf der Seite des Relativismus liegt, der Betrag von .30, dass er knapp ein Drittel des Abstands zum Relativismus vom Mittelpunkt der Koordinatenachse entfernt anzutragen ist. Ferner gibt es keine signifikante Korrelation des phänomenologischen Religionsunterrichts mit dem Faktor «Zweite Naivität versus Kritik», was bedeutet, dass er genau im Mittelpunkt dieser Koordinatenachse liegt. Die Kombination beider Werte bedeutet, dass der phänomenologische Religionsunterricht auf der Diagonalen «Orthodoxie versus Relativismus» liegt (wegen der fehlenden Korrelation mit dem anderen Faktor), und zwar bei etwa einem Drittel auf dem Weg zum Idealtyp Relativismus.

einer agnostischen Einstellung entspricht: Es kann nicht eindeutig gesagt werden, ob es Gott gibt oder nicht, weil einschlägige Erfahrungen fehlen.

Das Profil der beiden Unterrichtstypen

Bleiben wir beim phänomenologischen Religionsunterricht, finden sich in seiner Nähe die Faktoren einer neutralen Haltung den verschiedenen Religionen gegenüber, der Wertschätzung religiöser Pluralität, der solidarischen Freiheit und der Sympathie für linke politische Positionen. Die letzten drei Faktoren liegen deutlich auf Seiten eines symbolischen Schriftverständnisses, die Wertschätzung religiöser Pluralität und der politischen Linksorientierung zusätzlich deutlich auf Seiten der Ablehnung von Transzendenz. Die beiden letzten Faktoren harmonieren somit gut mit einem relativistischen religiösen Stil, während der Einsatz für Gerechtigkeit, den das Einstellungsbündel der solidarischen Freiheit beinhaltet, ebenso von Menschen gezeigt werden kann, die der Zweiten Naivität zuzurechnen sind. Die neutrale Haltung den verschiedenen Religionen gegenüber ist dagegen relativ unabhängig davon, wie man «heilige Schriften» liest. Entscheidend ist, dass man die Existenz Gottes oder einer anderen übersinnlichen Macht eher skeptisch betrachtet.

Als Ensemble bieten die fünf Faktoren ein schlüssiges Bild. Wer einen phänomenologischen Religionsunterricht anzielt, wird kaum eine negative Einstellung gegenüber religiöser Pluralität haben und anderen Religionen ihr Recht auf eigene Wahrheitsansprüche absprechen. Ebenso passen beide Faktoren in das linke politische Spektrum, das zur Akzeptanz jeglicher – friedfertiger – religiöser Äusserung neigt. Auch eine Wertschätzung solidarischer Freiheit ist in diesem Szenario stimmig. Zusammen fügen sich die fünf beschriebenen Faktoren plausibel in einen tendenziell relativistischen Stil ein. In ihm gibt es kein religiöses Bekenntnis, das andere Religionen ausschliessen würde; vielmehr gelten ihm die verschiedenen Religionen als Ausdruck der gemeinsamen Menschheitserfahrung, dass man als Mensch an seine Grenzen stösst und diese Kontingenz deuten und bewältigen muss. Religion und religiöse Traditionen werden mit einer gewissen Distanz betrachtet, worauf das deutlich ausgeprägte symbolische Schriftverständnis verweist. Man setzt sich zu Religion in Beziehung und sucht nach dem Sinn hinter den unmittelbaren Kulissen. Um Missverständnisse zu vermeiden: Damit ist keine Aussage über die Qualität der Religiosität der Lehrpersonen gemacht, die diesen Stil zeigen. Es ist vielmehr eine Aussage über die Art und Weise, wie sie Religionen begegnen und Religion erleben.

Der konfessionelle Religionsunterricht ist nicht derart deutlich in andere Faktoren eingebettet, allerdings finden sich in seiner Nähe die Faktoren Spiritualität, Skepsis gegenüber religiöser Pluralität, Familie, Patriotismus und Vereinbarkeit von Religion und moderner Gesellschaft. Mit Ausnahme des zuletzt genannten

Faktors liegen alle im orthodoxen Quadranten, wobei ihre Beziehung zu den beiden grundlegenden Dimensionen des theoretischen Modells sehr unterschiedlich ausfällt. Während es für eine Wertschätzung einer lebendigen Beziehung zu einer transzendenten Wirklichkeit vor allem darauf ankommt, von der Existenz einer derartigen Wirklichkeit überzeugt zu sein, spielt das für eine patriotische Haltung keine Rolle. Allerdings fällt auf, dass die Dimension des Schriftverständnisses für alle hier genannten Faktoren eine eher untergeordnete Rolle spielt: Nie ist der Abstand vom Mittelpunkt dieser Koordinatenachse sehr gross. Am stärksten wirkt er sich in der Haltung aus, dass Religion modernitätsfähig sei.

Wiederum bietet sich ein in sich kohärentes Ensemble von Faktoren. Wer einen konfessionellen Religionsunterricht bevorzugt, legt Wert auf eine Beziehung zu Gott, hält Religion für einen wichtigen Bestandteil der gegenwärtigen Gesellschaft, zeigt eine gewisse Skepsis gegenüber religiöser Vielfalt und schätzt familiale Werte. Dieser Komplex entspricht dem, was man von den christlichen Kirchen kennt, die sich vehement für den konfessionellen Religionsunterricht einsetzen. Auch die Nähe zum Patriotismus lässt sich mit ihm assoziieren, denn er ist tendenziell im konservativen politischen Spektrum anzusiedeln. Dass vier der fünf Faktoren, die sich um den konfessionellen Religionsunterricht gruppieren, eher dem orthodoxen Spektrum zuzurechnen sind, rundet dieses Bild ab. Von seiner Lage her liegt die konfessionelle Zielperspektive zwischen dem orthodoxen Stil und der Zweiten Naivität. Sein stilistisches Umfeld ist dagegen eher durch orthodoxe Einschläge geprägt als durch die einer Zweiten Naivität. Es geht ihm also eher um einen direkten Zugang zu Religion, weniger um eine distanziert-symbolische Haltung Religion gegenüber.

Dass es sich hierbei aber nur um eine Tendenz, nicht um eine fundamentale Grundhaltung handelt, zeigt die Lage des monoreligiösen Faktors: Er gehört nicht zum Umfeld des konfessionellen Religionsunterrichts, repräsentiert aber am deutlichsten einen orthodoxen Stil. Monoreligiöse Positionen sehen in der eigenen Religion den einzig authentischen Ausdruck der letztgültigen Wahrheit; Wahrheitsansprüche anderer Religionen werden an den eigenen Normen und Überzeugungen gemessen. Eine derartige Haltung gehört für die von uns befragten Religionslehrerinnen und -lehrer nicht ins Umfeld eines konfessionellen Religionsunterrichts. Konfessionelle Zielsetzungen atmen damit also tatsächlich den Geist religiöser Offenheit, wie er in den einschlägigen Dokumenten eingefordert und behauptet wird.[186] Die orthodoxen Einträge in das Profil eines konfessionellen Religionsunterrichts haben nicht den Charakter fundamentalistischer Positionen.

186 Vgl. *DBK*, Religionsunterricht. Synodenbeschluss 1974; *EKD*, Identität.

Weitere Befunde

Schliesslich finden sich in Abb. 3 noch zwei Faktoren im dem Quadranten, der die externale Kritik repräsentiert. Es sind dies die Freiheit von sozialen Bindungen und die Einstellung, dass Religion nicht in eine moderne Gesellschaft passe. Der letzte Faktor gibt die Grundhaltung externaler Kritik ungebrochen wieder; seine Lage im bezeichneten Quadranten liegt somit auf der Hand. Die Lage des Unabhängigkeits-Faktors erinnert an den traditionellen Antagonismus zwischen Religion und Freiheit: Für viele Vertreter einer individuellen Freiheit bezeichnen Religion und Kirche den Inbegriff von Fremdbestimmung, umgekehrt sehen religiöse Fanatiker im Freiheitsstreben des Menschen den Urgrund sündhaften Verhaltens. Der Unabhängigkeits-Gedanke reiht sich vor diesem Hintergrund also nahtlos in den Quadranten externaler Kritik ein. Einsichtig ist auch, dass beide Faktoren nicht zum Umfeld einer der beiden Zielvorstellungen zum Religionsunterricht gehören. Der Fall der Überzeugung, Religion passe nicht in eine moderne Gesellschaft, spricht für sich. Aber auch eine Unabhängigkeit, die soziale Bindungen ablehnt, gehört nicht in das reguläre Programm eines Religionsunterrichts, egal welcher inhaltlichen Tönung. Eine prosoziale Grundkomponente ist also beiden Zielperspektiven eingeschrieben.

6.3 Diskussion

Die Einbettung der Zielvorstellungen, religiösen Einstellungen, Werteorientierungen und politischen Haltungen in typische religiöse Stile führte zu einem aussagekräftigen Befund, denn die Mehrzahl der statistischen Kennziffern fiel hinreichend gross aus. Als erstes Ergebnis kann damit festgehalten werden, dass der religiöse Stil eine wirksame Mediator-Variable für die Haltung von Religionslehrerinnen und -lehrern ist. Er ist nicht nur ein theoretisch nahe liegendes alltagsästhetisches Schema, sondern auch ein faktisch wirksames. Was bedeutet das? Es gehört zu den religionspädagogischen Standardthemen, dass die Person der Lehrkraft eine wichtige Variable für den Religionsunterricht darstellt, wobei der individuellen Religiosität besonderes Gewicht zugeschrieben wird. Im klassischen religionsdidaktischen Dreieck stellt die Lehrerpersönlichkeit eine zentrale Grösse dar. Nicht umsonst ist es beiden Kirchen wichtig, dass zukünftige Religionslehrerinnen und -lehrer nicht nur fachlich, sondern auch spirituell gebildet werden. Unsere Befunde untermauern diese Überzeugung. Vor allem zeigen sie aber, dass es bei der spirituellen Bildung nicht um einzelne Massnahmen gehen kann. Die von uns erhobenen Zusammenhänge weisen vielmehr darauf hin, dass es ein komplexes Netz verschiedener religiöser Einstellungen ist, die das Profil des Religionsunterrichts kennzeichnen. Es geht nicht nur um einzelne Überzeugungen, sondern um den grundsätzlichen Stil, den die Religiosität einer Person kennzeichnet. Auch geht es hierbei nicht um einen kausal-mechanistischen Zusammenhang; dafür sind die Korrelationswerte insgesamt zu niedrig. Vielmehr geht es um subtil gewobene Netze religiöser Einstellungen, die dazu neigen, ein besonderes Profil des Religionsunterrichts stärker zu schätzen als andere Profile.[187]

Phänomenologischer Religionsunterricht

Das deutlichste Profil hat der phänomenologische Religionsunterricht, der mit dem Einsatz für soziale Gerechtigkeit, einer positiven Haltung gegenüber religiöser und kultureller Pluralität, einer theologisch pluralen Position und einer politischen Orientierung einhergeht, die links von der Mitte liegt. Dieses Profil ist in sich stimmig. Es korrespondiert mit einem relativistischen Stil, der religiösen Überzeugungen und Vollzügen mit einer gewissen Distanz gegenübersteht. Religiöse Zeugnisse werden vornehmlich symbolisch verstanden, so dass nach der Wirklichkeit hinter dem unmittelbaren Anschein gefragt wird. Darüber hinaus

187 Es stellt sich die Frage der Konfundierung, das heisst, ob mit dem religiösen Stil etwas gemessen wird, was implizit bereits in den Variablen zur religiösen Einstellung grundgelegt ist. Den deutlichsten Zusammenhang gibt es zwischen dem monoreligiösen Faktor und dem orthodoxen Stiltyp (r = .63). Monoreligiosität steht für die Einstellung, dass man nur in der eigenen Konfession zum ewigen Heil gelangen kann. Dazu ist die Anerkennung einer göttlichen Wirklichkeit sicher notwendig und auch ein wörtliches Schriftverständnis liegt hier nahe. Allerdings lässt sich fragen, ob beide Stildimensionen notwendig in einer monoreligiösen Haltung enden müssen. Zumindest der von der katholischen Kirche vertretene Inklusivismus, der andere Religionen anerkennt, ohne die eigenen Wahrheitsansprüche zu relativieren, zeigt, dass es auch anders geht. Der zweitstärkste Zusammenhang ergibt sich zwischen der positiven Bewertung von Pluralität und dem relativistischen Stiltyp (r = .41). Auch dieser Zusammenhang liegt nahe, ohne dass jedoch sofort einsichtig ist, warum er in einer skeptischen Haltung gegenüber einer göttlichen Wirklichkeit begründet liegen soll. Die evolutive Entfaltung des Glaubens an Gott in verschiedene Konfessionen gehört gerade zu den charakteristischen Denkfiguren des religiösen Pluralismus. Religiöse Vielfalt ist also nicht notwendig an die Ablehnung von Transzendenz gebunden. Auch der drittstärkste Zusammenhang, nämlich der zwischen einer politisch linken Haltung und dem relativistischen Stiltyp (r = .38) lässt sich nicht vollständig durch eine Konfundierung begründen. So erscheint es zwar nahealiegend, dass eine göttliche Wirklichkeit im linken politischen Spektrum eher abgelehnt wird, aber ein symbolisches Schriftverständnis ist hier nicht notwendig gegeben. Eher würde man hier eine Ablehnung biblischer Zeugnisse erwarten, weil deren Inhalte sich als nicht realistisch erwiesen haben. Fasst man diese drei Beobachtungen zusammen, so gibt es durchaus naheliegende Bezüge zwischen den untersuchten religiösen Faktoren und den beiden elementaren Dimensionen des Stilmodells. Allerdings gibt es auch kontra-intuitive Bezüge, die nicht mit dem übereinstimmen, was man erwartet hatte. Eine starke Konfundierung, die sämtliche Befunde bedingt, kann also nicht vorliegen. Dass es jedoch gewisse Analogien zwischen den verschiedenen Variablen gibt, lässt sich im religiösen Feld aber auch nicht vollständig ausschliessen.

sind sich die betreffenden Lehrerinnen und Lehrer nicht sicher, was sie sich unter einer göttlichen Wirklichkeit vorstellen sollen. Hinter dieser Skepsis verbirgt sich wohl das agnostische Dilemma, dass Gott eine offene Frage ist, die weder in die eine noch in die andere Richtung beantwortet werden kann. Sie gehören zu denen, die sich der Existenz Gottes nicht ganz sicher sind. Gott ist für sie eine offene Frage, die man sich immer wieder neu stellen muss.

Konfessioneller Religionsunterricht

Die konfessionelle Zielperspektive für den Religionsunterricht weist starke Bezüge zu einer spirituellen Grundhaltung auf. Darüber hinaus korrespondiert sie mit einem Erleben von Religion als zeitgemäss und modernitätsfähig. Stilistisch findet sie sich auf der Schwelle zwischen dem orthodoxen Typ und der Zweiten Naivität wieder. Eine konfessionelle Zielsperspektive ist somit an die Anerkennung einer göttlichen Wirklichkeit gebunden, ohne dass es darauf ankommt, wie man religiöse Zeugnisse interpretiert. Dies kann ebenso wörtlich wie symbolisch geschehen. Damit bleibt das Profil der konfessionellen Zielperspektive in gewisser Weise komplex. Auf der einen Seite deuten die negative Beurteilung von Pluralität und die Wertschätzung der Familie auf eine konservative Haltung hin. Diese Haltung ist aber nicht fundamentalistisch verhärtet. Wer einen konfessionellen Religionsunterricht anstrebt, liest die Bibel nicht notwendig wörtlich. Die von uns Befragten repräsentieren nicht, wie wir gesehen haben, die idealtypische konfessionelle Zielperspektive, da sie Pluralität nicht negativ beurteilen und die Wertschätzung der Familie nicht in einer Weise sichtbar wird, wie man sie erwartet hätte (vgl. 5.2).

Kriterium: Einstellung gegenüber Pluralismus

Darüber hinaus gibt es noch einen Befund, der für die Ausgangsfrage unserer Untersuchung bedeutsam ist. Anlass dieser Untersuchung war die Einsicht, dass Religionsunterricht durch die alltäglich spürbare Vielfalt der Religionen und religiösen Haltungen herausgefordert ist. Tatsächlich erweist sich die Haltung gegenüber religiöser Pluralität im empirischen Befund als unterscheidendes Merkmal. So liegen sämtliche Faktoren, die religiöse Vielfalt positiv erfassen, im relativistischen Quadranten. Entsprechend finden sich die Faktoren, die religiöse Pluralität negativ beschreiben, im orthodoxen Quadranten. Zugespitzt könnte man formulieren. Wer an Gott glaubt und die Bibel wörtlich versteht, der lehnt religiöse Vielfalt ab. Wer dagegen nicht allzu überzeugt an Gott glaubt und die Bibel symbolisch interpretiert, kann religiöse Pluralität akzeptieren. Religiöse Pluralität wird umso stärker als bereichernd und hilfreich wahrgenommen, je mehr man geneigt ist, religiöse Zeugnisse symbolisch aufzufassen und je weniger entschieden die eigene Frage nach Gott ist. Obwohl ein reduktiver Zug in der positiven Erfahrung religiöser Vielfalt nicht zu übersehen ist, der alles Religiöse als Ausdruck menschlicher Lebensweisheit erfasst, wendet sich die Erfahrung religiöser Pluralität nicht gegen die Religionen. Religion bleibt für die von uns befragten Lehrpersonen eine bedeutsame Ressource, für die einen in der Form einer spezifischen Konfession, für die anderen in der Lebenserfahrung, die die verschiedenen Religionen zur Verfügung stellen.

7 Perspektiven für den schulischen Religionsunterricht

7.1 Die Bedeutung der Lehrperson

Haltung und Einstellung der Lehrpersonen gegenüber der Pluralität und die sich daraus ergebenden Unterrichtskonzepte bilden den Fokus der vorliegenden Studie. Dafür gibt es gute Gründe. Der «menschliche Faktor» gilt nach wie vor als ein zentrales Element schulischen Unterrichts, auch angesichts der Interdependenz von beruflichem Rollenverständnis und strukturell-inhaltlichen Rahmenbedingungen.

Traditionell wurde im konfessionellen Religionsunterricht das Charisma des Lehrers und seine Rolle als Glaubenszeuge betont. Das Selbstverständnis von geweihten bzw. ordinierten Männern, die lange Zeit allein den Religionsunterrichts erteilten, sich aber kaum als Lehrer verstanden, wurde damit verallgemeinert. Ihr Anteil unter den Religionslehrpersonen nimmt seit 50 Jahren stetig ab, auf katholischer Seite stärker als auf reformierter. Bei den Befragten sind es noch knapp unter 10 %.

Dieses Selbstverständnis hat dazu beigetragen, die Vorbehalte gegenüber dem Religionsunterricht zu nähren und den Verdacht der missionarischen Absicht zu untermauern.

Eine der wenigen Untersuchungen zum Religionsunterricht in der Schweiz[188], die Priesterbefragung von 1971, bestätigt das Fremdheitsgefühl, das die als Religionslehrer tätigen Priester im Rahmen der Schule hatten. Es zeigt sich in der Überforderung im Hinblick auf disziplinarische und methodische Probleme und die Tatsache, dass die schulische Tätigkeit als ausserordentlicher Faktor in der pastoralen Aufgabenfülle und als Belastung des knappen Zeitbudgets empfunden wurde.

In Deutschland gibt es professionell ausgebildete Religionslehrpersonen ohne institutionelle pfarreiliche Anbindung seit Kriegsende. Der Synodenbeschluss «Der Religionsunterricht in der Schule» von 1974 reflektiert das veränderte Selbstverständnis dieser Berufsgruppe. Zwar wird formuliert, die Religionslehrpersonen sollten bereit sein, «die [gesetzlich vorgesehene] Verantwortung der Kirche für die Inhalte des Religionsunterrichts mit zu tragen»[189], wie sie z. B. bei der Mitwirkung an den Lehrplänen realisiert wird. Die kirchliche Bindung bedeute jedoch nicht

188 Übersicht bei *Frei,* Religionsunterricht.

189 *DBK,* Synodenbeschluss, 2.8.3.

«Verpflichtung auf ein verklärtes, theologisch überhöhtes Idealbild der Kirche»[190]. Kritische Distanz ist nicht nur geduldet, sondern erwünscht. Das hat seinen Grund darin, dass Religionslehrpersonen im Synodenbeschluss auch als Anwälte der Schülerinnen und Schüler gegenüber Schule und Kirche gesehen werden.[191] Trotz dieser deutlichen Worte des Synodenbeschlusses wurde die Vorbildfunktion von Religionslehrpersonen gelegentlich wieder auf Kirchlichkeit hin verengt. Die schon erwähnte Studie von Schach (1981) liegt ganz auf dieser Linie.[192]

Die Denkschrift «Identität und Verständigung» der Evangelischen Kirche in Deutschland (EKD) betont, dass die Religionslehrer «in besonderen Unterrichtssituationen mit Recht nach ihrem eigenen Glauben und Standpunkt befragt werden»[193], weil sie in der Wahrnehmung der Schülerinnen und Schüler Christsein repräsentieren. Um selbständig zu einer eigenen Glaubenshaltung zu kommen, brauchen sie, so die EKD, ein profiliertes Gegenüber, mit dem sie sich auseinandersetzen können. Kritisches Denken widerspricht also dem konfessionellen Religionsunterricht nicht.

7.2 Teaching in Religion – Teaching about Religion: keine Gegensätze?

Wie in 3.1 dargestellt, basiert das vorliegende Forschungsdesign auf Michael Grimmitts Typologie des Religionsunterrichts. Es wird unterschieden zwischen einem konfessionellen Modell («Teaching in Religion») sowie einem phänomenologischen bekenntnisneutralen («Teaching about Religion») und einem pädagogischen Modell («Learning from Religion»). In der Theorie sind die beiden Erstgenannten scharf voneinander abgegrenzt.

In der Schweiz verstehen sich die neu entwickelten, ganz staatlich verantworteten Modelle des Religionsunterrichts als bekenntnisneutrales «Teaching about Religion», in Abgrenzung zum kirchlich verantworteten, konfessionellen «Teaching in Religion».

Die Grimmitt'schen Konzepte haben sich aus der Kritik am obligatorischen konfessionellen anglikanischen Unterricht entwickelt und im Bemühen um einen der religiösen Pluralität angemessenen Religionsunterricht. Grundlegender Unterschied zwischen den beiden Konzepten ist nach Grimmitt die Fähigkeit der Lehrpersonen, zu ihren eigenen Überzeugungen eine Distanz einzunehmen und eine

190 Ebd., 2.8.5.
191 Vgl. ebd., 2.8.6.
192 Vgl. *Schach,* Religionslehrer.
193 *EKD,* Identität 85.

Haltung der Ideologiekritik gegenüber der eigenen Position anzunehmen.[194] Deshalb ist ein von hermeneutischen Voraussetzungen absehendes Konzept des «Teaching about Religion» mit dem pädagogisch nicht umzusetzenden Anspruch von Neutralität noch keine hinreichende Lösung. Als Alternative entwickelt er ein subjektorientiertes und der religiösen Vielfalt in England entsprechendes Fach mit einer phänomenologischen Ausrichtung: «Teaching about Religion», in der Untersuchung wurde dies als pädagogisches Konzept bezeichnet.

Inhalt des Religionsunterrichts als «Teaching about Religion» ist eine nicht wertende Information über verschiedene Religionen und Weltanschauungen. Um aber eine gemeinsame pluralismusfähige Wertegrundlage entwickeln zu können, die für Schule und Gesellschaft unverzichtbar sind, braucht es das Bewusstsein über Gemeinsamkeiten der verschiedenen Weltanschauungen und über die ideologischen Begrenzungen der je eigenen Position.

Diese gemeinsame Wertegrundlage entwickelt sich nach Grimmitt nicht einfach aus sich selbst heraus, sondern erfordert einen aktiven Prozess der Ideologie- und Selbstkritik aller Beteiligten, wovon er auch die Vertreter der säkularen Weltanschauung nicht ausnimmt. Die gemeinsame Wertegrundlage kann nicht neu erfunden und verhandelt werden. Um eine Chance zu haben, sich in der Gesellschaft zu verankern und damit auch handlungswirksam zu werden, müssen Gemeinsamkeiten und gegenseitige Abhängigkeit der Religionen und Weltanschauungen ins Bewusstsein gerückt werden.

Grimmitts religionspädagogisches Konzept versteht sich als Einübung dieser Bewegung im Klassenzimmer. Sie ist dann erfolgreich, wenn Kinder die Erfahrung machen, voneinander – auch religiös – zu lernen. Um dies zu ermöglichen, muss der Religionsunterricht eine lebenspraktische Relevanz haben: «Learning from Religion». Wenn der Religionsunterricht zur gemeinsamen Wertegrundlage beitragen soll, muss er mehr beinhalten als Wissensvermittlung – «Learning from Religion» ist insofern die logische Weiterentwicklung von «Teaching about Religion». Festzuhalten ist, dass Grimmitt das «Learning from Religion» als Weiterentwicklung des «Teaching about Religion» ansieht. Die Möglichkeit, dass der konfessionelle Unterricht sich im Hinblick auf Lebensbedeutsamkeit einerseits und Pluralitätsfähigkeit andererseits hin weiterentwickelt, sieht er nicht.

Genau dies aber zeigt sich in unserer Untersuchung. Die Befragung der schweizerischen Lehrpersonen hat ergeben, dass die Trennung zwischen dem konfessionellen und dem phänomenologischen Konzept sich in der Haltung der befragten Religionslehrpersonen nicht widerspiegelt. «Teaching in Religion» schliesst «Teaching about Religion» nicht aus, das theoretisch Nicht-Integrierbare wird von den

194 Vgl. *Grimmitt,* Religionspädagogik 44 ff.

Lehrpersonen in ihr Unterrichtskonzept integriert. Konfessionelle wie phänomenologische Items finden eine hohe Zustimmung, Positionierung im eigenen Bekenntnis und die Vermittlung eines objektiven Bildes von Weltreligionen stehen nicht im Gegensatz zueinander. Der konfessionelle Unterricht wird nicht verstanden als kirchliche Unterweisung, sondern steht im Dienst der religiösen Bildung in einem selbstverständlichen pluralen Kontext. Die Autonomie des Subjekts und die gesellschaftliche Pluralität treten im Religionsunterricht nicht in Konkurrenz zum Anspruch der Kirchen. Wie lässt sich dieser Befund deuten?

Tatsächlich sind die beiden in Frage stehenden Konzepte nicht grundsätzlich unvereinbar. Als Konzepte stellen sie eine idealtypische Abstraktion der realen Praxis dar. So berechtigt Grimmitts Kritik an der von ihm erlebten «Religious Instruction» ist, so berechtigt die Bedenken gegen einen konfessionellen Religionsunterricht sind, der allein kirchlichen Interessen dient, ist aber nicht zu übersehen, dass sich die konfessionelle religionspädagogische Praxis in der Schweiz und in den deutschsprachigen Ländern weiterentwickelt hat. Nichtchristliche Religionen wie auch Religionskritik – auf der entsprechenden Schulstufe – gehören seit Langem zu den Standardthemen des konfessionellen Religionsunterrichts. Dabei geht es keineswegs darum, sich des Wahrheitsanspruchs des Christentums apologetisch zu vergewissern, sondern über diese Religionen zu informieren und Verständnis für sie zu wecken.

Die hermeneutische Frage des angemessenen Zugangs zu religiösen Themen im schulischen Religionsunterricht muss dennoch gestellt werden. Christliche Themen sind im konfessionellen Unterricht in der deutlichen Mehrzahl, und von einem «objektiven» Zugang kann man sicher angesichts der christlichen Prägung nicht sprechen. Die Frage des objektiven Zugangs stellt sich allerdings nicht nur im Zusammenhang mit dem konfessionellen Unterricht, sondern ist eine grundsätzliche und auch mit dem phänomenologischen Unterricht keinesfalls erledigt.

Die phänomenologische Dimension ist mit dem konfessionellen Unterricht vereinbar, indem neben der Innenperspektive auch eine Aussensperspektive auf die eigene und andere Religionen eingenommen wird. Allerdings lässt sich umgekehrt die konfessionelle Dimension in einen phänomenologisch ausgerichteten Religionsunterricht nicht integrieren. Phänomenologische und konfessionelle Konzepte sind in der Schule kompatibel, wenn der konfessionelle Unterricht sich als pluralitätsfähig erweist. Im besten Falle ergänzen sie sich und können voneinander profitieren.

7.3 Konfessionelle Prägung und Pluralitätsfähigkeit

Der Vereinbarkeit des phänomenologischen und des konfessionellen Konzepts von Religionsunterricht spiegelt sich auch in der persönlichen Werthaltung der Religionslehrpersonen wider. Die Befragung zeigt hohe Werte bei der religiösen Praxis (Gottesdienstbesuch, Gebet, Tab. 13) und bei der religiösen Selbsteinschätzung. Trotzdem verstehen sich die Lehrpersonen nicht als Missionare in einer religionsfeindlichen Welt. Sie sind gerade nicht der Meinung, dass sie gesellschaftliche Aussenseiter sind, sondern sie sind davon überzeugt, dass die Frage religiöser Sinnfindung für den modernen Menschen aktuell ist (fast 90 %).

Die Pluralität, die sie erfahren, wird nicht als Bedrohung und Überforderung erlebt, sondern positiv bewertet. Die Lehrpersonen sind selbstverständlicher Teil der gesellschaftlichen Pluralität. Sämtliche Aussagen zum exklusivistischen und inklusivistischen Überlegenheitsanspruch werden mehrheitlich abgelehnt (Tab. 34). Die Befragten vertreten trotz ihrer religiösen Verwurzelung eine pluralitäts- und reflexionsfreundliche Religiosität. In dieses Bild fügt sich logisch ein, dass auch die eigene Autonomie hoch geschätzt wird (Tab. 46).

Unser Befund bestätigt die These der französischen Religionssoziologin Hervieu-Léger zum Modernisierungsprozess innerhalb der Kirche. Weil «selbst die treuesten Kirchenmitglieder […] als autonome Glaubenssubjekte geachtet werden» wollen und sie «einen Typ institutioneller Absicherung des Glaubens» nicht mehr ertragen, weil sie der hierarchischen Pyramide kritisch gegenüberstehen, an dessen Basis eine Armee von Priestern die Kontrolle sicherstellte, steht der Kirche die antimodernistische Option nicht mehr zur Verfügung.[195] Dieses Selbstverständnis wird in der Schweiz durch den staatskirchenrechtlichen Rahmen, die hohe Autonomie der Pfarreien und den selbstverständlichen Umgang mit Demokratie in der Kirche am Ort bestärkt.

Die Verbindung von Autonomie und Bindung zeigt sich auch in der ethischen Orientierung. Sie ist geprägt von Werten der Solidarität und der Verantwortung für das Ganze; gleichzeitig haben auch die Items zur Autonomie eine hohe Wichtigkeit: eine eigene Meinung haben, Widerspruch artikulieren, unabhängig und eigenständig sein. (Tab. 46). Für die Religionslehrpersonen ist Autonomie jedoch gepaart mit der Verpflichtung, über den Tellerrand der eigenen Interessen hinauszuschauen. Dem entspricht, dass national geprägte Interessen und Unterordnung unter Autoritäten wenig Zustimmung erhalten. Eher unerwartet schwach ausgeprägt ist auch die nur mittelmässige Zustimmung zur traditionellen Familie für die eigene Lebensgestaltung; allerdings wurde nicht nach der Einschätzung der gesellschaftlichen Bedeutung von Familie gefragt.

---

195 Vgl. *Hervieu-Léger*, Kritik 237.

Insgesamt bestätigt sich bei der Werteorientierung eine Tendenz, die sich insgesamt bei der Befragung zeigt: Wir haben es mit einer relativ homogenen Gruppe zu tun. Die Varianz ist äusserst gering: Wie auch bei anderen Items sind Unterschiede nach Geschlecht, Konfession oder anderen Merkmalen empirisch kaum bedeutsam. Es liegt die Assoziation nahe, dass dies mit der Milieuverengung zu tun haben könnte, wie sie die SINUS-Milieu®-Studie für die Katholische Kirche in Deutschland festgestellt hat. Gegen diese Annahme spricht, dass die hier untersuchten Religionslehrpersonen sich eben gerade nicht in ein traditionelles und antimodernes Schema einordnen lassen, wie dies die SINUS-Studie behauptet, sondern eher Merkmale des postmaterialistischen Milieus (gemäss SINUS-Studie) aufweisen. Die vorliegende Befragung kann hierzu keinen Aufschluss liefern, da sie nicht milieuspezifisch ausgerichtet ist.

7.4 Der Beitrag des konfessionellen Religionsunterrichts zur Differenzkompetenz

Im Zusammenhang mit der PISA-Studie unterscheidet Baumert vier Modi der Weltbegegnung, denen die Bildung verpflichtet ist: die kognitiv-instrumentelle, die ästhetisch-expressive, die evaluativ-normative und die existenziell-ultimative. Die unterschiedlichen Weltzugänge sind nicht hierarchisch geordnet und nicht austauschbar.[196]

Gewisse Schulfächer wie z. B. Mathematik oder Kunst sind deutlich einer bestimmten Rationalitätsform zugeordnet; die einzelnen Fächer sind aber keineswegs deckungsgleich mit nur einem Modus der Weltbegegnung, sondern vereinen sie in unterschiedlicher Gewichtung. Die thematische und didaktische Gestaltung der verschiedenen Weltzugänge ist stark kulturabhängig, was besonders bei politischer Bildung und Sachkundeunterricht zu sehen ist. Auch Schulform und Schulstufe spielen eine Rolle. Beim Zugang zu den religiös-konstitutiven Fragen, so Baumert, sind die kulturabhängigen Unterschiede am deutlichsten (vgl. Einleitung). «In diesem Bereich ist nicht einmal in jedem Fall der Vorrang des reflexiven Zugangs selbstverständlich.»[197]

Übergreifendes Ziel der Bildung ist «systemspezifisch auszuformende Kommunikationskompetenz, die erforderlich wird, weil Kommunikation das entscheidende Medium ist, in dem sich Systemkontakte überhaupt abspielen»[198]. Diese erfor-

196 Vgl. *Baumert,* Bildungsvergleich.

197 Ebd. 8.

198 *Dressler,* Modi 6.

dert «kompetente Mitspieler in den Systemgeflechten»[199]. Die Aufgabe der Bildung besteht gerade nicht darin, «die mit der modernen Kultur unvermeidlich verbundenen Unsicherheiten [zu] beseitigen, noch irgendeine Einheitsperspektive an[zu]bieten, in der sich die Differenzen auflösen. Bildung zielt nicht auf Sicherheit, sondern auf Unsicherheitstoleranz, nicht auf ganzheitliche Weltsicht, sondern auf ‹Differenzkompetenz›.»[200] Die Differenzkompetenz ist erforderlich, um an der gesellschaftlichen Kommunikation teilnehmen zu können.

Der konfessionelle Religionsunterricht kann einen entscheidenden und spezifischen Beitrag zur Differenzkompetenz leisten. Distanzierung vom eigenen Standpunkt, wie von Grimmitt gefordert, ist zentrales Element von Differenzkompetenz. Voraussetzung dafür aber ist das reflektierte Bewusstsein dessen, worin jener überhaupt besteht. Aus pädagogischer Sicht ist zu bedenken, dass Kinder und Jugendliche noch vorwiegend heteronom, also von Eltern und anderen Sozialisationsinstanzen geprägt sind. Die Schule und der Religionsunterricht müssen dazu beitragen, dass ein eigener Standpunkt sich überhaupt ausbilden kann. Bei den Befragten findet das Item, der ideale Religionsunterricht «hilft den Schülern, Sinn und Orientierung für ihr Leben zu finden», die höchste Zustimmung (Tab. 20). Dies darf nicht missverstanden werden als das Angebot «irgendeiner Einheitsperspektive». Vielmehr drückt es aus, dass nach Meinung der Religionslehrpersonen der Religionsunterricht sich vor allem durch Lebensrelevanz auszeichnen muss. Überhaupt hat sich gezeigt, dass die pädagogische Grundierung des professionellen Handelns für die Befragten vorrangig ist (vgl. Kapitel 3.2 und 3.3). Sie sind zuerst Lehrpersonen, und dann erst Religionslehrpersonen.

Die «Ressourcen der Sinnfindung», die nach Habermas – in seiner berühmten Rede zur Verleihung des Friedenspreises des deutschen Buchhandels von 2001 – die Religionen der Gesellschaft anzubieten hätten, erschliessen sich nicht einfach von selbst, sondern können nur über eine reflektierte und individuell bedeutsame Aneignung wirksam werden. Hier hat der konfessionelle Unterricht in der Schule neben der familiären und/oder kirchlichen Sozialisation eine besondere Rolle, denn das Fach beschränkt sich nicht auf die existenziell-ultimative Weise der Weltbegegnung, sondern impliziert auch die anderen drei von Baumert genannten. Erst durch das Zusammenspiel aller vier Modi der Weltbegegnung kann religiöse Sprachfähigkeit oder «systemspezifisch auszuformende Kommunikationskompetenz» entstehen.

---

199 Ebd.
200 Ebd.

7.5 Neutrale Haltung der Religionslehrperson

In der Diskussion um den nichtkonfessionellen Religionsunterricht in der Schweiz spielt die Frage nach der religiösen Haltung der Lehrpersonen – ausgesprochen oder unausgesprochen – eine grosse Rolle. Es wird betont, dass gegenüber den verschiedenen Religionen und Weltanschauungen strikte Neutralität einzuhalten sei, eine Haltung, die man konfessionell gebundenen Lehrpersonen eher nicht zutraut.

Ein neutraler und unvoreingenommener Zugang zu religiösen Traditionen kann nicht durch ein Konzept allein gewährleistet werden. Neutralität als Haltung in einem Erziehungsprozess kann niemals absolut sein, sonst kann sie zur Ideologie verkommen, die reales Erkenntnisinteresse verschleiert. Neutralität ist von den Zielen der schulischen Bildung insgesamt und der herrschenden Kultur geprägt und kann von der Lehrperson nur als relative ausgeübt werden. Erforderlich ist Rollenkompetenz, das heisst, dass die Selbstreflexion über die religiöse Prägung der Lehrpersonen wie auch der Umgang mit der Religiosität von Schülerinnen und Schülern nicht ausgeblendet werden darf.

Interessant ist in diesem Zusammenhang ein Artikel der Zürcher Studierendenzeitung vom März 2009.[201] Darin beklagt man sich darüber, dass freikirchlich orientierte angehende Primarlehrer und -lehrerinnen einige Studieninhalte wie Sexualpädagogik, Evolutionslehre, Inhalte des Fachs «Religion und Kultur» ablehnten, zu unterlaufen oder sich entsprechend zu dispensieren suchten. Ausserdem seien sie deutlich islamophob. Wenn auch die dort genannten Zahlen (10–30 % nach Einschätzung Studierender) jeglicher gesicherten empirischen Grundlage entbehren und sich das Prorektorat zu Recht und deutlich gegen eine wie auch immer geartete Gesinnungskontrolle ihrer Studierenden verwehrt hat, so zeigt es beispielhaft, dass Differenzkompetenz nicht erworben werden kann, wenn religiöse Biografien der Lehrpersonen unter dem Anspruch der Neutralität nicht thematisiert werden.

Religiöse Selbstkompetenz als Bewusstsein über den eigenen religiösen Standpunkt und seine historisch-kulturelle Einbettung sowie die Einübung von aktiver Toleranz gegenüber Andersdenkenden ist als unverzichtbares Element auch bei der Ausbildung der Lehrpersonen für den staatlichen Religionsunterricht einzufordern.

201 Information nach RNA – Reformierte Nachrichten, 2.4.2009.

7.6 Ausweitung des konfessionellen Religionsunterrichts

Konfessioneller Religionsunterricht an Schulen kann einen Beitrag zur Differenzkompetenz der Schülerinnen und Schüler leisten, dann nämlich, wenn die Lehrpersonen selbst pluralitätsfähig sind. Die Ergebnisse der Befragung zeigen, dass dies in hohem Masse der Fall ist. Damit könnte der Religionsunterricht in der Schule zur Modernisierung von Religion beitragen. Er findet dort statt, wo sich gesellschaftliche Pluralität wie von einem Brennglas konzentriert zeigt, und wird so zu einem Ort, wo sich Religion nicht mehr abschotten kann. Ausserdem muss er sich den pädagogischen Standards der Schule anpassen. Wird Religion hingegen aus den gesellschaftlichen Institutionen verdrängt und ins Privatleben abgeschoben, verhindert dies die innere Erneuerung und fördert die Ghetto-Bildung.

Diese Überlegung zielt darauf, auch nicht-christlichen Religionsunterricht zu ermöglichen. Die Frage stellt sich vor allem im Hinblick auf den Islam und die Ausbildung islamischer Religionslehrpersonen. Der Religionsrechtler Pahud de Mortanges meint dazu: «Gerade im Falle des islamischen Unterrichts fällt es zudem schwer, hier von einer zulässigen abendländischen Wertevermittlung zu sprechen.»[202] Bei der Debatte um den islamischen Religionsunterricht ist jedoch nicht das zivilreligiöse Argument – das übrigens auch beim christlichen Religionsunterricht an Bedeutung verliert – das entscheidende, sondern das empirische: Die Muslime bilden mit etwa 4 % die grösste religiöse Minderheit in der Schweiz. Es geht dabei nicht darum, dass religiöse Gruppen in der Schule eine Plattform für die eigene Werbung erhalten. Es ist erwiesen, dass eine reflektierte und einigermassen sichere Identität, eine Herausforderung besonders für Kinder mit Migrationshintergrund, für eine konstruktive Teilhabe am Gemeinwesen unerlässlich ist. Religiöse Bildung kann – gerade auch durch den kognitiven Aspekt der Wissensvermittlung über religiöse Tradition – wichtige Bausteine für die Entwicklung einer eigenen Identität liefern.

Es wurde aufgezeigt, dass die Wahrung des religiösen Friedens grundlegende Motivation bei der schweizerischen Gesetzgebung im Hinblick auf Religion ist. Erfahrungen in Deutschland haben gezeigt, dass islamischer Religionsunterricht in der Schule eine integrierende Wirkung hat. Der konfessionelle Unterricht soll und kann dabei religiöse Bildung für alle, wie er durch einen staatlichen Religionsunterricht angestrebt wird, nicht ersetzen. Wenn Religionsunterricht ein unaufgebbares Element von Bildung ist, dann muss er allen Kindern zugänglich sein. Auch die Gewichtung der Themen muss im Hinblick auf die in Schule und Gesellschaft vorhandene Pluralität und unter Berücksichtigung besonderer lokaler

202 *Pahud de Mortanges,* Religionsfreiheit 1406.

und kultureller Gegebenheiten bedacht werden. Die Zivilgesellschaft hat aber auch ein Interesse daran, bedeutsame religiöse Gruppen durch den Religionsunterricht in den Prozess der Pluralität einzubinden. Die Quandt-Untersuchung zur Repräsentation von Religionen in europäischen Lehrplänen (2003) kommt zum Schluss, dass die verstärkte Beschäftigung mit dem eigenen Bekenntnis grössere Neugier für andere Religionen weckt.[203] Grimmitt selbst räumt ein, dass das von ihm angestrebte Ideal des «Learning from Religion» auf unterrichtliche Aktivitäten der Glaubensgemeinschaften selbst angewiesen ist. Staatliche Schulen und Glaubensgemeinschaften müssten eine Partnerschaft eingehen.[204] Die Ermöglichung von konfessionellem Religionsunterricht an der Schule ist hierfür ein hervorragendes Mittel.

203 Vgl. *Kaul-Seidmann,* Europäische Identität.

204 Vgl. *Grimmitt,* Religionspädagogik 46.

Anlage 1:
TRES-Fragenbogen

Network on Teaching Religion in a multicultural European Society

Religion Unterrichten

Eine europäische Studie im Auftrag des Netzwerks
«Teaching Religion in a multicultural European Society»

Bitte füllen Sie den Fragebogen **online im Internet** aus. Sie finden ihn unter

www.tres.theologie.uni-wuerzburg.de/ch

Oder senden Sie den Fragebogen
Bis 25. Oktober 2006 ausgefüllt an:

Professur für Religionspädagogik
Untersuchung «Religion unterrichten»
Kasernenplatz 1
Postfach 7979
6000 Luzern 7

Wie auf die Fragen antworten?

Bei den meisten Fragen benutzen wir eine fünfstufige Antwortskala. Die Bedeutung der Ziffern ist wie folgt:

1	bedeutet **stimme ich überhaupt nicht zu**
2	bedeutet **stimme ich nicht zu**
3	bedeutet **bin ich mir nicht sicher**
4	bedeutet **stimme ich zu**
5	bedeutet **stimme ich vollständig zu**

Kreuzen Sie bitte die Ziffer an, die ihren Standpunkt am besten wiedergibt.

A Zuerst brauchen wir einige Informationen über Ihre Person.

1 Wie alt sind Sie? ______________________

2 Ihr Geschlecht? ☐ weiblich ☐ männlich

3 Sind Sie verheiratet? ☐ nein ☐ ja

4 Was ist Ihre Nationalität? ______________________

5 Welcher Religionsgemeinschaft gehören Sie an?

☐ römisch-katholisch	☐ christlich orthodox	☐ jüdisch-religiös
☐ evangelisch-reformiert	☐ Zeugen Jehovas	☐ jüdisch-säkular
☐ Church of England	☐ presbyteranisch	☐ praktizierender Muslim
☐ baptistisch	☐ buddhistisch	☐ nicht praktizierender Muslim
☐ methodistisch	☐ hinduistisch	☐ Sikh
☐ keiner Religionsgem.	☐ agnostisch	☐ atheistisch

andere: ______________________

6 In welchem Kanton arbeiten Sie?

____

B Dann brauchen wir einige Informationen über Ihr berufliches Umfeld.

1 In welchem Land arbeiten Sie? ______________________________

2 Sind Sie ☐ Laie ☐ Priester ☐ Pfarrer/in
☐ Imam ☐ Rabbiner/in ☐ sonstige

3 Welches ist Ihr höchster Schulabschluss?
☐ Haupt-/Realschule ☐ Abitur ☐ Universitätsdiplom ☐ Promotion
anderer: ______________________________

4 Besuchten Sie eine spezielle Ausbildung, um Religionsunterricht erteilen zu können? ☐ nein ☐ ja

Falls ja, von wem? ☐ Religionsgemeinschaft ☐ Staat
Wo fand es statt? ☐ Schule ☐ Universität
☐ staatliches Fortbildungsangebot
☐ Gemeinde/Religionsgemeinschaft
☐ religiöses Fortbildungsangebot

5 Wo unterrichten Sie Religion? ☐ Gemeinde/Religionsgemeinschaft
☐ religiöse Bildungsstätte
☐ öffentliche Schule
☐ private Schule
☐ anderes: ______________________

6 Unterrichten Sie an verschiedenen Orten?
☐ nein ☐ ja falls ja, an wie vielen? __________

7 Wie viele Jahre unterrichten Sie Religion?
☐ < 5 ☐ 5–10 ☐ 10–15 ☐ > 15

Religionsunterricht

C Wie beurteilen Sie die folgenden Ziele, wenn Sie sie an Ihrem Ideal des Religionsunterrichts messen (1 = stimme überhaupt nicht zu; 3 = bin mir unsicher; 5 = stimme vollständig zu)?

Der ideale Religionsunterricht ...					
01. macht die Schüler mit dem Glauben vertraut.	1	2	3	4	5
02. hilft den Schülern, Sinn und Orientierung für ihr Leben zu finden.	1	2	3	4	5
03. vermittelt den Schülern ein objektives Bild über die Weltreligionen.	1	2	3	4	5
04. befähigt die Schüler, Gott durch religiöse Symbole und Erzählungen zu finden.	1	2	3	4	5
05. hilft den Schülern zu verstehen, was die Religionen wirklich wollen.	1	2	3	4	5
06. befähigt die Schüler dazu, über religiöse Fragen zu diskutieren.	1	2	3	4	5
07. fördert das Verständnis für gesellschaftliche Probleme.	1	2	3	4	5
08. trägt zu einem guten Klassenklima bei.	1	2	3	4	5
09. führt die Schüler näher an die Kirche/religiöse Gemeinschaft heran.	1	2	3	4	5
10. trägt zum Allgemeinwissen bei.	1	2	3	4	5
11. befähigt die Schüler zum Dialog über Werte und Normen, die aus verschiedenen religiösen Traditionen und Weltanschauungen stammen.	1	2	3	4	5
12. macht die Schüler mit den Glaubenswahrheiten der eigenen Konfession vertraut.	1	2	3	4	5
13. befähigt die Schüler, ihren eigenen Standpunkt zu gesellschaftlichen Fragen auf der Grundlage theologischer Kriterien zu finden.	1	2	3	4	5
14. führt die Schüler in die Wahrheit der eigenen religiösen Tradition ein.	1	2	3	4	5
15. vermittelt den Schülern ein Gespür für die Religiosität, die – oft unsichtbar – jeden Menschen auszeichnet.	1	2	3	4	5
16. hilft den Schülern, ihre Lebensperspektive zu finden.	1	2	3	4	5
17. informiert über verschiedene religiöse Kulte und Gemeinschaften.	1	2	3	4	5
18. hilft den Schülern, in Übereinstimmung mit ihrer eigenen religiösen Tradition aufzuwachsen.	1	2	3	4	5
19. bereitet Schüler auf das Abschlussexamen vor.	1	2	3	4	5

20. hilft den Schülern, ihre Identität auf der Basis religiöser Werte zu entwickeln.	1	2	3	4	5
21. befähigt die Schüler dazu, Religion von einem wissenschaftlichen Standpunkt aus zu betrachten.	1	2	3	4	5
22. bereitet die Schüler darauf vor, den gesellschaftlichen Wandel zu bewältigen.	1	2	3	4	5

D Wie häufig setzen Sie die folgenden Methoden in Ihrem Unterricht ein?

1	**Nutzen Sie die folgenden Methoden in Ihrem Unterricht?**					
a.	Texte aus Büchern lesen	nie	selten	ab und zu	oft	sehr oft
b.	religiöse Geschichten erzählen	nie	selten	ab und zu	oft	sehr oft
c.	Rollenspiel	nie	selten	ab und zu	oft	sehr oft
d.	Märchen oder Geschichten erzählen	nie	selten	ab und zu	oft	sehr oft
e.	religiöse Themen im Frontalunterricht erklären	nie	selten	ab und zu	oft	sehr oft
f.	zeichnen und malen	nie	selten	ab und zu	oft	sehr oft
g.	Gruppenarbeit	nie	selten	ab und zu	oft	sehr oft
h.	Bilder betrachten und deuten	nie	selten	ab und zu	oft	sehr oft
i.	Orte ausserhalb der Schule besuchen	nie	selten	ab und zu	oft	sehr oft
j.	Arbeitsblätter ausfüllen	nie	selten	ab und zu	oft	sehr oft
k.	Film anschauen	nie	selten	ab und zu	oft	sehr oft
l.	Musik einsetzen	nie	selten	ab und zu	oft	sehr oft
m.	mit Knete, Ton oder Ähnlichem arbeiten	nie	selten	ab und zu	oft	sehr oft
n.	im Internet recherchieren (während des Unterrichts)	nie	selten	ab und zu	oft	sehr oft
o.	beten/meditieren	nie	selten	ab und zu	oft	sehr oft
p.	religiöse/soziale Fragen in der Klasse diskutieren	nie	selten	ab und zu	oft	sehr oft
q.	singen	nie	selten	ab und zu	oft	sehr oft

2	**Halten Sie diese Methode für wichtig, um Religion zu unterrichten?**			
a.	Texte aus Büchern lesen	nein	weiss nicht	ja
b.	religiöse Geschichten erzählen	nein	weiss nicht	ja
c.	Rollenspiel	nein	weiss nicht	ja
d.	Märchen oder Geschichten erzählen	nein	weiss nicht	ja
e.	religiöse Themen im Frontalunterricht erklären	nein	weiss nicht	ja
f.	zeichnen und malen	nein	weiss nicht	ja

g.	Gruppenarbeit	nein	weiss nicht	ja
h.	Bilder betrachten und deuten	nein	weiss nicht	ja
i.	Orte ausserhalb der Schule besuchen	nein	weiss nicht	ja
j.	Arbeitsblätter ausfüllen	nein	weiss nicht	ja
k.	Film anschauen	nein	weiss nicht	ja
l.	Musik einsetzen	nein	weiss nicht	ja
m.	mit Knete, Ton oder Ähnlichem arbeiten	nein	weiss nicht	ja
n.	im Internet recherchieren (während des Unterrichts)	nein	weiss nicht	ja
o.	beten/meditieren	nein	weiss nicht	ja
p.	religiöse/soziale Fragen in der Klasse diskutieren	nein	weiss nicht	ja
q.	singen	nein	weiss nicht	ja

Religion und Religiosität in der modernen Welt

E Es ist nicht einfach zu entscheiden, wie Religion und die moderne Gesellschaft zusammen passen. Die Meinungen darüber sind unterschiedlich. Wie schätzen Sie die folgenden Aussagen ein (1 = stimme überhaupt nicht zu; 3 = bin mir unsicher; 5 = stimme vollständig zu)?

01. Entgegen vieler Meinungen ist für den modernen Menschen religiöse Sinnorientierung wieder aktuell.	1	2	3	4	5
02. Gäbe es keine Religionen: Für die moderne Gesellschaft müsste man sie erfinden.	1	2	3	4	5
03. In der angeblich säkularisierten Gesellschaft erleben viele religiöse Überzeugungen eine neue Blüte.	1	2	3	4	5
04. Für moderne Menschen gibt es keinen Bedarf an Religion.	1	2	3	4	5
05. In einer modernen Gesellschaft steigt der Bedarf an religiöser Orientierung eher als dass er geringer wird.	1	2	3	4	5
06. Religiöse Überzeugungen, Rituale und Symbole passen nicht in eine moderne Gesellschaft.	1	2	3	4	5
07. Gerade Krisen und Widersprüche des modernen Lebens öffnen dem Menschen die Augen für die Bedeutung religiöser Symbole und Rituale.	1	2	3	4	5
08. Der Mensch mit einem aufgeklärten Bewusstsein hat keine religiösen Fragen mehr.	1	2	3	4	5
09. Religion ist ein Relikt vergangener Zeiten.	1	2	3	4	5

10. In einer modernen Gesellschaft verschwindet das Bedürfnis an Religion.	1	2	3	4	5
11. Je moderner der Mensch ist, desto unwichtiger ist für ihn «Überweltliches» wie Religion.	1	2	3	4	5
12. So fortschrittlich sich eine Gesellschaft auch entwickelt, Religion wird immer eine grosse Rolle im öffentlichen Leben spielen.	1	2	3	4	5

F Wir leben in einer Gesellschaft mit unterschiedlichen religiösen und kulturellen Strömungen. Die Meinungen, ob das gut oder problematisch ist, gehen auseinander. Wie stehen Sie zu den folgenden Statements (1 = stimme überhaupt nicht zu; 3 = bin mir unsicher; 5 = stimme vollständig zu)?

01. Die vielen Weltanschauungen, die es in unserer Gesellschaft gibt, fordern den eigenen Lebensstil und das eigene Denken heraus.	1	2	3	4	5
02. Es gibt zu viele Weltanschauungen in unserer Gesellschaft. Das verwirrt.	1	2	3	4	5
03. Es ist gut, dass es so viele Weltanschauungen in unserer Gesellschaft gibt.	1	2	3	4	5
04. Die vielen Religionen in unserer Gesellschaft erzeugen Unruhe und Spannungen.	1	2	3	4	5
05. Es ist weder gut noch schlecht, dass bei uns jeder glauben kann, was er will.	1	2	3	4	5
06. Die Tatsache, dass es so viele Kulturen bei uns gibt, macht das Leben interessanter.	1	2	3	4	5
07. Es gibt so viele unterschiedliche Religionen und Kulturen bei uns, dass man nicht weiss, an was man sich orientieren soll.	1	2	3	4	5
08. Die vielen Religionen in unserer Gesellschaft machen das Leben weder reicher noch schwerer.	1	2	3	4	5
09. Die religiöse Vielfalt in unserer Gesellschaft bereichert mich.	1	2	3	4	5
10. Es gibt zu viele Religionen und Weltanschauungen in unserer Gesellschaft.	1	2	3	4	5
11. Es ist wirklich egal, dass es so viele Religionen bei uns gibt.	1	2	3	4	5
12. Die Vielfalt an Religionen und Weltanschauungen erlaubt es, über sich selbst nachzudenken.	1	2	3	4	5

G Im Folgenden finden Sie einige Aussagen zu Religion und Glauben. Wie denken Sie über diese Aussagen (1 = stimme überhaupt nicht zu; 3 = bin mir unsicher; 5 = stimme vollständig zu)?

01. Heilige Schriften enthalten eine tiefere Wahrheit, die nur durch persönliches Nachdenken erschlossen werden kann.	1	2	3	4	5
02. Wenn man die Wundergeschichten in heiligen Schriften verstehen will, sollte man sie immer in ihrem jeweiligen geschichtlichen Zusammenhang betrachten.	1	2	3	4	5
03. Nur wenn man glaubt, kann man ein sinnvolles Leben führen.	1	2	3	4	5
04. Gott wurde endgültig definiert und ist daher unveränderlich.	1	2	3	4	5
05. Glaube gleicht einem Traum. Er erweist sich als Illusion, sobald man der Härte des Lebens gegenübergestellt wird.	1	2	3	4	5
06. Heilige Schriften sind ein Leitfaden mit Hinweisen für die Suche nach Gott, und kein historischer Bericht.	1	2	3	4	5
07. Zu viele Menschen sind im Namen Gottes unterdrückt worden, so dass es nicht möglich ist, noch Glaube zu besitzen.	1	2	3	4	5
08. Jede Aussage über Gott ist ein Ergebnis der Zeit, in welcher sie getroffen wurde.	1	2	3	4	5
09. Obwohl heilige Schriften in einer völlig anderen Zeit geschrieben wurden, behalten sie eine Grundbotschaft.	1	2	3	4	5
10. Nur die grossen Religionen garantieren einen Zugang zu Gott.	1	2	3	4	5
11. Im Grunde genommen ist Religion Hingabe ohne absolute Garantie.	1	2	3	4	5
12. Allein Religion gibt dem Leben in jeder Hinsicht Sinn.	1	2	3	4	5
13. Die Art und Weise, in der Menschen ihre Beziehung zu Gott erleben, ist immer durch die jeweilige Zeit geprägt.	1	2	3	4	5
14. Die geschichtliche Genauigkeit heiliger Schriften ist für meinen Glauben an Gott ohne Belang.	1	2	3	4	5
15. Letztendlich gibt es auf jede religiöse Frage nur eine Antwort.	1	2	3	4	5
16. Gott ist nur ein Name für das Unerklärliche.	1	2	3	4	5
17. Die offizielle Lehre und andere Aussagen über Gott sind immer relativ, da sie von Menschen zu verschiedenen Zeiten verkündet wurden.	1	2	3	4	5
18. Die Welt heiliger Schriften ist so weit von uns entfernt, dass sie wenig Bedeutung für uns hat.	1	2	3	4	5
19. Wichtige religiöse Fragen können nur von Pfarrern, Rabbinern, Imamen bzw. Propheten beantwortet werden.	1	2	3	4	5

20. Ein wissenschaftliches Verständnis des menschlichen Lebens und der Welt hat ein religiöses Verständnis überflüssig gemacht.	1	2	3	4	5
21. Gott entwickelt sich mit der Geschichte der Menschheit und ist deshalb wandelbar.	1	2	3	4	5
22. Ich bin mir wohl bewusst, dass mein Glaube nur eine Möglichkeit unter vielen ist.	1	2	3	4	5
23. Ich meine, dass heilige Schriften wortwörtlich verstanden werden müssen.	1	2	3	4	5
24. Trotzt der vielen Ungerechtigkeiten, die im Namen von Religion geschehen sind, halte ich deren ursprüngliche Botschaft für wertvoll.	1	2	3	4	5
25. Glaube ist im Grunde nicht mehr als ein Auffangnetz für die Ängste der Menschen.	1	2	3	4	5
26. Sowohl weltliche als auch religiöse Weltanschauungen geben wertvolle Antworten auf wichtige Lebensfragen.	1	2	3	4	5
27. Nur ein Aussenstehender kann vollständig verstehen, was Religion bedeutet.	1	2	3	4	5
28. Glaube ist Ausdruck einer schwachen Persönlichkeit.	1	2	3	4	5
29. Es gibt keinen absoluten Sinn des Lebens, nur verschiedene Vorstellungen, die für jeden von uns anders sind.	1	2	3	4	5
30. Religion dient häufig als Machtinstrument und ist deshalb suspekt.	1	2	3	4	5
31. Ich würde mich schon als religiös bezeichnen, obwohl früher viele Dinge im Namen von Religionen geschehen sind, mit denen ich nicht einverstanden bin.	1	2	3	4	5

H Hier finden Sie Aussagen zum Verhältnis der Religionen. Wie stimmen Sie den einzelnen Aussagen zu (1 = stimme überhaupt nicht zu; 3 = bin mir unsicher; 5 = stimme vollständig zu)?

01. Die Religionen sind untereinander gleich, sie richten sich alle auf dieselbe befreiende Wahrheit.	1	2	3	4	5
02. Der Weg zum echten Heil ist nur im Dialog der Religionen untereinander zu finden.	1	2	3	4	5
03. Im Vergleich zu anderen Religionen ist meine Religion der wertvollste Weg zum Heil.	1	2	3	4	5
04. Nur in meiner Religion haben die Menschen Zugang zur wahren Erlösung.	1	2	3	4	5
05. Gott ist nur in der Begegnung der Religionen untereinander zu finden.	1	2	3	4	5

06. Nur in meiner Religion können die Menschen das wahre Heil empfangen.	1	2	3	4	5
07. Die Religionen sind alle gleich wertvoll, sie bieten verschiedene Wege zum gleichen Heil an.	1	2	3	4	5
08. Im Vergleich zu meiner Religion erfassen andere Religionen nur einen Teil der Wahrheit.	1	2	3	4	5
09. Im Blick auf alle Religionen ist die christliche Religion bloss einer der vielen Wege zur Erlösung.	1	2	3	4	5
10. Meine Religion ist der einzige Weg zur Erlösung des Menschen.	1	2	3	4	5
11. Es gibt keinen Unterschied zwischen den Religionen, sie drücken dasselbe Verlangen nach Gott aus.	1	2	3	4	5
12. Um die echte, befreiende Wahrheit zu finden, müssen die Religionen miteinander in den Dialog treten.	1	2	3	4	5
13. Im Vergleich zu anderen Religionen bietet meine Religion das höchste Heil an.	1	2	3	4	5
14. Meine Religion zeigt dem Menschen das einzige wahre Licht zur Erlösung.	1	2	3	4	5
15. Die echte Wahrheit ist nur im Gespräch unter den Menschen mit unterschiedlicher Religionszugehörigkeit zu entdecken.	1	2	3	4	5
16. Im Vergleich zu anderen Religionen liegt die tiefste Wahrheit in meiner Religion.	1	2	3	4	5

I Die folgenden Fragen beziehen sich auf Ihre religiöse Praxis

1 Wie oft besuchen Sie ein Gotteshaus (z. B. Kirche, Synagoge, Moschee, Tempel, etc.)?

☐ jeden Tag ☐ fast jede Woche ☐ ab und zu
☐ 1 bis 2 mal im Jahr ☐ nie

2 Wie häufig beten Sie?

☐ jeden Tag ☐ jede Woche ☐ ab und zu
☐ kaum ☐ nie

3 Meditieren Sie oder machen Sie andere mystische Übungen?

☐ jeden Tag ☐ jede Woche ☐ ab und zu
☐ kaum ☐ nie

4 Würden Sie sagen: Ich bin eine religiöse Person?

☐ stimme gar nicht zu ☐ stimme nicht zu ☐ unsicher
☐ stimme zu ☐ stimme stark zu

5 Es gibt verschiedene Arten, die Bibel zu verstehen. Welche der Aussagen steht Ihrer persönlichen Meinung am nächsten? Kreuzen Sie bitte eine der folgenden Möglichkeiten an.

- ☐ Die Bibel/der Koran/die Tora ist das exakte Wort Gottes und deshalb wortwörtlich wahr.
- ☐ Die Bibel/der Koran/die Tora ist inspiriert von Gott, wurde aber von Menschen geschrieben und muss deshalb für jede Zeit neu interpretiert werden.
- ☐ Die Bibel/der Koran/die Tora enthält viele menschliche Weisheiten, sie ist aber keineswegs von Gott beeinflusst.
- ☐ Die Bibel/der Koran/die Tora ist nur ein Buch unter vielen.
- ☐ Keine Meinung.

Persönliche Situation

J Als Lehrer/in sind Sie ein Vorbild für Ihre Schüler/innen. Für wie wichtig halten Sie die folgenden Werte, dass sie von Ihnen vorgelebt werden sollten (1 = überhaupt nicht wichtig, 3 = teilweise wichtig; 5 = sehr wichtig)?

Als Religionslehrer/in ist es wichtig für mich …					
01. in einer guten Partnerschaft zu leben	1	2	3	4	5
02. einen Beruf mit guten Aufstiegschancen zu haben	1	2	3	4	5
03. unabhängig und eigenständig zu denken	1	2	3	4	5
04. viel Geld zu verdienen	1	2	3	4	5
05. Vertrauen in die Heimat zu haben	1	2	3	4	5
06. sich selbst zu beherrschen	1	2	3	4	5
07. stets bereit zu sein, anderen zu helfen	1	2	3	4	5
08. einen starken Glauben zu haben	1	2	3	4	5
09. Kinder zu haben	1	2	3	4	5
10. den Mut zu haben, «nein» zu sagen	1	2	3	4	5
11. stolz auf die eigene Nation zu sein	1	2	3	4	5
12. einen sicheren Beruf zu haben	1	2	3	4	5
13. viel Spass zu haben und an vielen aussergewöhnlichen Events teilzunehmen	1	2	3	4	5
14. ein spirituelles Leben zu führen	1	2	3	4	5
15. sich für die Gesellschaft einzusetzen	1	2	3	4	5
16. sich einer vorgegebenen Ordnung anzupassen	1	2	3	4	5
17. die eigene Meinung zu vertreten	1	2	3	4	5
18. erfolgreich im Beruf zu sein	1	2	3	4	5

19. die eigenen Nationalmannschaften bei Wettkämpfen zu unterstützen	1	2	3	4	5
20. in Verbindung mit einer höheren Macht zu stehen	1	2	3	4	5
21. ein gemütliches Heim zu haben	1	2	3	4	5
22. gut auszusehen	1	2	3	4	5
23. jeden so zu akzeptieren, wie sie bzw. er ist	1	2	3	4	5
24. mit anderen zu teilen, sich für andere einzusetzen	1	2	3	4	5
25. die heimische Wirtschaft gegenüber der globalen Konkurrenz zu unterstützen	1	2	3	4	5
26. an Gott zu glauben	1	2	3	4	5
27. einen Beruf zu haben, in dem ich unabhängig bin	1	2	3	4	5
28. stets auf dem neuesten technologischen Stand zu sein	1	2	3	4	5
29. ein gutes Verhältnis zu meinen Eltern zu haben	1	2	3	4	5
30. fähig zu sein, sich einzuordnen	1	2	3	4	5
31. tun und lassen zu können, was ich will	1	2	3	4	5
32. mich für eine gerechtere Gesellschaft einzusetzen	1	2	3	4	5
33. das eigene Leben unter Kontrolle zu haben	1	2	3	4	5
34. andere mit Geld und meiner Zeit zu unterstützen	1	2	3	4	5
35. Zeit mit der Verwandtschaft zu verbringen	1	2	3	4	5
36. frei von Verpflichtungen zu sein	1	2	3	4	5
37. einen Beruf zu haben, der Anerkennung bei den Menschen findet	1	2	3	4	5
38. modisch gekleidet zu sein	1	2	3	4	5
39. die Nationalhymne zu kennen	1	2	3	4	5
40. sich von etwas gestützt zu fühlen, das nicht von dieser Welt ist	1	2	3	4	5

K Religion zu unterrichten kann viel Stress mit sich bringen. Wie treffen die folgenden Fragen auf Ihre gegenwärtige Situation zu (1 = nie; 2 = selten; 3 = ab und zu; 4 = oft; 5 = sehr oft/immer)?

01. Wie oft fühlen Sie sich müde?	1	2	3	4	5
02. Laugt Sie Ihre Arbeit emotional aus?	1	2	3	4	5
03. Finden Sie es anstrengend mit Schülern zu arbeiten?	1	2	3	4	5
04. Wie oft sind Sie körperlich ausgelaugt?	1	2	3	4	5
05. Fühlen Sie sich ausgebrannt, wenn es um den Religionsunterricht geht?	1	2	3	4	5
06. Geht Ihnen Energie verloren, wenn Sie mit Schülern arbeiten?	1	2	3	4	5
07. Wie oft fühlen Sie sich kaputt?	1	2	3	4	5

08. Sind Sie durch Ihre Arbeit frustriert?	1	2	3	4	5
09. Haben Sie das Gefühl, Ihren Schülern mehr zu geben als dass Sie von ihnen bekommen?	1	2	3	4	5
10. Wie oft denken Sie «Ich kann nicht mehr»?	1	2	3	4	5
11. Ermüdet es Sie zu arbeiten?	1	2	3	4	5
12. Haben Sie keine Lust mehr, mit Schülern zu arbeiten?	1	2	3	4	5
13. Wie oft fühlen Sie sich verbraucht?	1	2	3	4	5
14. Sind Sie morgens ausgelaut, wenn Sie an den Unterricht denken?	1	2	3	4	5
15. Fragen Sie sich manchmal, wie lange Sie in Ihrem Beruf noch durchhalten?	1	2	3	4	5
16. Wie oft fühlen Sie sich schwach und kränklich?	1	2	3	4	5
17. Haben Sie genügend Energie für Ihre Familie und Freunde?	1	2	3	4	5
18. Finden Sie die Arbeit mit Schülern frustrierend?	1	2	3	4	5
19. Fühlen Sie sich am Ende des Tages kaputt?	1	2	3	4	5

L Religionsunterricht wird manchmal von politischen Fragestellungen beeinflusst.

1 Für manche Menschen steht Europa für Hoffnung, für andere für Verschwendung. Wie denken Sie über die Integration der europäischen Länder? Kreuzen Sie bitte eine der folgenden Möglichkeiten an.
Ein vereinigtes Europa...

☐ ... wird für mich persönlich nichts verändern.
☐ ... bedeutet für mich vor allem persönliche Nachteile.
☐ ... bedeutet für mich vor allem persönliche Vorteile.
☐ ... wird für mich sowohl Vorteile als auch Nachteile bringen.

2 Wenn es um ihre politische Einstellung geht, wie würden Sie sich einschätzen?

☐ ... eher rechts außen
☐ ... eher rechts
☐ ... eher in der politischen Mitte
☐ ... eher links
☐ ... eher links außen

Unterrichtssituation

Wenn Sie Religion im Auftrag ihrer Kirche unterrichten, gehen Sie bitte zu Frage N. Falls Sie im Auftrag der öffentlichen Schule unterrichten, dann gehen Sie bitte zu Frage M.

M Religionsunterricht ist zu einem Teil abhängig von der Situation an der Schule. Die folgenden Fragen helfen uns, diesen Einfluss abzuschätzen.

1 Ist Religion an Ihrer Schule ein wichtiges Fach? ☐ nein ☐ ja

2 Unterstützt Sie Ihr Rektor? ☐ nein ☐ ja

3 Untestützen Sie Ihre Kollegen? ☐ nein ☐ ja

4 Schätzt Ihr Rektor, was Sie tun? ☐ nein ☐ ja

5 Schätzen Ihre Kollegen, was Sie tun? ☐ nein ☐ ja

6 Sind Sie mit dem Platz Ihrer Stunden im Stundenplan zufrieden? ☐ nein ☐ ja

7 Ist die technische Ausstattung ausreichend für Ihre Ideen? ☐ nein ☐ ja

8 Wird es gewürdigt, wenn Sie Orientierungstage organisieren? ☐ nein ☐ ja

9 Gibt es einen Raum der Stille? ☐ nein ☐ ja

10 Sind Sie mit dem Unterrichtsmaterial zufrieden? ☐ nein ☐ ja

11 Unterrichten Sie neben Religion noch andere Fächer? ☐ nein ☐ ja
falls ja, welche(s)? ______________________________

____

12 Alter der Schüler? ☐ < 6 ☐ 6–10 ☐ 10–16 ☐ 16–21 ☐ > 21

Gehen Sie bitte weiter zu O!

N Religionsunterricht ist zu einem Teil abhängig von der Situation in der Gemeinde. Die folgenden Fragen helfen uns, diesen Einfluss abzuschätzen.

1 Unterstützt Sie die Gemeindeleitung? ☐ nein ☐ ja

2 Unterstützen Sie die Mitarbeiter in der Gemeinde? ☐ nein ☐ ja

3 Schätzt Ihre Gemeindeleitung, was Sie tun? ☐ nein ☐ ja

4 Schätzen die Mitarbeiter in der Gemeinde, was Sie tun? ☐ nein ☐ ja

5 Sind Sie zufrieden mit dem Zeitpunkt, an dem Sie Religion unterrichten? ☐ nein ☐ ja

6 Sind Sie zufrieden mit den Örtlichkeiten, an denen Sie Religion unterrichten? ☐ nein ☐ ja

7 Ist die technische Ausstattung ausreichend für Ihre Ideen? ☐ nein ☐ ja

8 Gibt es Räumlichkeiten für spirituelle Erfahrungen? ☐ nein ☐ ja

9 Sind Sie mit dem Unterrichtsmaterial zufrieden? ☐ nein ☐ ja

10 Verdienen Sie Geld mit dem Religionsunterricht? ☐ nein ☐ ja

11 Alter Ihrer Schüler? ☐ < 6 ☐ 6–10 ☐ 10–16 ☐ 16–21 ☐ > 21

O Die meisten Religionslehrer haben ein Ausbildungsprogramm durchlaufen. Wenn Sie an Ihre eigene Ausbildung zurückdenken, was würden Sie verbessern?

Vielen Dank für Ihre Mitarbeit!

Bitte senden Sie den ausgefüllten Fragebogen an:

Professur für Religionspädagogik
Untersuchung «Religion unterrichten»
Kasernenplatz 1
Postfach 7979
6000 Luzern 7

Anlage 2: Datenreport

Der Datenreport ist folgendermassen aufgebaut: Es werden sukzessive die verschiedenen Instrumente analysiert. Für jedes Instrument gilt: Nach einem Überblick über das Antwortverhalten auf Itemebene (via Mittelwert; alternativ möglich: Häufigkeitsverteilung) werden typische Antwortmuster herausbearbeitet, um die Daten zu reduzieren (Faktorenanalyse: Hauptkomponente mit Varimax-Rotation und Eigenwert > 1/Scree-Kriterium). Es wird darauf geachtet, das möglichst trennscharfe Faktoren gebildet werden, um später zu interpretierbaren Ergebnissen zu gelangen. Die Faktoren werden nach Antwortverhalten (Mittelwert) und Zusammenhang (Korrelation nach Pearson) analysiert. Schliesslich werden Unterschiede gemäss der Hintergrundvariablen (HV) untersucht (Alter, Geschlecht, Konfessionszugehörigkeit, Status, Ort des Unterrichts (Gemeinde/Schule), Anbieter, Berufserfahrung und Erhebungsart. Offen ist noch die HV kantonale Herkunft. Es macht wenig Sinn, jeden Kanton als Einzelfall zu betrachten. Eine sinnvolle Gruppierung der Kantone ist für einen Deutschen jedoch nicht möglich.)

Qualitätskriterien der Analyse

Faktorenanalyse
- Scree-Kriterium oder Eigenwert > 1
- Faktorladung mindestens .50
- Ladungsdifferenz der Beträge der Faktorladungen von mindestens .20 (da wir mit starken Faktorladungen rechnen, werden in den Kapiteln die Faktoren auf Mittelwertbasis besprochen)

Reliabilität: Cronbachs Alpha von mindestens .60
Korrelation: aufgeklärte Varianz von mindestens 5 % (= $|r| \geq .23$)

Für die Deutung der Mittelwerte schlagen wir folgende Korridore vor:

1.0–2.19 = Aussage, die klar zurückgewiesen wird
2.2–2.79 = Aussage, die mässig abgelehnt wird
2.8–3.2 = Aussage, die weder eindeutig befürwortet wird noch eindeutig abgelehnt
3.21–3.8 = Aussage mit mässiger Zustimmung
3.81–5.0 = Aussage mit starker Zustimmung

1 Beschreibung der Stichprobe

Persönliche Situation

Tab. 1: Alter

Altersspanne	Anzahl	Anteil in %
23–40	85	15,2
41–47	161	28,9
48–54	152	27,2
55–70	160	28,7
Durchschnittsalter: 49 Jahre		

Tab. 2: Geschlecht

	Anzahl	Anteil in %
weiblich	442	79,1
männlich	117	20,9

Tab. 3: Herkunft nach Kanton

	Anzahl	Anteil in %
Aargau	44	8,0
Appenzell (Innerrhoden und Ausserrhoden)	10	1,8
Basel (-Stadt und -Landschaft)	38	6,9
Bern	19	3,5
Freiburg	14	2,6
Glarus	10	1,8
Graubünden	29	5,3
Luzern	45	8,2
Nidwalden und Obwalden	3	0,5
Schaffhausen	1	0,2
Schwyz	27	4,9
Solothurn	12	2,2
St. Gallen	110	20,0
Thurgau	79	14,4
Uri	6	1,1
Wallis	4	0,7
Zug	29	5,3
Zürich	69	12,6

Tab. 4: Herkunft nach kantonalem Gastrecht

	Anzahl	Anteil in %
RU nicht im Schulhaus	115	21,3
RU im Schulhaus	424	78,7

Tab. 5: Herkunft nach Verantwortung des RU

	Anzahl	Anteil in %
Nur Kirche	298	53,2
Kirche und Staat	262	46,8

Tab. 6: Herkunft nach konfessioneller Prägung des Kantons

	Anzahl	Anteil in %
katholisch	140	26,0
reformiert	127	23,6
paritätisch	272	50,5

Tab. 7: Herkunft nach religionspolitischer Prägung des Kantons

	Anzahl	Anteil in %
Staatlicher Einfluss niedrig	215	42,1
Staatlicher Einfluss hoch	296	57,9

Tab. 8: Herkunft nach kantonalem Schulrecht

	Anzahl	Anteil in %
Ausschliesslich konf. RU	164	29,9
Konf. RU alternativ zu religiöser Bildung	177	32,2
Konf. RU parallel zu religiöser Bildung	98	17,9
Ausschliesslich religiöse Bildung	110	20,0

Legende: konf. RU = von den Kirchen verantworteter Religionsunterricht;
religiöse Bildung = schulisches Fach, das religiöse Themen überkonfessionell behandelt

Erklärung der Zuordnung:

Ausschliesslich konfessioneller RU: Basel-Stadt, Glarus, Graubünden, Schwyz, Solothurn, Wallis

Konf. RU alternativ zu religiöser Bildung: Aargau, Freiburg, Luzern, Nidwalden, Obwalden Schaffhausen, Thurgau, Uri, Zug

Konf. RU parallel zu religiöser Bildung: Appenzell Ausserrhoden, Bern, Zürich

Ausschliesslich religiöse Bildung: St. Gallen

Tab. 9: Bildungsabschluss

	Anzahl	Anteil in %
Sekundarstufe I und II	237	42,3
Universitätsdiplom/Promotion	184	32,9
anderer (z. B. LehrerInnenseminar)	139	24,8

Religiöse Situation

Tab. 10: Religionszugehörigkeit

	Anzahl	Anteil in %
Römisch-katholisch	321	57,6
Protest.-reformiert	228	40,9
andere	8	1,4

Tab. 11: Selbsteinschätzung als religiös (in Prozent)

	sicher nicht religiös	nicht religiös	unsicher	religiös	stark religiös
Rel. Selbsteinschätzung	0,2	1,4	3,2	64,0	31,2

Tab. 12: religiöser Status

	Anzahl	Anteil in %
«Laie»/nicht geweiht oder ordiniert	497	90,4
geweiht/ordiniert	53	9,6

Tab. 13: Religiöse Praxis (in Prozent)

	nie	ab und zu	öfter	wöchentlich	täglich
Gottesdienstbesuch	–	1,1	25,0	69,8	4,1
Gebetspraxis	0,5	1,1	6,3	15,0	77,1
Mystische Erfahrung	10,5	15,3	39,9	16,0	18,4

Tab. 14: Verständnis der Bibel (in Prozent)

	Wort Gottes	von Gott inspiriert	menschl. Weisheit	ein Buch wie viele	keine Meinung
Die Bibel ist ...	5,0	91,5	2,8	–	0,7

Institutionelle Situation

Tab. 15: Unterrichtsort

	Anzahl	Anteil in %
Pfarrei	148	26,8
Schule	404	73,2

Tab. 16: Anzahl der Einsatzorte

	Anzahl	Anteil in %
einer	284	51,8
mehrere	269	48,6

Tab. 17: Berufserfahrung

	Anzahl	Anteil in %
< 5	67	12,0
5–10	148	26,4
11–15	138	24,6
> 15	207	37,0

Tab. 18: Subjektive Belastung durch den Beruf (in Prozent)

	nie	selten	ab und zu	öfter	sehr oft
Finden Sie es anstrengend mit Schülern zu arbeiten?	9,7	31,3	46,5	10,1	2,4
Fühlen Sie sich am Ende des Tages kaputt?	16,4	47,2	31,0	4,6	0,7
Haben Sie genügend Energie für Ihre Familie und Freunde?	2,5	3,8	11,4	55,5	26,9

Tab. 19: Beurteilung der institutionellen Rahmenbedingungen in der Schule bzw. in der Pfarrei (in Prozent)

nein	ja	
Schätzt der Rektor/die Gemeindeleitung das, was Sie tun?	6,4	93,6
Schätzen Ihre Kolleginnen und Kollegen das, was Sie tun?	5,3	94,7
Sind Sie mit der technischen Ausrüstung zufrieden?	18,4	81,6
Sind Sie mit dem didaktischen Material zufrieden?	13,7	86,3

2 Zielvorstellungen zum Religionsunterricht

Tab. 20: Deskriptive Statistik zum idealen Religionsunterricht

Konzept	Item	N	Häufigkeit in %			m	sd
			nein	uns.	ja		
von	hilft den Schülern, Sinn und Orientierung für ihr Leben zu finden	556	1,4	4,7	93,9	4.55	.66
in	macht die Schüler mit dem Glauben vertraut.	553	2,7	5,8	91,5	4.52	.74
in	macht die Schüler mit den Glaubenswahrheiten der eigenen Konfession vertraut	554	3,4	6,7	89,9	4.43	.80
von	befähigt die Schüler, über religiöse Fragen zu diskutieren	560	3,3	9,8	87,0	4.33	.83
von	befähigt die Schüler, Gott durch religiöse Symbole und Erzählungen zu finden	552	2,7	14,9	82,4	4.22	.81
von	vermittelt den Schülern ein Gespür für die Religiosität, die – oft unsichtbar – jeden Menschen auszeichnet	550	3,3	14,5	82,2	4.21	.85
über	befähigt die Schüler zum Dialog über Werte und Normen, die aus verschiedenen religiösen Traditionen und Weltanschauungen stammen	547	6,6	16,3	77,1	4.04	.92
über	hilft den Schülern, ihre Lebensperspektive zu finden	549	2,9	22,2	74,9	4.03	.84
von	fördert das Verständnis für gesellschaftliche Probleme	547	6,8	16,8	76,4	3.99	.91
von	hilft den Schülern, ihre Identität auf der Basis religiöser Werte zu entwickeln	547	4,2	20,5	75,3	3.99	.83
in	hilft den Schülern, in Übereinstimmung mit ihrer eigenen religiösen Tradition aufzuwachsen	549	6,4	23,0	70,7	3.95	.90
in	führt die Schüler in die Wahrheit der eigenen religiösen Tradition ein	551	8,0	20,3	71,7	3.93	.98
über	informiert über verschiedene religiöse Kulte und Gemeinschaften	550	9,1	16,9	74,0	3.93	.96

Kon-zept	Item	N	Häufigkeit in %			m	sd
			nein	uns.	ja		
in	führt die Schüler näher an die Kirche/religiöse Gemeinschaft heran	554	7,9	21,8	70,2	3.92	.95
über	hilft den Schülern zu verstehen, was die Religionen wirklich wollen	546	6,6	22,3	71,1	3.91	.90
über	vermittelt den Schülern ein objektives Bild über die Weltreligionen	543	11,8	21,4	66,9	3.79	1.02
von	befähigt die Schüler, ihren eigenen Standpunkt zu gesellschaftlichen Fragen auf der Grundlage theologischer Kriterien zu finden	549	9,3	29,0	61,7	3.75	.96
von	bereitet die Schüler darauf vor, den gesellschaftlichen Wandel zu bewältigen	548	20,6	38,5	40,9	3.24	1.05
über	befähigt die Schüler dazu, Religion von einem wissenschaftlichen Standpunkt aus zu betrachten	545	43,1	31,7	25,1	2.72	1.17

Legende: Die Einstellung zum idealen Religionsunterricht wurde auf einer 5-Punkt-Likert-Skala erhoben. In der Tabelle gilt: nein = stimme überhaupt nicht zu + stimme nicht zu; ja = stimme zu + stimme voll und ganz zu.

Tab. 21: Faktorenanalyse zum idealen Religionsunterricht

Konzept	Item	Faktor «konfessioneller RU»	Faktor «phänomenologischer RU»
in	führt die Schüler in die Wahrheit der eigenen religiösen Tradition ein	.804	
in	macht die Schüler mit den Glaubenswahrheiten der eigenen Konfession vertraut	.786	
in	macht die Schüler mit dem Glauben vertraut	.745	
in	führt die Schüler näher an die Kirche/religiöse Gemeinschaft heran	.736	
in	hilft den Schülern, in Übereinstimmung mit ihrer eigenen religiösen Tradition aufzuwachsen	.689	

Konzept	Item	Faktor «konfessioneller RU»	Faktor «phänomenologischer RU»
über	vermittelt den Schülern ein objektives Bild über die Weltreligionen		.802
über	befähigt die Schüler zum Dialog über Werte und Normen, die aus verschiedenen religiösen Traditionen und Weltanschauungen stammen		.789
über	informiert über verschiedene religiöse Kulte und Gemeinschaften		.761
über	hilft den Schülern zu verstehen, was die Religionen wirklich wollen	.227	.725
	Eigenwert	3.27	2.04
	Reliabilität	.81	.78
	Mittelwert	4.15	3.91
	Standardabweichung	.66	.74
	erklärte Varianz	58,99 %	

Legende: Hauptkomponentenanalyse mit Varimax-Rotation und Scree-Kriterium. Faktorladungen kleiner als | .20 | wurden nicht notiert. ***: p < .001.

Hintergrund der Faktorenanalyse (FA):
Theoretisch wurde zwischen 3 Konzepten unterschieden (*in*, *from*, *about*). Alle drei Konzepte können durch eine FA bestätigt werden. Allerdings lassen sich die Items, die das empirische Konzept *from* bilden, nicht trennscharf von den Items zu *in* und *about* unterscheiden. Weiterhin wird durch die vorliegende Faktorlösung mit nur zwei Faktoren etwas mehr Varianz erklärt als mit der besten 3-Faktor-Lösung. Schliesslich spricht auch das Scree-Kriterium für nur 2 Faktoren. Wir haben uns deshalb entschieden, die beiden trennscharfen und hermeneutisch wie empirisch eindeutigen Faktoren «in Religion» und «über Religion» zu nehmen. Beide lassen jeweils eine eindeutige Einstellung gegenüber dem RU erwarten, was auch zu klareren Konturen in den weiteren Analysen führen sollte. Das rechtfertigt den Verzicht auf die vielen Items, die bei der folgenden Lösung unterdrückt werden mussten (c2, c4, c6, c7, c13, c15, c16, c20, c21, c22. Die Variablen c8, c10 und c19 waren von Anfang an ohne Konzept, um das Kalkül des Fragebogens zu verschleiern).

Tab. 22: Die Beurteilung des idealen Religionsunterrichts nach Geschlecht

	weiblich	männlich	T	Sign.
konfessioneller RU	4.23	3.87	5.39	***
phänomenologischer RU	3.90	3.94	–.59	n. s.

Legende: ***: $p < .001$; n. s.: nicht signifikant

Tab. 23: Die Beurteilung des idealen Religionsunterrichts nach Bildungsabschluss

konfessioneller RU	1	2
Uni-Diplom/Promotion	3.95	
anderer (z. B. LehrerInnenseminar)		4.25
Sekundarstufe I und II		4.25

Legende: ANOVA mit Games-Howell Prozedur ($F = 13.30$; $p < .001$). Beim phänomenologischen RU ergeben sich keine signifikanten Unterschiede

Tab. 24: Die Beurteilung des idealen Religionsunterrichts nach Status

	«Laie»	geweiht/ ordiniert	T	sign.
konfessioneller RU	4.18	3.93	2.53	*
phänomenologischer RU	3.88	4.13	–2.68	*

Legende: *: $p < .05$

Tab. 25: Die Beurteilung des idealen Religionsunterrichts nach Erhebungsquelle

	offline	online	T	sign.
konfessioneller RU	4.21	4.00	2.89	**
phänomenologischer RU	3.88	3.96	–1.21	n. s.

Legende: **: $p < .01$; n. s.: nicht signifikant

Bemerkung: Die Variablen Alter, Konfessionszugehörigkeit, kantonales Schulrecht, Ort des Unterrichts (Gemeinde/Schule) und Berufserfahrung zeigen keine signifikanten Differenzen in der Beurteilung der Faktoren zum idealen Religionsunterricht.

3 Modernitätsfähigkeit von Religion

Tab. 26: Deskriptive Statistik zur Modernitätsfähigkeit von Religion

Konzept	Item	N	Häufigkeit in %			m	sd
			nein	uns.	ja		
pos	Entgegen vieler Meinungen ist für den modernen Menschen religiöse Sinnorientierung wieder aktuell.	558	0,9	10,9	88,2	4.34	.71
pos	Gerade Krisen und Widersprüche des modernen Lebens öffnen dem Menschen die Augen für die Bedeutung religiöser Symbole und Rituale.	553	3,6	14,3	82,1	4.18	.84
pos	In der angeblich säkularisierten Gesellschaft erleben viele religiöse Überzeugungen eine neue Blüte.	554	3,2	18,4	78,3	4.10	.86
pos	Gäbe es keine Religionen: Für die moderne Gesellschaft müsste man sie erfinden.	546	10,1	20,5	69,4	3.95	1.13
pos	So fortschrittlich sich eine Gesellschaft auch entwickelt, Religion wird immer eine grosse Rolle im öffentlichen Leben spielen.	552	8,0	22,3	69,7	3.94	.99
pos	In einer modernen Gesellschaft steigt der Bedarf an religiöser Orientierung eher als dass er geringer wird.	556	9,7	32,2	58,1	3.66	.96
neg	Je moderner der Mensch ist, desto unwichtiger ist für ihn «Überweltliches» wie Religion.	555	73,0	16,8	10,3	1.88	1.11
neg	In einer modernen Gesellschaft verschwindet das Bedürfnis an Religion.	550	77,6	14,9	7,5	1.75	1.02
neg	Für moderne Menschen gibt es keinen Bedarf an Religion.	553	82,1	10,5	7,4	1.63	1.00
neg	Der Mensch mit einem aufgeklärten Bewusst-sein hat keine religiösen Fragen mehr.	554	87,7	8,1	4,2	1.47	.87

Kon-zept	Item	N	Häufigkeit in %			m	sd
			nein	uns.	ja		
neg	Religiöse Überzeugungen, Rituale und Symbole passen nicht in eine moderne Gesellschaft.	555	89,5	3,8	6,7	1.44	.93
neg	Religion ist ein Relikt vergangener Zeiten.	552	93,3	3,4	3,3	1.28	.74

Legende: Die Modernitätsfähigkeit von Religion wurde auf einer 5-Punkt-Likert-Skala erhoben. In der Tabelle gilt: nein = stimme überhaupt nicht zu + stimme nicht zu; ja = stimme zu + stimme voll und ganz zu.

Tab. 27: Faktorenanalyse zur Modernitätsfähigkeit von Religion

Konzept	Item	Faktor «mod.unfähig»	Faktor «mod.fähig»
neg	Der Mensch mit einem aufgeklärten Bewusstsein hat keine religiösen Fragen mehr.	.733	
neg	In einer modernen Gesellschaft verschwindet das Bedürfnis an Religion.	.699	
neg	Für moderne Menschen gibt es keinen Bedarf an Religion.	.665	
neg	Je moderner der Mensch ist, desto unwichtiger ist für ihn «Überweltliches» wie Religion.	.648	
neg	Religiöse Überzeugungen, Rituale und Symbole passen nicht in eine moderne Gesellschaft.	.593	
neg	Religion ist ein Relikt vergangener Zeiten.	.580	
pos	Gerade Krisen und Widersprüche des modernen Lebens öffnen dem Menschen die Augen für die Bedeutung religiöser Symbole und Rituale.		.595
pos	Gäbe es keine Religionen: Für die moderne Gesellschaft müsste man sie erfinden.		.590
pos	So fortschrittlich sich eine Gesellschaft auch entwickelt, Religion wird immer eine grosse Rolle im öffentlichen Leben spielen.		.580
pos	In einer modernen Gesellschaft steigt der Bedarf an religiöser Orientierung eher, als dass er geringer wird.	–.261	.579

Konzept	Item	Faktor «mod.unfähig»	Faktor «mod.fähig»
pos	Entgegen vieler Meinungen ist für den modernen Menschen religiöse Sinnorientierung wieder aktuell.	–.318	.531
pos	In der angeblich säkularisierten Gesellschaft erleben viele religiöse Überzeugungen eine neue Blüte.		.529
	Eigenwert	3.36	1.44
	Reliabilität	.75	.60
	Mittelwert	1.58	4.03
	Standardabweichung	.64	.54
	erklärte Varianz	40,01 %	

Legende: Hauptkomponentenanalyse mit Varimax-Rotation und Scree-Kriterium. Faktorladungen kleiner als | .20 | wurden nicht notiert. ***: $p < .001$.

Hintergrund zur Faktorenanalyse:
Alle Items laden auf die beiden Faktoren, denen sie im theoretischen Konzept zugeordnet wurden. Die erklärte Varianz ist hinreichend. Das theoretische Konzept wird somit empirisch bestätigt.

Tab. 28: Die Beurteilung der Modernitätsfähigkeit von Religion nach Konfessionszugehörigkeit

	römisch-katholisch	evangelisch-reformiert	T	sign.
mod.unfähig	1.62	1.50	2.12	*
mod.fähig	4.03	4.04	–.36	n. s.

Legende: *: $p < .05$; n. s.: nicht signifikant

Bemerkung: Die Variablen Alter, Geschlecht, Bildungsabschluss, Status, kantonales Schulrecht, Ort des Unterrichts (Gemeinde/Schule), Anbieter, Berufserfahrung und Erhebungsart zeigen keine signifikanten Differenzen in der Beurteilung der Faktoren zur Modernitätsfähigkeit von Religion.

4 Beurteilung kultureller und religiöser Pluralität

Tab. 29: Deskriptive Statistik zur Beurteilung kultureller und religiöser Pluralität

Konzept	Item	N	Häufigkeit in %			m	sd
			nein	uns.	ja		
pos	Die vielen Weltanschauungen, die es in unserer Gesellschaft gibt, fordern den eigenen Lebensstil und das eigene Denken heraus.	548	1,5	4,4	94,2	4.53	.68
pos	Die Vielfalt der Religionen und Weltanschauungen erlaubt es, über sich selbst nachzudenken.	548	5,1	7,7	87,2	4.28	.90
pos	Die Tatsache, dass es so viele Kulturen bei uns gibt, macht das Leben interessanter.	548	7,3	11,9	80,8	4.10	.98
pos	Die religiöse Vielfalt in unserer Gesellschaft bereichert mich.	545	16,1	13,4	70,5	3.80	1.22
pos	Es ist gut, dass es so viele Weltanschauungen in unserer Gesellschaft gibt.	545	17,6	34,1	48,3	3.44	1.13
neut	Es ist weder gut noch schlecht, dass bei uns jeder glauben kann, was er will.	536	23,1	25,7	51,1	3.43	1.34
neg	Die vielen Religionen in unserer Gesellschaft erzeugen Unruhe und Spannungen.	545	23,9	23,2	52,8	3.36	1.22
neg	Es gibt zu viele Weltanschauungen in unserer Gesellschaft. Das verwirrt.	544	46,3	23,9	29,8	2.75	1.28
neut	Es ist wirklich egal, dass es so viele Religionen bei uns gibt.	536	46,5	26,1	27,4	2.66	1.32
neut	Die vielen Religionen in unserer Gesellschaft machen das Leben weder reicher noch schwerer.	540	51,7	29,3	19,1	2.48	1.21
neg	Es gibt zu viele Religionen und Weltanschauungen in unserer Gesellschaft.	545	56,1	26,1	17,8	2.32	1.25

Konzept	Item	N	Häufigkeit in %			m	sd
			nein	uns.	ja		
neg	Es gibt so viele unterschiedliche Religionen und Kulturen bei uns, dass man nicht weiß, an was man sich orientieren soll.	545	65,7	16,0	18,3	2.21	1.20

Legende: Die Beurteilung kultureller und religiöser Pluralität wurde auf einer 5-Punkt-Likert-Skala erhoben. In der Tabelle gilt: nein = stimme überhaupt nicht zu + stimme nicht zu; ja = stimme zu + stimme voll und ganz zu.

Tab. 30: Faktorenanalyse zur Beurteilung kultureller und religiöser Pluralität

Konzept	Item	Faktor «Pluralität negativ»	Faktor «Pluralität positiv»
neg	Es gibt zu viele Weltanschauungen in unserer Gesellschaft. Das verwirrt.	.775	
neg	Die vielen Religionen in unserer Gesellschaft erzeugen Unruhe und Spannungen.	.708	
neg	Es gibt zu viele Religionen und Weltanschauungen in unserer Gesellschaft.	.698	–.427
neg	Es gibt so viele unterschiedliche Religionen und Kulturen bei uns, dass man nicht weiss, an was man sich orientieren soll.	.629	
pos	Die Vielfalt an Religionen und Weltanschauungen erlaubt es, über sich selbst nachzudenken.		.783
pos	Die religiöse Vielfalt in unserer Gesellschaft bereichert mich.	–.295	.732
pos	Die Tatsache, dass es so viele Kulturen bei uns gibt, macht das Leben interessanter.	–.388	.725
pos	Die vielen Weltanschauungen, die es in unserer Gesellschaft gibt, fordern den eigenen Lebensstil und das eigene Denken heraus.		.583
	Eigenwert	3.27	1.22
	Reliabilität	.71	.72
	Mittelwert	2.66	4.06
	Standardabweichung	.90	.87
	erklärte Varianz (der beiden verwendeten Faktoren)	56,13 %	

Legende: Hauptkomponentenanalyse mit Varimax-Rotation und Eigenwert > 1. Faktorladungen kleiner als | .20 | wurden nicht notiert. ***: $p < .001$.

Hintergrund der Faktorenanalyse:
Die drei Items des neutralen Konzepts laden zwar auf einen Faktor, sind aber nicht hinreichend reliabel. Ferner lädt f9 auf beide Faktoren. Es ist also nicht trennscharf, so dass es unterdrückt wurde. In der vorliegenden Lösung fehlen also die Items f5, f8, f9 und f11. Die dargebotene Lösung bestätigt die beiden theoretischen Konzepten negativ und positiv und erklärt einen hinreichenden Anteil der Varianz.

Tab. 31: Die Beurteilung kultureller und religiöser Pluralität nach Konfessionszugehörigkeit

	römisch-katholisch	evangelisch-reformiert	T	sign.
Pluralität negativ	2.61	2.72	–1.41	n. s.
Pluralität positiv	4.18	3.91	3.56	***

Legende: ***: $p < .001$; n. s.: nicht signifikant

Tab. 32: Die Beurteilung kultureller und religiöser Pluralität nach kantonalem Gastrecht für den RU

	im Schulhaus	nicht im Schulhaus	T	sign.
Pluralität negativ	2.72	2.48	2.62	**
Pluralität positiv	4.15	4.27	–1.63	n. s.

Legende: T-Test; **: $p < .01$; n. s.: nicht signifikant

Tab. 33: Die Beurteilung kultureller und religiöser Pluralität nach Ort des Religionsunterrichts

	Pfarrei	Schule	T	sign.
Pluralität negativ	2.45	2.75	–3.42	***
Pluralität positiv	4.23	4.00	3.09	**

Legende: ***: $p < .001$; **: $p < .01$

Bemerkung: Die Variablen Alter, Geschlecht, Bildungsabschluss, Status, Anbieter, Berufserfahrung und Erhebungsart zeigen keine signifikanten Differenzen in der Beurteilung der Faktoren zur Beurteilung von kultureller und religiöser Pluralität.

5 Einstellung gegenüber anderen Religionen

Tab. 34: Deskriptive Statistik zur Einstellung gegenüber anderen Religionen

Konzept	Item	N	Häufigkeit in %			m	sd
			nein	uns.	ja		
inter	Um die echte, befreiende Wahrheit zu finden, müssen die Religionen miteinander in den Dialog treten.	541	17,4	17,0	65,6	3.72	1.25
multi	Die Religionen sind alle gleich wertvoll, sie bieten verschiedene Wege zum gleichen Heil an.	540	23,1	20,0	56,9	3.50	1.31
multi	Im Blick auf alle Religionen ist die christliche Religion bloss einer der vielen Wege zur Erlösung.	542	27,1	14,2	58,7	3.46	1.44
inter	Der Weg zum echten Heil ist nur im Dialog der Religionen untereinander zu finden.	538	24,2	22,3	53,5	3.41	1.29
multi	Es gibt keinen Unterschied zwischen den Religionen, sie drücken dasselbe Verlangen nach Gott aus.	540	34,3	20,6	45,0	3.11	1.37
inter	Die echte Wahrheit ist nur im Gespräch unter den Menschen mit unterschiedlicher Religionszugehörigkeit zu entdecken.	539	35,4	24,1	40,4	3.02	1.34
multi	Die Religionen sind untereinander gleich, sie richten sich alle auf dieselbe befreiende Wahrheit.	539	40,6	25,2	34,1	2.82	1.33
inter	Gott ist nur in der Begegnung der Religionen untereinander zu finden.	531	49,7	22,8	27,5	2.59	1.36
$mono_{ink}$	Im Vergleich zu anderen Religionen ist meine Religion der wertvollste Weg zum Heil.	538	54,1	19,0	27,0	2.52	1.45
$mono_{ink}$	Im Vergleich zu anderen Religionen liegt die tiefste Wahrheit in meiner Religion.	534	59,9	14,6	25,5	2.34	1.50

Konzept	Item	N	Häufigkeit in %			m	sd
			nein	uns.	ja		
$mono_{ink}$	Im Vergleich zu meiner Religion erfassen andere Religionen nur einen Teil der Wahrheit.	536	58,2	23,9	17,9	2.27	1.27
$mono_{ink}$	Im Vergleich zu anderen Religionen bietet meine Religion das höchste Heil an	533	61,5	17,6	20,8	2.23	1.45
$mono_{ex}$	Meine Religion zeigt dem Menschen das einzige wahre Licht zur Erlösung.	535	66,2	14,2	19,6	2.13	1.43
$mono_{ex}$	Nur in meiner Religion haben die Menschen Zugang zur wahren Erlösung.	536	72,4	13,2	14,4	1.94	1.32
$mono_{ex}$	Meine Religion ist der einzige Weg zur Erlösung des Menschen.	537	74,5	8,9	16,6	1.93	1.39
$mono_{ex}$	Nur in meiner Religion können die Menschen das wahre Heil empfangen.	532	76,3	9,2	14,5	1.84	1.31

Legende: Die Einstellung gegenüber anderen Religionen wurde auf einer 5-Punkt-Likert-Skala erhoben. In der Tabelle gilt: nein = stimme überhaupt nicht zu + stimme nicht zu; ja = stimme zu + stimme voll und ganz zu.

Tab. 35: Faktorenanalyse zur Einstellung gegenüber anderen Religionen

Konzept	Item	Faktor «monoreligiös»	Faktor «Pluralismus»
$mono_{ex}$	Meine Religion zeigt dem Menschen das einzige wahre Licht zur Erlösung.	.893	–.256
$mono_{ink}$	Im Vergleich zu anderen Religionen bietet meine Religion das höchste Heil an.	.877	
$mono_{ink}$ $mono_{ink}$	Im Vergleich zu anderen Religionen liegt die tiefste Wahrheit in meiner Religion.	.861	–.221
$mono_{ex}$	Meine Religion ist der einzige Weg zur Erlösung des Menschen.	.860	–.294
$mono_{ex}$	Nur in meiner Religion haben die Menschen Zugang zur wahren Erlösung.	.855	–.304
$mono_{ex}$	Nur in meiner Religion können die Menschen das wahre Heil empfangen.	.833	–.304

Kon-zept	Item	Faktor «mono-religiös»	Faktor «Pluralismus»
$mono_{ink}$	Im Vergleich zu anderen Religionen ist meine Religion der wertvollste Weg zum Heil.	.823	–.208
$mono_{ink}$	Im Vergleich zu meiner Religion erfassen andere Religionen nur einen Teil der Wahrheit.	.766	
inter	Der Weg zum echten Heil ist nur im Dialog der Religionen untereinander zu finden.	–.242	.797
inter	Gott ist nur in der Begegnung der Religionen untereinander zu finden.		.747
inter	Um die echte, befreiende Wahrheit zu finden, müssen die Religionen miteinander in den Dialog treten.	–.245	.745
inter	Die echte Wahrheit ist nur im Gespräch unter den Menschen mit unterschiedlicher Religionszugehörigkeit zu entdecken.		.722
multi	Es gibt keinen Unterschied zwischen den Religionen, sie drücken dasselbe Verlangen nach Gott aus.	–.255	.629
multi	Die Religionen sind untereinander gleich, sie richten sich alle auf dieselbe befreiende Wahrheit.	–.316	.613
	Eigenwert	7.63	1.96
	Reliabilität	.83	.96
	Mittelwert	2.17	3.12
	Standardabweichung	1.23	.97
	erklärte Varianz	68,49 %	

Legende: Hauptkomponentenanalyse mit Varimax-Rotation und Eigenwert > 1. Faktorladungen kleiner als | .20 | wurden nicht notiert. ***: $p < .001$.

Hintergrund der Faktorenanalyse:
Zwei Items mussten unterdrückt werden, weil sie nicht trennscharf auf einen der beiden Faktoren geladen haben (h7 und h9). Die vorliegende Lösung gibt die grundlegende Unterscheidung des theoretischen Konzepts wieder, nämlich die zwischen einer pluralistischen und einer monoreligiösen Einstellung. Die Unterscheidungen auf zweiter Ebene (exklusiv contra inklusiv und multi contra inter) werden von den Antwortenden nicht nachvollzogen. Da die Analyse hinreichend die Varianz erklärt, wird sie als 2-Faktor-Lösung akzeptiert.

Tab. 36: Die Einstellung gegenüber anderen Religionen nach Alter

	45 und jünger	55 und älter	T	sign.
monoreligös	2.27	2.27	.01	n. s.
Pluralismus	2.87	3.26	–3.58	***

Legende: ***: p < .001; n. s.: nicht signifikant

Tab. 37: Die Einstellung gegenüber anderen Religionen nach Geschlecht

	weiblich	männlich	T	sign.
monoreligös	2.12	2.34	–1.65	n. s.
Pluralismus	3.20	2.79	4.13	***

Legende: ***: p < .001; n. s.: nicht signifikant

Tab. 38: Die Einstellung gegenüber anderen Religionen nach kantonalem Gastrecht für den RU

	im Schulhaus	nicht im Schulhaus	T	Sign.
monoreligiös	2.27	1.75	4.83	***
Pluralismus	3.02	3.50	–5.28	***

Legende: T-Test; ***: p < .001

Tab. 39: Die Einstellung gegenüber anderen Religionen nach Verantwortung für den RU

	nur Kirche	Kirche und Staat	T	Sign.
monoreligiös	2.37	2.01	–3.33	***
Pluralismus	2.94	3.25	3.12	**

Legende: T-Test; **: p < .01; ***: p < .001

Tab. 40: Die polyreligiöse Einstellung nach konfessioneller Prägung des Kantons

polyreligiös	1	2
paritätisch	3.01	
katholisch	3.19	3.19
reformiert		3.30

Legende: ANOVA mit Games-Howell Prozedur (F = 4.23; p < .005)

Tab. 41: Die monoreligiöse Einstellung nach konfessioneller Prägung des Kantons

monoreligiös	1	2
katholisch	1.89	
reformiert	2.13	2.13
paritätisch		2.31

Legende: ANOVA mit Games-Howell Prozedur ($F = 5.46$; $p < .005$)

Tab. 42: Die Einstellung gegenüber anderen Religionen nach demographischer Prägung der Kantone

	städtisch	ländlich	T	Sign.
monoreligiös	2.11	2.21	–0.94	n. s.
polyreligiös	3.23	3.04	2.33	*

Legende: T-Test; *: $p < .05$; n. s.: nicht signifikant

Tab. 43: Einstellung gegenüber anderen Religionen nach Konfessionszugehörigkeit

	römisch-katholisch	evangelisch-reformiert	T	sign.
monoreligös	1.85	2.55	–6.89	***
Pluralismus	3.39	2.77	7.82	***

Legende: ***: $p < .001$

Tab. 44: Die Einstellung gegenüber anderen Religionen nach Status

	«Laie»	geweiht/ordiniert	T	sign.
monoreligös	2.16	2.24	–.48	n. s.
Pluralismus	3.17	2.76	2.94	**

Legende: **: $p < .01$; n. s.: nicht signifikant

Tab. 45: Die Einstellung gegenüber anderen Religionen nach Ort

	Pfarrei	Schule	T	sign.
monoreligös	1.90	2.26	–3.22	**
Pluralismus	3.32	3.05	2.85	**

Legende: **: $p < .01$

Bemerkung: Die Variablen Bildungsabschluss, Anbieter, Berufserfahrung und Erhebungsart zeigen keine signifikanten Differenzen in der Beurteilung der Faktoren zum Verhältnis der Religionen.

6 Werteorientierung

Tab. 46: Deskriptive Statistik zur Werteorientierung

Konzept	Item	N	Häufigkeit in %			m	sd
			nein	uns.	ja		
Spir	an Gott zu glauben	554	0,9	4,0	95,1	4.73	.60
Aut	jeden so zu akzeptieren, wie sie bzw. er ist	554	0,7	3,1	96,2	4.64	.59
Sol	mit anderen zu teilen, sich für andere einzusetzen	553	0,4	3,1	96,6	4.58	.57
Aut	die eigene Meinung zu vertreten	553	0,2	5,2	94,6	4.56	.60
Aut	unabhängig und eigenständig zu denken	554	2,5	7,4	90,1	4.48	.78
Aut	den Mut zu haben, «nein» zu sagen	554	1,8	5,6	92,6	4.48	.72
Sol	mich für eine gerechtere Gesellschaft einzusetzen	552	0,9	6,3	92,8	4.43	.68
Spir	sich von etwas gestützt zu fühlen, das nicht von dieser Welt ist	547	5,9	7,7	86,5	4.31	.96
Sol	sich für die Gesellschaft einzusetzen	554	2,2	8,3	89,5	4.24	.72
Spir	einen starken Glauben zu haben	553	3,8	14,1	82,1	4.16	.83
Sol	stets bereit zu sein, anderen zu helfen	552	5,4	18,3	76,3	4.00	.85
Sol	andere mit Geld und meiner Zeit zu unterstützen	551	5,3	22,3	72,4	3.89	.87
Spir	in Verbindung mit einer höheren Macht zu stehen	543	14,7	14,9	70,3	3.88	1.27
Disz	das eigene Leben unter Kontrolle zu haben	550	5,8	25,6	68,5	3.85	.89
Spir	ein spirituelles Leben zu führen	553	10,5	22,4	67,1	3.81	1.05
Disz	sich selbst zu beherrschen	547	10,8	22,7	66,5	3.74	1.03
Disz	fähig zu sein, sich einzuordnen	553	9,8	25,1	65,1	3.71	.94
Fam	ein gutes Verhältnis zu meinen Eltern zu haben	542	12,5	23,4	64,0	3.70	1.07
Fam	in einer guten Partnerschaft zu leben	547	16,5	20,3	63,3	3.69	1.27
Fam	ein gemütliches Heim zu haben	553	27,3	21,7	51,0	3.27	1.30
Pat	Vertrauen in die Heimat zu haben	546	28,4	31,1	40,5	3.10	1.22

Konzept	Item	N	Häufigkeit in %			m	sd
			nein	uns.	ja		
Pat	die heimische Wirtschaft gegenüber der globalen Konkurrenz zu unterstützen	546	28,8	31,3	39,9	3.09	1.22
Fam	Zeit mit der Verwandtschaft zu verbringen	549	27,7	34,8	37,5	3.08	1.14
Ber	erfolgreich im Beruf zu sein	552	32,2	30,8	37,0	2.98	1.18
Disz	sich einer vorgegebenen Ordnung anzupassen	548	32,1	38,0	29,3	2.92	1.07
Ber	einen Beruf zu haben, in dem ich unabhängig bin	551	39,6	27,9	32,5	2.82	1.28
Ber	einen Beruf zu haben, der Anerkennung bei den Menschen findet	547	48,6	29,1	22,3	2.52	1.16
Ber	einen sicheren Beruf zu haben	547	52,5	27,6	19,9	2.43	1.19
Fam	Kinder zu haben	547	55,6	21,9	22,5	2.36	1.32
Pat	stolz auf die eigene Nation zu sein	549	57,2	26,4	16,4	2.29	1.21
Hed	gut auszusehen	547	59,8	25,2	15,0	2.20	1.15
Aut	tun und lassen zu können, was ich will	550	63,3	24,5	12,2	2.19	1.05
Hed	modisch gekleidet zu sein	551	62,6	25,0	12,3	2.16	1.06
Hed	stets auf dem neuesten technologischen Stand zu sein	550	63,8	25,1	11,1	2.14	1.05
Hed	viel Spass zu haben und an vielen aussergewöhnlichen Events teilzunehmen	548	68,6	20,6	10,8	2.07	1.09
Aut	frei von Verpflichtungen zu sein	550	71,6	23,1	5,3	1.97	.93
Pat	die Nationalhymne zu kennen	547	73,3	18,1	8,6	1.85	1.06
Ber	einen Beruf mit guten Aufstiegschancen zu haben	545	76,1	18,3	5,5	1.81	.95
Hed	viel Geld zu verdienen	549	83,2	14,6	2,2	1.67	.80
Pat	die eigenen Nationalmannschaften bei Wettkämpfen zu unterstützen	549	80,5	14,0	5,5	1.65	.94

Legende: Fam = Familie; Ber = Beruf; Aut = Autonomie; Hed = Hedonismus; Pat = Patriotismus; Disz = Selbstdisziplin; Sol = Solidarität; Spir = Spiritualität; Die Wertorientierung wurde auf einer 5-Punkt-Likert-Skala erhoben. In der Tabelle gilt: nein = überhaupt nicht wichtig + nicht wichtig; ja = wichtig + sehr wichtig.

Tab. 47: Faktorenanalyse zur Wertorientierung

Konzept	Item	Faktor «berufl. Erfolg»	Faktor «Patriotismus»	Faktor «Einsatz für Gerechtigkeit»	Faktor «Spiritualität»	Faktor «Familie»	Faktor «Selbstdisziplin»
Hed	viel Geld zu verdienen	.760					
Ber	einen Beruf mit guten Aufstiegschancen zu haben	.715					
Ber	einen sicheren Beruf zu haben	.681	.289				.239
Ber	erfolgreich im Beruf zu sein	.664					
Ber	einen Beruf zu haben, der Anerkennung bei den Menschen findet	.623				.283	
Ber	einen Beruf zu haben, in dem ich unabhängig bin	.569				.353	
Pat	die eigenen Nationalmannschaften bei Wettkämpfen zu unterstützen	.247	.717				
Pat	stolz auf die eigene Nation zu sein	.248	.715				.283
Pat	die Nationalhymne zu kennen		.684		.220		
Pat	die heimische Wirtschaft gegenüber der globalen Konkurrenz zu unterstützen		.670				
Pat	Vertrauen in die Heimat zu haben		.652				.246
Aut	die eigene Meinung zu vertreten	.228		.715			
Sol	mich für eine gerechtere Gesellschaft einzusetzen			.693			
Sol	sich für die Gesellschaft einzusetzen			.690	.242		
Aut	unabhängig und eigenständig zu denken			.675			

Konzept	Item	Faktor «berufl. Erfolg»	Faktor «Patriotismus»	Faktor «Einsatz für Gerechtigkeit»	Faktor «Spiritualität»	Faktor «Familie»	Faktor «Selbstdisziplin»
Spi	in Verbindung mit einer höheren Macht zu stehen				.808		
Spi	sich von etwas gestützt zu fühlen, das nicht von dieser Welt ist				.685		
Spi	an Gott zu glauben				.604		.265
Spi	ein spirituelles Leben zu führen				.587		
Aut	frei von Verpflichtungen zu sein	.210				.765	
Aut	tun und lassen zu können, was ich will	.248				.742	
Fam	in einer guten Partnerschaft zu leben						.779
Fam	Kinder zu haben	.272					.718
	Eigenwert	5.06	2.65	1.73	1.43	1.14	1.07
	Reliabilität	.81	.77	.66	.64	.58	.59
	Mittelwert	2.37	2.40	4.42	4.19	3.03	2.08
	Standardabweichung	.80	.83	.50	.69	1.11	.84
	erklärte Varianz	56,83 %					

Legende: Hauptkomponentenanalyse mit Varimax-Rotation und Eigenwert > 1. Faktorladungen kleiner als | .20 | wurden nicht notiert. ***: p < .001.

Hintergrund der Faktorenanalyse:

Nach dem Eigenwertkriterium ergeben sich – nachdem nicht trennscharf ladende Items unterdrückt wurden – 8 Ausgangsfaktoren, von denen 6 hinreichend reliabel sind (die beiden letzten werden akzeptiert, weil ihre Reliabilität nur minimal unter der Grenze von .60 liegt, die beiden Konzepte inhaltlich aber spannend sind im Blick auf unsere Zielgruppe – Familie ist ein Kernthema von Religion, individuelle Autonomie war zumindest aus katholischer Perspektive nie wirklich eine Tugend) Damit wurden folgende Items gelöscht: 6, 7, 8, 10, 13, 16, 21, 22, 23, 24, 28, 29, 30, 33, 34, 35, 38.

Tab. 48: Die Beurteilung der Faktoren zur Wertorientierung nach Geschlecht

	weiblich	männlich	T	sign.
Beruflicher Erfolg	2.34	2.46	–1.36	n. s.
Patriotismus	2.46	2.12	4.35	***
Einsatz für Gerechtigkeit	4.44	4.38	1.15	n. s.
Spiritualität	4.20	4.14	.86	n. s.
Familie	3.02	3.06	–.37	n. s.
Selbstdisziplin	2.03	2.24	–2.40	*

Legende: ***: p < .001; *: p < .05; n. s.: nicht signifikant

Tab. 49: Die Beurteilung der Faktoren zur Wertorientierung nach Verantwortung für den RU

	nur Kirche	Kirche und Staat	T	sign.
Beruflicher Erfolg	2.36	2.37	–0.06	n. s.
Patriotismus	2.41	2.31	1.16	n. s.
Einsatz für Gerechtigkeit	4.41	4.44	–0.55	n. s.
Spiritualität	4.25	4.05	2.87	**
Familie	3.08	2.95	1.18	n. s.
Autonomie	2.09	2.03	0.77	n. s.

Legende: T-Test; **: p < .01; n. s.: nicht signifikant

Tab. 50: Die Beurteilung der Faktoren zur Wertorientierung nach Bildungsabschluss

Patriotismus	1	2
Uni-Diplom/Promotion	2.10	
anderer (z. B. LehrerInnenseminar)		2.50
Haupt-/Realschule/Abitur		2.56

Legende: ANOVA mit Games-Howell Prozedur; «beruflicher Erfolg», «Einsatz für Gerechtigkeit», «Spiritualität», «Familie» und «Autonomie» ergeben keine signifikanten Unterschiede

Tab. 51: Die Beurteilung der Faktoren zur Wertorientierung nach Erhebungsart

	offline	online	T	sign.
Beruflicher Erfolg	2.36	2.40	–.55	n. s.
Patriotismus	2.44	2.29	2.14	*
Einsatz für Gerechtigkeit	4.40	4.47	–1.59	n. s.
Spiritualität	4.18	4.21	–.48	n. s.
Familie	3.09	2.92	1.67	n. s.
Selbstdisziplin	2.06	2.11	–.77	n. s.

Legende: *: $p < .05$; n. s.: nicht signifikant

Bemerkung: Die Variablen Alter, Konfessionszugehörigkeit, Status, kantonales Schulrecht, Anbieter, Ort und Berufserfahrung und zeigen keine signifikanten Differenzen in der Beurteilung der Faktoren zur Wertorientierung.

7 Politische Einstellung

Tab. 52: Die politische Einstellung (in gültigen Prozent)

	keine	pos	neg	pos+neg
Konsequenz europ. Einigung	21,7	4,4	4,8	69,1
	links	Mitte	rechts	
Politische Präferenz	47,7	46,1	6,2	

Legende: pos: positiv; neg: negativ

Tab. 53: Typen der politischen Einstellung (in gültigen Prozent)

	keine	ambivalente Kons.
Konsequenz europ. Einigung	23,9	76,1
	nicht links	links
Politische Präferenz	52,2	47,8

Tab. 54: Typen der politischen Einstellung nach Alter

		Alter	
		45 und jünger	55 und älter
Konsequenz europ. Einigung	keine	36,7 %	63,3 %
	ambivalent	61,3 %	38,7 %
Cramers V = .21***			

Legende: ***: p < .001; die politische Orientierung ergibt keine bedeutsamen Differenzen.

8 Zusammenhang zwischen den empirischen Dimensionen

Tab. 55: Die Bedeutung der empirischen Dimensionen zur Religiosität und Einstellung gegenüber dem Alltag für die empirischen Dimensionen der Zielvorstellungen für den Religionsunterricht (Regressionsanalyse)

	Konfessioneller RU β	Phänomenologischer RU β
Religion ist nicht modernitätsfähig		
Religion ist modernitätsfähig	.14**	
Religiöse Pluralität positiv		.14**
Religiöse Pluralität negativ	.13*	
Monoreligiös		–.14**
Pluralismus		.15***
Beruflicher Erfolg	–.16***	
Patriotismus	.17***	.11*
Einsatz für Gerechtigkeit		.14***
Spiritualität	.19***	
Familie	–.16***	.16***
Autonomie		
Persönliche Veränderungen durch EU		
Sympathie für politische Linke		
R	.41	.39
Erklärte Varianz	17,1 %	15,3 %
ANOVA: F/df/sig	11,76/6/***	10,33/6/***

Legende: *: p < .05; **: p < .01; ***: p < .001

Tab. 56: Multidimensionale Skalierung der Post-Critical-Belief Scale (short version)

Konz.	Item	Dim. 1	Dim. 2
E1	Glaube gleicht einem Traum. Er erweist sich als Illusion, sobald man der Härte des Lebens gegenübergestellt wird.	–1.33	–.27
E4	Ein wissenschaftliches Verständnis des menschlichen Lebens und der Welt hat ein religiöses Verständnis überflüssig gemacht.	–1.42	–.20
E7	Die Welt heiliger Schriften ist so weit von uns entfernt, dass sie wenig Bedeutung für uns hat.	–1.14	–.26
E8	Glaube ist im Grunde nicht mehr als ein Auffangnetz für die Ängste der Menschen.	–1.06	–.27
E10	Glaube ist Ausdruck einer schwachen Persönlichkeit.	–1.56	–.18
O1	Gott wurde endgültig definiert und ist daher unveränderlich.	–1.08	.74
O3	Nur die großen Religionen garantieren einen Zugang zu Gott.	–1.03	.34
O6	Ich meine, dass heilige Schriften wortwörtlich verstanden werden müssen.	–1.34	.41
O8	Letztendlich gibt es auf jede religiöse Frage nur eine Antwort.	–.94	.55
R1	Jede Aussage über Gott ist ein Ergebnis der Zeit, in welcher sie getroffen wurde.	.89	–.61
R3	Gott entwickelt sich mit der Geschichte der Menschheit und ist deshalb wandelbar.	.38	–1.01
R4	Die Art und Weise, in der Menschen ihre Beziehung zu Gott erleben, ist immer durch die jeweilige Zeit geprägt.	1.35	.07
R5	Ich bin mir wohl bewusst, dass mein Glaube nur eine Möglichkeit unter vielen ist.	1.42	–.62
S1	Heilige Schriften enthalten eine tiefere Wahrheit, die nur durch persönliches Nachdenken erschlossen werden kann.	1.51	.52
S2	Heilige Schriften sind ein Leitfaden mit Hinweisen für die Suche nach Gott, und kein historischer Bericht.	1.51	.08
S3	Obwohl heilige Schriften in einer völlig anderen Zeit geschrieben wurden, behalten sie eine Grundbotschaft.	1.98	.36
S7	Trotzt der vielen Ungerechtigkeiten, die im Namen von Religion geschehen sind, halte ich deren ursprüngliche Botschaft für wertvoll.	1.86	.35

Legende: Stress = .092; R^2 = .98 %. Die Items wurden vor der Skalierung ipsatiert. Gegenüber der PCB-18 nach Hutsebaut/et.al. fehlt das Item O2, weil die Jungfrauengeburt Mariens im interreligiösen Kontext nicht übersetzbar war. Ferner wurde «Bibel» durch «heilige Schriften» ersetzt.

Tab. 57: Faktorenanalyse zur Post-Critical-Belief-Scale (short version)

Konzept	Item	Faktor «Orthodoxie vs. hist. Relativismus»	Faktor «Zweite Naivität vs. Externale Kritik»
O1	Gott wurde endgültig definiert und ist daher unveränderlich.	.759	
O6	Ich meine, dass heilige Schriften wortwörtlich verstanden werden müssen.	.705	
R5	Ich bin mir wohl bewusst, dass mein Glaube nur eine Möglichkeit unter vielen ist.	–.701	
R3	Gott entwickelt sich mit der Geschichte der Menschheit und ist deshalb wandelbar.	–.677	–.120
O8	Letztendlich gibt es auf jede religiöse Frage nur eine Antwort.	.657	–.102
R1	Jede Aussage über Gott ist ein Ergebnis der Zeit, in welcher sie getroffen wurde.	–.609	
O3	Nur die grossen Religionen garantieren einen Zugang zu Gott.	.504	
R4	Die Art und Weise, in der Menschen ihre Beziehung zu Gott erleben, ist immer durch die jeweilige Zeit geprägt.	–.436	.216
S3	Obwohl heilige Schriften in einer völlig anderen Zeit geschrieben wurden, behalten sie eine Grundbotschaft.	.112	.732
S7	Trotzt der vielen Ungerechtigkeiten, die im Namen von Religion geschehen sind, halte ich deren ursprüngliche Botschaft für wertvoll.		.723
E7	Die Welt heiliger Schriften ist so weit von uns entfernt, dass sie wenig Bedeutung für uns hat.		–.535
S1	Heilige Schriften enthalten eine tiefere Wahrheit, die nur durch persönliches Nachdenken erschlossen werden kann.	.164	.456
E4	Ein wissenschaftliches Verständnis des menschlichen Lebens und der Welt hat ein religiöses Verständnis überflüssig gemacht.	.130	–.442
E8	Glaube ist im Grunde nicht mehr als ein Auffangnetz für die Ängste der Menschen.		–.387

Konzept	Item	Faktor «Orthodoxie vs. hist. Relativismus»	Faktor «Zweite Naivität vs. Externale Kritik»
E1	Glaube gleicht einem Traum. Er erweist sich als Illusion, sobald man der Härte des Lebens gegenübergestellt wird.		–.341
	Eigenwert	3.34	2.11
	erklärte Varianz	36,31 %	

Legende: Hauptkomponentenanalyse mit Varimax-Rotation und Scree-Kriterium. Faktorladungen kleiner als | .10 | wurden nicht notiert. ***: p < .001. Verwendet wurden die ipsatierten Items.

Tab. 58: Zusammenhang zwischen dem religiösen Stil und den Erziehungszielen, der Religiosität, der personalen Situation und der institutionellen Situation

	Orthodoxie vs. hist. Relativismus	Zweite Naivität vs. Externale Kritik
Konfessioneller Religionsunterricht	*.20*	.26
Phänomenologischer Religionsunterricht	–.30	–
Religion ist nicht modernitätsfähig	–	–.29
Religion ist modernitätsfähig	–	.24
Religiöse Pluralität positiv	–.41	*.16*
Religiöse Pluralität negativ	.25	–
Monoreligiös	.63	–
Pluralismus	–.30	*–.19*
Beruflicher Erfolg	–	–
Patriotismus	*.16*	*–.10*
Einsatz für Gerechtigkeit	–.32	*.17*
Spiritualität	*.14*	.36
Familie	–	*–.20*
Autonomie	*.16*	–
Persönliche Veränderungen durch EU	–	–
Sympathie für politische Linke	–.38	–

Legende: Für alle Werte gilt: ***: p < .001. Die kursiv gesetzten Werte klären weniger als 5 % der Varianz auf.

Literaturverzeichnis

Baumert, Jürgen: Deutschland im internationalen Bildungsvergleich, in: *Kilius, Nelson/Kluge, Jürgen/Reisch, Linda (Hg.):* Die Zukunft der Bildung, Frankfurt a.M. 2002, 100–150.

Baumann, Martin/Stolz, Jörg (Hg.): Eine Schweiz – viele Religionen. Risiken und Chancen des Zusammenlebens, Bielefeld 2007.

Baumann, Martin/Stolz, Jörg: Vielfalt der Religionen – Risiken und Chancen des Zusammenlebens, in: *Baumann, Martin/Stolz, Jörg (Hg.):* Eine Schweiz – viele Religionen. Risiken und Chancen des Zusammenlebens, Bielefeld 2007, 344–378.

Baumann, Maurice u. a. (Hg.): Baustelle Religion. Eine empirische Untersuchung zum schulischen Religionsunterricht im Kanton Bern, Bern 2004.

Bertossa, Luca/Haltiner, Karl W./Meyer Schweizer, Ruth: Werte und Lebenschancen im Wandel, Zürich 2008.

Böckle, Franz: Fundamentalmoral, München 1977.

Borg, Ingwer/Groenen, Patrick: Modern Multidimensional Scaling. Theory and Applications, New York 2005.

Bovay, Claude: Religionslandschaft in der Schweiz, Neuchâtel 2004.

Bucher, Anton/Miklas, Helene: Zwischen Berufung und Frust. Die Befindlichkeit von katholischen und evangelischen ReligionslehrerInnen in Österreich, Münster 2005.

Campiche, Roland: Die zwei Gesichter der Religion. Faszination und Entzauberung, Zürich 2004.

Casanova, José: Die religiöse Lage in Europa, in: *Joas, Hans/Wiegandt, Klaus (Hg.):* Säkularisierung und die Weltreligionen, Frankfurt a.M. 2007, 322–357.

Cooling, Trevor: Education is the Point of RE – not Religion? Theological reflections on the SCAA model syllabuses, in: *Astley, Jeff/Francis, Leslie J. (Hg.):* Christian Theology and Religious Education. Connections and Contradictions, London 1996, 165–183.

Copley, Terence: Teaching Religion. Fifty years of religious education in England and Wales, Exeter 2003.

DBK – Sekretariat der Deutschen Bischofskonferenz: Der Religionsunterricht in der Schule. Ein Beschluss der Gemeinsamen Synode der Bistümer in der Bundesrepublik Deutschland, Bonn 1974.

Delgrande Jordan, Marina/Kuntsche, Emmanuel/Sidler, Jacqueline: Arbeitsüberforderung und -unzufriedenheit von Lehrpersonen in der Schweiz – Zusammenhänge mit Depressivität und somatischen Beschwerden, in: Revue suisse des sciences de l'éducation 27 (2005) 1, 123–139.

Die öffentliche Schule und die Religionen. Position der Geschäftsleitung LCH zum Stellenwert der Religionen im Bildungsauftrag und im Schulbetrieb, in: Bildung Schweiz 11/2007, 13–16.

Doedens, Folkert: «Religionsunterricht für alle». Hamburger Perspektiven auf das Zürcher Fach «Religion und Kultur», in: *Kunz, Ralph u. a. (Hg.):* Religion und Kultur – Ein Schulfach für alle?, Zürich 2005, 205–220.

Dubach, Alfred/Campiche, Roland: Jede(r) ein Sonderfall? Religion in der Schweiz. Ergebnisse einer Repräsentativbefragung, Zürich/Basel 1993.

Dubach, Alfred/Fuchs, Brigitte: Ein neues Modell von Religion. Zweite Sonderfallstudie – Herausforderung für die Kirchen, Zürich 2005.

Dubach, Alfred/Bovaye, Claude, (Hg.): Jede(r) ein Sonderfall? Religion in der Schweiz, Zürich ²1993.

Duriez, Bart/Appel, Claudia/Hutsebaut, Dirk: The German Post-Critical Belief Scale. Internal and external validity, in: Zeitschrift für Sozialpsychologie 34 (2003) 4, 219–226.

Duriez, Bart/Hutsebaut, Dirk: A slow and easy introduction to the Post-Critical Belief Scale. Internal structure and external relationships, in: *Wulff, David (Hg.):* Handbook of the Psychology of Religion, Oxford 2005.

Duriez, Bart/Soenens, Bart/Hutsebaut, Dirk: Introducing the shortened Post-Critical Belief Scale, in: Personality and Individual Differences 38 (2005), 851–857.

Ebertz, Michael: Kirche im Gegenwind. Zum Umbruch der religiösen Landschaft, Freiburg i. Br. 1997.

EKD – Kirchenamt der Evangelischen Kirche in Deutschland: Identität und Verständigung. Standort und Perspektiven des Religionsunterrichts in der Pluralität, Gütersloh 1994.

Elsenbast, Volker/Fischer, Dietlind/Schreiner, Peter: Zur Entwicklung von Bildungsstandards. Positionen, Anmerkungen, Fragen, Perspektiven für kirchliches Bildungshandeln, Münster 2004.

Endruweit, Günter: Milieu und Lebensstilgruppe – ein Nachfolger des Schichtkonzepts?, München 2000.

Englert, Rudolf: Bildungsstandards für «Religion». Was eigentlich alles wissen sollte, wer solche formulieren wollte, in: Religionspädagogische Beiträge 53 (2004), 21–32.

Englert, Rudolf: Dimensionen religiöser Pluralität, in: *Schweitzer, Friedrich/Englert, Rudolf/Schwab, Ulrich/Ziebertz, Hans-Georg:* Entwurf einer pluralitätsfähigen Religionspädagogik, Gütersloh/Freiburg i. Br. 2002.

Englert, Rudolf/Güth, Ralph: Kinder zum Nachdenken bringen. Eine empirische Untersuchung zu Situation und Profil katholischen Religionsunterrichts an Grundschulen, Stuttgart 1999.

Feifel, Erich: Didaktische Ansätze in der Religionspädagogik, in: *Ziebertz, Hans-Georg/Simon, Werner (Hg.):* Bilanz der Religionspädagogik, Düsseldorf 1995, 86–110.

Feige, Andreas: Christliche Tradition auf der Schulbank und Chancen einer Religion nach der Aufklärung, in: *Feige, Andreas/Nipkow, Karl Ernst (Hg.):* Religionslehrer sein heute, Münster 1988, 5–61.

Feige, Andreas/Tzscheetzsch, Werner: Christlicher Religionsunterricht im religionsneutralen Staat? Eine empirisch-repräsentative Befragung, Ostfildern/Stuttgart 2005.

Feige, Andreas u. a.: «Religion» bei ReligionslehrerInnen. Religionspädagogische Zielvorstellungen und religiöses Selbstverständnis in empirisch-soziologischen Zugängen, Münster 2000.

Field, Andy: Discovering statistics using SPSS for Windows, London 2002.

Fontaine, Johnny/Duriez, Bart/Luyten, Patrick/Hutsebaut, Dirk: The internal structure of the Post-Critical Belief Scale, in: Personality and Individual Differences 35 (2003), 501–518.

Forclaz, Bertrand: Religiöse Vielfalt in der Schweiz seit der Reformation, in: *Baumann, Martin/Stolz, Jörg (Hg.):* Eine Schweiz – viele Religionen. Risiken und Chancen des Zusammenlebens, Bielefeld 2007, 89–99.

Fowler, James: Stufen des Glaubens, Gütersloh 1991.

Frank, Katharina/Jödicke, Ansgar: Öffentliche Schule und neue religiöse Vielfalt. Themen, Probleme, Entwicklungen, in: *Baumann, Martin/Stolz, Jörg (Hg.):* Eine Schweiz – viele Religionen. Risiken und Chancen des Zusammenlebens, Bielefeld 2007, 273–284.

Frank, Katharina: Interreligiöses Lernen im Religionsunterricht? Religionswissenschaftliche Erkundungsgänge, in: Zeitschrift für Missionswissenschaft und Religionswissenschaft 88 (2004) 1, 42–53.

Frei, Othmar: Der Religionsunterricht im Rahmen der Kinderpastoral nach der Synode 72, Luzern 1982.

Fritzsche, Yvonne: Moderne Orientierungsmuster. Inflation am «Wertehimmel», in: *Deutsche Shell (Hg.):* Jugend 2000, Opladen, 93–156.

Gabriel, Karl: Gesellschaftliche und «religiöse» Milieus/Lernumwelten, in: *Bitter, Gottfried u. a. (Hg):* Neues Handbuch religionspädagogischer Grundbegriffe, München 2002, 406–411.

Grimmitt, Michael: Die gegenwärtigen Probleme der religiösen Erziehung in England, in: JRP 3 (1986), 191–202.

Grimmitt, Michael: Religionspädagogik im pluralistischen und multikulturellen Kontext, in: JRP 8 (1992), 36–54.

Grimmitt, Michael: Contemporary Pedagogies of Religious Education: What are they?, in: *ders. (Hg.):* Pedagogies of Religious Education. Case Studies in the

Research and Development of Good Pedagogic Practice in RE, Great Wakering 2000, 24–52.
Grimmitt, Michael: What can I do in RE? Great Wakering 1973.
Hauschildt, Eberhard: Milieus in der Kirche. Erste Ansätze zu einer neuen Perspektive und ein Plädoyer für vertiefte Studien, in: PTh 87/1998, 392–404.
Heil, Stefan/Ziebertz, Hans-Georg: Reflexivität als Schlüsselkompetenz, in: *Ziebertz, Hans-Georg u. a.:* Religionslehrerbildung an der Universität. Profession – Religion – Habitus, Münster 2005, 78–95.
Hilger, Georg/Leimgruber, Stephan/Ziebertz, Hans-Georg: Religionsdidaktik. Ein Leitfaden für Studium, Ausbildung und Beruf, München 2001.
Hillmann, Karl-Heinz: Zur Wertewandelforschung. Einführung, Übersicht und Ausblick. in: *Oesterdiekhoff, Georg W./Jegelka, Norbert (Hg.):* Werte und Wertewandel in westlichen Gesellschaften. Resultate und Perspektiven der Sozialwissenschaften, Opladen 2001, 15–39.
Höhn, Elisabeth: Wandel der Werte und Erziehungsziele in Deutschland. Eine soziologisch-empirische Bestandesaufnahme der gegenwärtigen gesamtgesellschaftlichen Situation mit Schwerpunkt auf Schule und Familie im Kontext des 20. Jahrhunderts, Frankfurt a.M. 2003.
Höhn, Hans-Joachim: Postsäkular. Gesellschaft im Umbruch – Religion im Wandel, Paderborn/München/Wien/Zürich 2007.
Hradil, Stephan: Sozialstrukturanalyse in einer fortgeschrittenen Gesellschaft, Opladen 1987.
Husistein, Roger: Religiöse Vielfalt als Herausforderung in der Integration, in: Tangram 22, 12/2008, 69–71.
Hütte, Saskia/Mette, Norbert: Religion im Klassenverband unterrichten. Lehrer und Lehrerinnen berichten von ihren Erfahrungen, Münster 2003.
Inglehart, Ronald: The Silent Revolution. Changing Values and Political Styles Among Western Publics, Princeton 1977.
Initiativen und Organisationen des Interreligiösen Dialogs in der Schweiz/Initiatives et Organisations du Dialogue Interreligieux en Suisse, hg. von der Pastoralplanungskommission der SBK (PPK), St. Gallen, Januar 2007.
Institut für Demoskopie Allensbach: Religionsunterricht heute. Eine Befragung von Religionslehrern über Aufgaben und Möglichkeiten, Gestaltung und Resonanz des Religionsunterrichts, Allensbach 1988.
Interdiözesane Katechetische Kommission: Orientierung Religion. Eine Orientierungshilfe für Katechese und Religionsunterricht der römisch-katholischen Kirche, Zürich 2002.
Jakobs, Monika: Ist Zweigleisigfahren der Dritte Weg? Aktuelle Entwicklungen des schulischen Religionsunterrichts in der Schweiz, in: Theo-Web. Zeitschrift für Religionspädagogik 6/1, 2007, 123–133, www.theo-web.de.

Jakobs, Monika: Religiöse Kompetenz als Ziel religiöser Grundbildung. Überlegungen aus dem Kontext Schweiz, in: TheoWeb. Zeitschrift für Religionspädagogik 3/1, 2004, 18–25, www.theo-web.de.

Joas, Hans (Hg.): Braucht der Mensch Religion? Über Erfahrungen der Selbsttranszendenz, Freiburg i. Br. 2004.

Joas, Hans: Gesellschaft, Staat und Religion. Ihr Verhältnis in der Sicht der Weltreligionen, in: *Joas, Hans/Wiegandt, Klaus (Hg.):* Säkularisierung und die Weltreligionen, Frankfurt a.M. 2007, 9–43.

Hervieu-Léger, Danièle: Kritik nur von innen heraus. Ein Gespräch, in: Herder Korrespondenz 5/1998, 235–239.

Kaul-Seidman, Lisa/Nielsen, Jürgen S./Vinzent, Markus: Europäische Identität und kultureller Pluralismus. Judentum, Christentum und Islam in europäischen Lehrplänen, Bad Homburg 2003.

Klages, Helmut/Gensicke, Thomas: Wertesynthese – funktional oder dysfunktional? in: Kölner Zeitschrift für Soziologie und Sozialpsychologie 58 (2006) 2, 332–351.

Klie, Thomas/Leonhard, Silke (Hg.): Schauplatz Religion. Grundzüge einer Performativen Religionspädagogik, Leipzig 2003.

Klieme, Eckhard u. a.: Zur Entwicklung nationaler Bildungsstandards. Eine Expertise, Bonn 2003.

Knoblauch, Hubert/Schnettler, Bernt: Die Trägheit der Säkularisierung und die Trägheit des Glaubens, in: *Ziebertz, Hans-Georg (Hg.):* Erosion des christlichen Glaubens?, Münster 2004, 5–14.

Köcher, Renate: Religionsunterricht – zwei Perspektiven, in: *Sekretariat der Deutschen Bischofskonferenz (Hg.):* Religionsunterricht. Aktuelle Situation und Entwicklungsperspektiven, Bonn 1989, 22–59.

Könemann, Judith/Vischer, Georg (Hg.): Interreligiöser Dialog in der Schweiz. Grundlagen – Brennpunkte – Praxis, Zürich 2008.

Kunz, Ralph u. a. (Hg.): Religion und Kultur – Ein Schulfach für alle?, Zürich 2005.

Kuyk, Elza/Jensen, Roger/Lankshear, David/Löh Manna, Elisabeth/Schreiner, Peter (Hg.): Religious Education in Europe. Situation and current trend in schools, Oslo 2007.

Lähnemann, Johannes/Schreiner, Peter (Hg.): Interreligious and Values Education in Europe, Münster 2008.

Longchamp, Claude: Offen auf Zukunft zugehen. Hauptergebnisse aus dem neuesten Bericht zum Europa-Barometer Schweiz, Winter 2005, Bern 2005.

Longchamp, Claude: Steigender Nationalstolz als Ausdruck einer aktuell positiven Befindlichkeit. Mittelfristig und langfristig aber verbreiteter Pessimismus. Schlussbericht zur vierten Befragung Identität Schweiz 2007, Bern 2007.

Lück, Christhard: Beruf Religionslehrer. Selbstverständnis – Kirchenbindung – Zielorientierung, Leipzig 2003.

Mägdefrau, Jutta: Welche Werte haben zukünftige Lehrer/-innen – Lehramtsstudierende und Studierende nicht pädagogischer Fachrichtungen im Vergleich, in: Zeitschrift für die Soziologie der Erziehung und Sozialisation, 28 (2008) 1, 36–55.

Matern, Stefan/Wachner, Stefan/Reese, Annegret: Zielsetzungen und Vorstellungen vom Religionsunterricht. Die Ergebnisse der Befragung – quantitativ analysiert, in: *Englert, Rudolf u. a. (Hg.):* Innenansichten des Referendariats. Wie erleben angehende Religionslehrer/innen an Grundschulen ihren Vorbereitungsdienst?, Münster 2006.

MDG – Medien-Dienstleistung GmbH (Hg): Milieuhandbuch «Religiöse und kirchliche Orientierungen in den Sinus-Milieus® 2005», München 2005.

Melich, Anna (Hg.): Die Werte der Schweizer, Bern 1991.

Nipkow, Karl Ernst: Religionspädagogik im Pluralismus, Gütersloh 1998.

Norris, Pippa/Inglehart, Ronald: Sacred and Secular. Religion and Politics Worldwide, Camebridge 2004.

Orientierung Religion. Eine Orientierungshilfe für Katechese und Religionsunterricht der römisch katholischen Kirche, hg. von der Interdiözesanen Katechetischen Kommission (IKK), Luzern 2002.

Oser, Fritz/Gmünder, Paul: Der Mensch – Stufen seiner religiösen Entwicklung. Ein strukturgenetischer Ansatz, Gütersloh 1996.

Reemtsma, Jan Philip: Muss man Religiosität respektieren? Über Glaubensfragen und den Stolz einer säkularen Gesellschaft, in: *Liessman, Konrad Paul (Hg.):* Die Gretchenfrage «Nun sag', wie hast du's mit der Religion?», Wien 2008, 19–44.

Ricœur, Paul: Freud and Philosophy. An essay on interpretation, New Haven 1970.

Ricœur, Paul: Die Interpretation. Ein Versuch über Freud, Frankfurt a.M. 1969.

Riegel, Ulrich: Gerecht – spannend – anspruchsvoll? Der ideale Religionsunterricht in den Augen von Schülerinnen und Schülern, in: *Bizer, Christoph u. a. (Hg.):* Was ist guter Religionsunterricht?, Neukirchen 2006, 113–123.

Riegel, Ulrich/Ziebertz, Hans-Georg: Concepts and Methods: in: *Ziebertz, Hans-Georg/Riegel, Ulrich (Hg.):* How Teachers in Europe teach Religion. An International Empirical Study, Münster 2009, 13–19.

Riegel, Ulrich/Ziebertz, Hans-Georg: Germany: Mediating the Disparity, in: *Ziebertz, Hans-Georg/Riegel, Ulrich (Hg.):* How Teachers in Europe teach Religion. An International Empirical Study, Münster 2009, 69–80.

Rinderle, Peter: Werte im Widerstreit, München 2007.

Rothgangel, Martin/Fischer, Dietlind (Hg.): Standards für religiöse Bildung? Zur Reformdiskussion in Schule und Lehrerbildung, Münster 2004.

Sajak, Claus P. (Hg.): Bildungsstandards für den Religionsunterricht – und nun? Perspektiven für ein neues Instrument im Religionsunterricht, Münster 2007.

Schach, Bernhard: Der Religionslehrer im Rollenkonflikt. Eine religionssoziologische Untersuchung, München 1980.

Schambeck, Mirjam: Mystagogisches Lernen. Zu einer Perspektive religiöser Bildung, Würzburg 2006.

Schelander, Robert: Austria: Facing Plurality, in: *Ziebertz, Hans-Georg/Riegel, Ulrich (Hg.):* How Teachers in Europe teach Religion. An International Empirical Study, Münster 2009, 21–29.

Schmidt-Salomon, Michael: Manifest des evolutionären Humanismus. Plädoyer für eine zeitgemässe Leitkultur, Aschaffenburg ^{2}2006.

Schools Council Occasional Bulletin: A Groundplan for the Study of Religion, London 1997.

Schulze, Gerhard: Die Erlebnisgesellschaft. Kultursoziologie der Gegenwart, Frankfurt a.M. 1992.

Schweitzer, Friedrich: «Religion für alle» – ein religionspädagogischer Kommentar, in: *Kunz, Ralph u. a. (Hg.):* Religion und Kultur – Ein Schulfach für alle?, Zürich 2005, 161–180.

SPI Schweizerisches Pastoralsoziologisches Institut (Hg.): Lebenswerte. Religion und Lebensführung in der Schweiz, Zürich 2001.

SPI Schweizerisches Pastoralsoziologisches Institut (Hg.): Auf dem Weg vom Studium ins Berufsleben. Ausbildung, Berufseinstieg und Berufsalltag von Diplomkatechetinnen und Diplomkatecheten, St. Gallen 2002.

SPI Schweizerisches Pastoralsoziologisches Institut (Hg.): Katholische Kirche in der Schweiz. Zahlen – Fakten – Entwicklungen 1996–2005, St. Gallen 2007.

Sekretariat der Deutschen Bischofskonferenz DBK (Hg.): Der Religionsunterricht in der Schule. Ein Beschluss der Gemeinsamen Synode der Bistümer in der Bundesrepublik Deutschland, Bonn 1974.

Spellerberg, Annette: Soziale Differenzierung durch Lebensstile. Eine empirische Untersuchung zur Lebensqualität in West- und Ostdeutschland, Berlin 1996.

Spenn, Matthias/Haspel, Michael/Keßler, Hildrun/Land, Dorothee: Lernwelten und Bildungsorte der Gemeindepädagogik, Münster 2008.

Stolz, Fritz: Wesen und Funktion des Monotheismus, Evangelische Theologie 61 (2001), 172–189.

Stolz, Jörg: Explaining Religiosity: Towards a Unified Theoretical Model. British Journal of Sociology 60 (2009) 2, 345–376.

Stolz, Jörg: Religion und Sozialstruktur, in: *Campiche, Roland J.:* Die zwei Gesichter der Religion. Faszination und Entzauberung, Zürich 2004, 53–88.

Stolz, Jörg/Baumann, Martin: Religiöse Vielfalt und moderne Gesellschaft, in: *Baumann, Martin/Stolz, Jörg (Hg.):* Eine Schweiz – viele Religionen. Risiken und Chancen des Zusammenlebens, Bielefeld 2007, 77–86.

Streib, Heinz: Faith development theory revisited: The religious styles perspective, in: International Journal for the Psychology of Religion, 11 (2001) 3, 143–158.

Streib, Heinz: Religion as a Question of Style. Revising the Structural Differentiation of Religion from the Perspective of the Analysis of the Contemporary Pluralistic-Religious Situation, in: International Journal of Practical Theology 7 (2003) 1, 1–23.

Streib, Heinz: Research on life style, spirituality and religious orientation of adolescents in Germany, in: *Francis, Leslie et. al. (eds.):* Religion, education and adolescence. International and empirical perspectives, Cardiff 2005, 131–163.

Tappenbeck, Christian R./Pahud de Mortanges, René: Religionsfreiheit und religiöse Neutralität in der Schule, in: AJP (Aktuelle juristische Praxis) 11/2007, 1401–1414.

Vischer, Lukas/Schenker, Lukas/Dellsperger, Rudolf (Hg.): Ökumenische Kirchengeschichte der Schweiz, Freiburg/Basel 1994.

Vögele, Wolfgang/Bremer, Helmut/Vester, Michael: Soziale Milieus und die Kirche, Würzburg 2002.

Von Hentig, Hartmut: Ach, die Werte! Ein öffentliches Bewusstsein von zwiespältigen Aufgaben. Über eine Erziehung für das 21. Jahrhundert, München/Wien 1999.

Weimer, Wolfram: Credo. Warum die Rückkehr der Religion gut ist, München 2006.

Werner, Folke: Vom Wert der Werte. Die Tauglichkeit des Wertbegriffs als Orientierung gebende Kategorie menschlicher Lebensführung, Münster 2002.

Wippermann, Carsten: Religiöse Weltanschauungen – zwischen individuellem Design und traditionellem Schema, in: *Silbereisen, Rainer/Vaskovics, Laszlo/Zinnecker, Jürgen (Hg.):* Jungsein in Deutschland. Jugendliche und junge Erwachsene 1991 und 1996, Opladen 1996, 113–126.

Wippermann, Carsten/Spielberg, Bernhard: So nah und doch so fern. Ein Blick auf gesellschaftliche Milieus in Deutschland, in: Infodienst Theologische Erwachsenenbildung Nr. 1/2006, 11–15.

Wulff, David: Psychology of Religion. Classic and contemporary, New York ^{2}1997 (1991).

Zerger, Frithjof: Klassen, Milieus und Individualisierung. Eine empirische Untersuchung zum Umbruch der Sozialstruktur, Frankfurt a.M. 2000.

Ziebertz, Hans-Georg: Lehrerforschung in der empirischen Religionspädagogik, in: *Ziebertz, Hans-Georg/Simon, Werner (Hg.):* Bilanz der Religionspädagogik, Düsseldorf 1995, 47–78.

Ziebertz, Hans-Georg: Religion, Christentum und Moderne. Veränderte Religionspräsenz als Herausforderung, Stuttgart/Berlin/Köln 1999.

Ziebertz, Hans-Georg: Religionspädagogik als empirische Wissenschaft, Weinheim 1994.

Ziebertz, Hans-Georg: Wer initiiert religiöse Lernprozesse? Rolle und Person der Religionslehrerinnen und Religionslehrer, in: *Hilger, Georg/Leimgruber, Stephan/Ziebertz, Hans-Georg:* Religionsdidaktik. Ein Leitfaden für Studium, Ausbildung und Beruf, München 2002, 180–200.

Ziebertz, Hans-Georg/Hilger, Georg: Lebensrelevanter Religionsunterricht. Zielorientierungen angehender ReligionslehrerInnen, in: *Hilger, Georg/Reilly, Georg (Hg.):* Religionsunterricht im Abseits, München 1993, 65–86.

Ziebertz, Hans-Georg/Kalbheim, Boris/Riegel, Ulrich: Religiöse Signaturen heute. Ein religionspädagogischer Beitrag zur empirischen Jugendforschung, Gütersloh/Freiburg i. Br. 2003.

Ziebertz, Hans-Georg/Kay, William (Hg.): Youth in Europe II: An international empirical study about religiosity, Münster 2006.

Ziebertz, Hans-Georg/Riegel, Ulrich: Letzte Sicherheiten. Eine empirische Untersuchung zu Weltbildern Jugendlicher, Gütersloh/Freiburg i. Br. 2008.

Zimmermann, Peter: Grundwissen Sozialisation, Opladen 2000.

Zwergel, Herbert: Bildungsstandards – eine Orientierung, in: Religionsunterricht an höheren Schulen (rhs) 48 (2005) 4, 206–215.

Internetquellen:

Bundesamt für Statistik: http://www.bfs.admin.ch/bfs/portal/de/index/themen/01/01/key.html (8.9.2008).

Historisches Lexikon der Schweiz, http://hls-dhs-dss.ch (17.1.2009).

Polittrends, www.polittrends.ch (28.11.2008).

www.polittrends.ch/vox-trend/linksrechtseinschaetzung.php (28.11.2008).

www.polittrends.ch/vox-trend/parteibindung.php (28.11.2008).

Schweizer Geschichte, www.geschichte-schweiz.ch.

http://www.geschichte-schweiz.ch/bundesstaat.html (17.1.2009).

http://www.geschichte-schweiz.ch/kulturkampf.html (17.1.2009).

